新世纪普通高等教育管理学类课程规划教材

# 经济法
## Economic Law
## （第二版）

主 编 宗晓虹 黎 翔 金 琦
副主编 万志前 张丽华

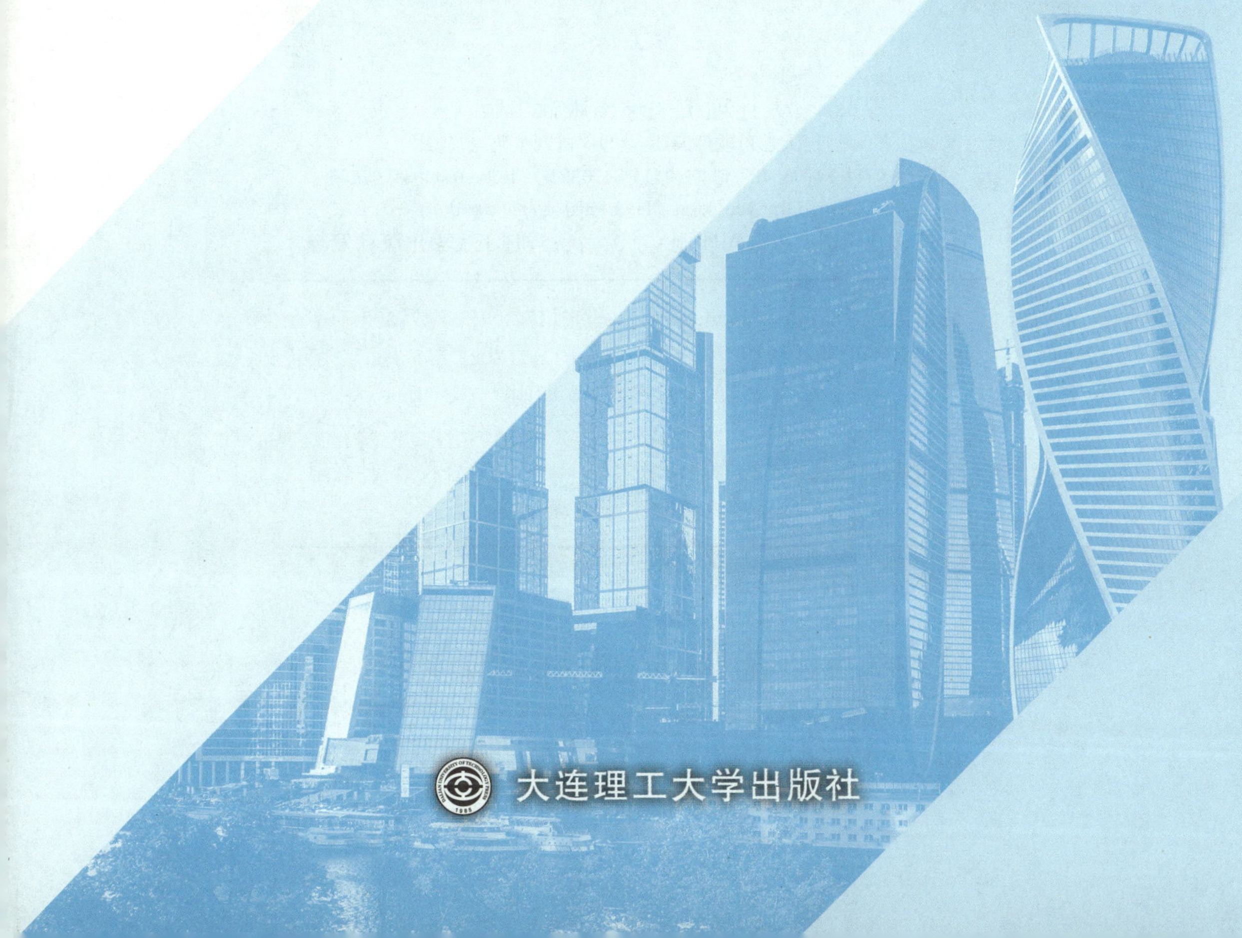

大连理工大学出版社

#### 图书在版编目(CIP)数据

经济法 / 宗晓虹，黎翔，金琦主编. -- 2 版. -- 大连：大连理工大学出版社，2022.1(2024.4重印)
新世纪普通高等教育管理学类课程规划教材
ISBN 978-7-5685-3200-6

Ⅰ．①经… Ⅱ．①宗… ②黎… ③金… Ⅲ．①经济法－中国－高等学校－教材 Ⅳ．①D922.29

中国版本图书馆 CIP 数据核字(2021)第 194512 号

大连理工大学出版社出版
地址：大连市软件园路 80 号　邮政编码：116023
发行：0411-84708842　邮购：0411-84708943　传真：0411-84701466
E-mail：dutp@dutp.cn　URL：https://www.dutp.cn
大连日升印刷有限公司印刷　　　大连理工大学出版社发行

幅面尺寸：185mm×260mm　　印张：17　　字数：393 千字
2017 年 8 月第 1 版　　　　　　　　　　2022 年 1 月第 2 版
2024 年 4 月第 3 次印刷

责任编辑：王晓历　　　　　　　　　　　责任校对：孙兴乐
　　　　　　　　　封面设计：张　莹

ISBN 978-7-5685-3200-6　　　　　　　　定　价：51.80 元

本书如有印装质量问题，请与我社发行部联系更换。

# 前　　言

　　《经济法》(第二版)是新世纪普通高等教育教材编审委员会组编的管理学类课程规划教材之一。

　　经济法律伴随着商品经济的产生而产生。经济法律的作用,就是对商品经济关系进行综合调整,使之促进商品经济的健康发展。市场经济从"自由竞争"阶段进入"垄断"阶段之后,就产生了现代意义上的经济法律。事实上,越是标榜"自由竞争"的国家,越是离不开"游戏规则"——通过制定经济法律,以国家的名义对市场秩序进行强制规范。而经济全球化时代的到来,又呼唤着各国的法律与世界的接轨。

　　我国建立和完善社会主义市场经济体制以来,经济法律对于规范市场秩序、促进经济社会的发展稳定显得越来越重要。可以说,经济法律就像水和空气一样,已经全面融入人们的工作和生活之中,人们已经离不开它。当今社会,不懂得经济法律,已经成为一种落伍的象征。正因为如此,从大专院校学生,到公司职员,到经营管理者,再到国家公务人员等,都要加强对经济法律知识的学习。

　　我国的经济法教学工作始于20世纪80年代,随着市场经济的活跃、成熟,经济法律、法规的不断修订和完善,教材亦日臻规范。本教材以现行的经济法律、法规为依据,围绕市场经济运行过程中常见的经济法理论和实践问题,如个人独资企业法律制度、合伙企业法律制度、公司法律制度、证券法律制度、企业破产法律制度、消费者权益保护法律制度、竞争法律制度、知识产权法律制度、票据法律制度、合同法律制度、劳动法律制度等方面进行了较为系统的阐述。

　　编者集多年教学与实践之经验,取专业同仁之精华,观理论发展之趋势,经多重讨论,由浅入深,审慎落笔,突出实用性,力求激发学生学习的热情与兴趣。本教材具有较强的理论性与实用性,可作为高校管理类、经济类等专业的经

济法教材，也可作为各类成人院校及企业职工的培训教材，还可作为在职人员迅速提高经济法知识与应用能力的自学用书及普法培训用书。

本教材随文提供视频微课供学生即时扫描二维码进行观看，实现了教材的数字化、信息化、立体化，增强了学生学习的自主性与自由性，将课堂教学与课下学习紧密结合，力图为广大读者提供更为全面并且多样化的教材配套服务。

本教材融入思政目标元素，逐步培养学生正确的思政意识，树立肩负建设国家的重任，从而实现全员、全过程、全方位育人，激励学生爱国情怀，积极学习，立志成才。

本教材遵循二十大精神，推进教育数字化，建设全民终身学习的学习型社会、学习型大国，丰富了思政素材及数字化微课资源，以二维码形式融合纸质教材，使得教材更具及时性、丰富性和可交互性等特征，使读者学习时更轻松、更有趣味，促进了碎片化学习，拓展了知识面，提高了学习效果和效率。

本教材由武汉科技大学宗晓虹、广州科技职业技术大学黎翔、武汉科技大学金琦任主编，华中农业大学万志前、武汉科技大学张丽华任副主编，山西工程职业学院祝昕参与了编写。具体编写分工为：宗晓虹编写第一章第一节、第三章，黎翔编写第二章，金琦编写第五章、第八章、第十章，万志前编写第九章、第十一章、第十二章，张丽华编写第四章、第六章、第七章，祝昕编写第一章第二节至第四节。宗晓虹拟定编写大纲并负责全书的总撰和定稿工作。

在编写本教材的过程中，编者参考、引用和改编了国内外出版物中的相关资料以及网络资源，在此表示深深的谢意！相关著作权人看到本教材后，请与出版社联系，出版社将按照相关法律的规定支付稿酬。

尽管我们在教材的特色建设方面做出了许多努力，但由于经验和水平有限，所以教材中仍可能存在疏漏之处，恳请各相关教学单位和读者在使用过程中给予关注并提出改进意见，以便我们进一步修订和完善。

编　者
2023 年 3 月

所有意见和建议请发往：dutpbk@163.com
欢迎访问高教数字化服务平台：https://www.dutp.cn/hep/
联系电话：0411-84708445　84708462

| 第一章 | 经济法总论 | 1 |
| --- | --- | --- |
| 第一节 | 经济法概述 | 1 |
| 第二节 | 经济法律关系 | 6 |
| 第三节 | 民事法律行为和代理 | 13 |
| 第四节 | 经济法的实施 | 24 |
| 第二章 | 个人独资企业法律制度 | 40 |
| 第一节 | 个人独资企业法律制度概述 | 40 |
| 第二节 | 个人独资企业的设立 | 42 |
| 第三节 | 个人独资企业的事务管理及权利与义务 | 45 |
| 第四节 | 个人独资企业的解散与清算 | 47 |
| 第五节 | 违反个人独资企业法的法律责任 | 48 |
| 第三章 | 合伙企业法律制度 | 51 |
| 第一节 | 合伙企业法律制度概述 | 51 |
| 第二节 | 普通合伙企业 | 53 |
| 第三节 | 有限合伙企业 | 59 |
| 第四节 | 合伙企业的解散与清算 | 61 |
| 第五节 | 违反合伙企业法的法律责任 | 62 |
| 第四章 | 公司法律制度 | 65 |
| 第一节 | 公司法律制度概述 | 65 |
| 第二节 | 公司设立 | 69 |
| 第三节 | 股东与股权 | 75 |
| 第四节 | 公司治理结构 | 81 |
| 第五节 | 特殊公司形式 | 87 |
| 第六节 | 公司财务与会计制度 | 91 |
| 第七节 | 公司债券制度 | 94 |
| 第八节 | 公司合并、分立与组织变更 | 95 |
| 第九节 | 公司解散与公司清算 | 98 |
| 第五章 | 证券法律制度 | 103 |
| 第一节 | 证券法律制度概述 | 103 |
| 第二节 | 证券发行制度 | 106 |
| 第三节 | 证券交易制度 | 109 |
| 第四节 | 上市公司收购制度 | 113 |
| 第五节 | 证券违法行为的法律责任 | 115 |

## 第六章　企业破产法律制度 ······ 121
### 第一节　企业破产法律制度概述 ······ 121
### 第二节　破产申请与受理 ······ 123
### 第三节　债权人会议 ······ 128
### 第四节　破产重整与破产和解 ······ 130
### 第五节　破产清算 ······ 134

## 第七章　消费者权益保护法律制度 ······ 138
### 第一节　消费者权益保护法律制度概述 ······ 138
### 第二节　消费者的权利与经营者的义务 ······ 140
### 第三节　消费者权益的国家保护与社会保护 ······ 147
### 第四节　消费争议的解决途径以及经营者的法律责任 ······ 149

## 第八章　竞争法律制度 ······ 154
### 第一节　竞争法律制度概述 ······ 154
### 第二节　反不正当竞争法概述 ······ 156
### 第三节　反垄断法概述 ······ 161

## 第九章　知识产权法律制度 ······ 168
### 第一节　知识产权法律制度概述 ······ 168
### 第二节　著作权法 ······ 169
### 第三节　专利法 ······ 176
### 第四节　商标法 ······ 185

## 第十章　票据法律制度 ······ 192
### 第一节　票据法律制度概述 ······ 192
### 第二节　票据关系与票据行为 ······ 195
### 第三节　汇　票 ······ 197
### 第四节　本　票 ······ 202
### 第五节　支　票 ······ 202

## 第十一章　合同法律制度 ······ 206
### 第一节　合同与合同法 ······ 206
### 第二节　合同的订立 ······ 207
### 第三节　合同的内容与形式 ······ 212
### 第四节　合同的效力 ······ 213
### 第五节　合同的履行 ······ 215
### 第六节　合同的担保 ······ 220
### 第七节　合同的变更、转让和终止 ······ 230
### 第八节　违约责任 ······ 236

## 第十二章　劳动法律制度 ······ 241
### 第一节　劳动法律制度概述 ······ 241
### 第二节　劳动合同 ······ 245
### 第三节　集体合同 ······ 252
### 第四节　劳动基准法 ······ 253
### 第五节　劳动争议的处理 ······ 259

## 参考文献 ······ 265

# 第一章

# 经济法总论

## 本章学习目的与要求

通过本章学习,了解经济法的概念、调整对象和渊源;熟悉经济法的实施;明确经济法责任的形式(民事责任、行政责任和刑事责任等);掌握经济法律关系的基本内容、构成要素,经济法律事实及其种类;了解法律行为和代理的主要内容及其分类;熟悉解决经济纠纷的主要途径:行政复议、仲裁和诉讼的主要内容。

## 课程思政

通过对经济法的产生及其发展、作用的介绍,以新时代中国特色社会主义法治思想为指导,学习经济法律关系、民事行为和代理,培养学生的法治观。

## 第一节 经济法概述

### 一、经济法的产生、发展和概念

#### (一)经济法的产生和发展

"经济法"一词最早产生于 18 世纪的欧洲。法国著名空想共产主义者摩莱里于 1755 年出版了《自然法典》一书,他在该书中第一次使用了"经济法"这一术语。摩莱里所使用的"经济法"相当于"分配法",调整的范围仅限于分配领域。摩莱里所称的"经济法"具有国家直接干预、组织社会经济的职能,这一点与我们今天所称的经济法有相通之处。

从经济法产生的社会背景考察,现代意义上的经济法,是在资本主义自由经济过渡到垄断资本主义经济的过程中,国家为应对经济发展中出现的垄断、市场失灵和经济危机等问题,而普遍采取干预措施的背景下产生和发展起来的。在资本主义自由经济时期,资产阶级在自由放任主义理论的指导下,对经济基本上实行不干预政策。当资本主义自由经济发展到垄断资本主义后,社会矛盾加剧,经济危机加深,为了保护资本主义国家的整体利益,资产阶级不得不放弃对经济生活的自由放任主义理论和不干预政策,转而借助国家的力量对经济运行和市场主体进行适度的干预。

美国是运用经济法有目的地直接干预经济较早的国家之一。1887 年美国制定了有关铁路管理的《州际商务法》,1890 年美国政府通过了参议员约翰·谢尔曼提出的《保护贸易和商业不受非法限制和垄断侵害法案》,禁止以托拉斯和其他联合形式串通一气控制州际贸易。因该法案过于粗略，美国又于1913年颁布实施了《克莱顿法》，该法对各种限制性商业行为和垄断行为作出了详细规定，次年又颁布实施了《联邦贸易委员会法》，该法及按该法制定的贸易规则，实际上成为美国的反不正当竞争法。第一次世界大战以后，德国为了修补崩溃的经济，通过立法对战略物资进行严格控制，于1919年制定了《煤炭经济法》和《钾素经济法》等。《煤炭经济法》是世界上第一部以经济法命名的经济法律，之后各国又出版了很多以经济法为题的学术著作和教科书。这时经济法概念才有了较为完整和明确的含义。

在我国，经济法是自改革开放以来陆续颁布实施的，如《中华人民共和国中外合资经营企业法》（已废止）、《中华人民共和国商标法》、《中华人民共和国合同法》（已废止）、《中华人民共和国专利法》、《中华人民共和国土地管理法》、《中华人民共和国公司法》、《中华人民共和国劳动法》等。随着社会主义市场经济体制建设步伐的推进，我国的经济法体系也得到了不断丰富和完善。二十大明确提出：我们要坚持走中国特色社会主义法治道路，建设中国特色社会主义法治体系、社会主义法治国家。

### （二）经济法的概念

经济法是调整国家在管理与协调经济运行过程中发生的经济关系的法律规范的总称。

**1. 经济法是国家调节、干预经济的法律**

这里所说的"调节"和"干预"，是指国家作为一种外在力量，主要采取间接的法律手段，对社会经济生活所进行的计划、组织、管理、调节和监督。我国的市场经济越来越发达，越来越完善，市场调节依靠价值规律的作用，但市场调节具有自发性、盲目性、滞后性，还有其他缺陷和一定程度上的负面影响（如经济发展与环境保护的矛盾等），势必需要国家从整体效益上对经济进行调节和干预。但国家调节、干预经济不是随意的，需要有法律的确认、保障和限制。这一任务就需要通过经济立法和施法来实现。

**2. 经济法不是调整一切经济关系的法律制度，经济法的调整对象是国家需要干预的特定经济关系，即经济管理关系和市场运行关系**

国家不仅要从宏观上调整经济运行关系，而且要用行政手段干预平等的市场主体的一些经济关系。对于某些经济关系，不同的法律可以从不同的角度、采用不同的方法进行调整，这是非常正常的事情，比如民法也调整一定范围内的经济关系。如果认为经济法调整一切经济关系，那么在理论上和实践上都难以分清经济法和民法的界限。

**3. 经济法是有关经济法律规范的总称，这表明我国现在的经济法不是一部完善的法典，而是一种法律体系**

我国现行的经济法基本上是由很多单行的法律、法规构成的一个整体，这些单行的法律、法规并不是纯而又纯的经济法。事实上，有些单行的法律、法规之间相互交叉，也有些相互间的规定还不完全一致，比如会计法律、法规和规章制度的有关规定就和税收法律、法规和规章制度的有关规定有不完全一致的地方。

## 二、经济法的调整对象

经济法的调整对象是指国家对经济进行管理，对市场运行进行调节和干预而产生的社会关系。经济法的调整对象具体包括：

### (一)市场主体调控关系

市场主体调控关系是指国家在对市场主体的活动进行管理以及市场主体在自身运行过程中所发生的经济关系。市场主体从狭义上讲,是指参与市场经营活动的组织和个人,广义上的市场主体还包括为生活目的而进行消费的消费者。就经营主体而言,市场主体的法律地位是指市场主体进入市场、参与市场经营活动时,在法律上享有的主体资格。市场主体有以下几个方面的含义:

(1)准入规定。经营者进入市场应当符合法律规定的条件,履行必要的程序。比如,设立股份有限公司,《中华人民共和国公司法》就对组织机构、股份发行等方面作出了明确的规定。

(2)平等原则。所有市场主体,不论其身份、规模、行业、地域分布等,在从事生产经营活动中的法律地位一律平等。彼此之间既有业务上的往来关系,也有明显的竞争关系,不存在以大压小、以强凌弱的关系,更不存在行政隶属关系。

(3)自主经营、自负盈亏、产权明晰。

(4)服从管理。市场主体必须依法从事生产经营活动,必须服从职能部门的依法管理。

### (二)市场运行调控关系

市场运行调控关系是指国家为了建立市场经济秩序,维护国家、市场经营者和消费者的合法权益而干预市场所发生的经济关系。我们并不否认依据惯例和道德规范来维护市场秩序(主要是交易秩序)的作用,但仅靠惯例和道德规范来维护正常的市场秩序在目前的社会经济条件下是远远不够的(如地方和部门存在保护主义、逐利思想较为严重等)。可以说,目前世界上所有国家的市场秩序主要还是依靠法律来维护的。这就是说,市场秩序的维护,需要法律创立和认可交易规则、规范交易行为,并依靠国家的强制力来保障执行。

### (三)宏观经济调控关系

宏观经济调控关系是指国家从长远发展和社会公共利益出发,对关系国计民生的重大社会经济因素实行全局管理的过程中与其他社会组织之间所发生的具有隶属性或指导性的经济关系。市场经济能促使资源的优化配置,但市场经济不是万能的,仍然有一定的盲目性,市场经济也有其消极作用的一面。这就要求国家通过制订科学的计划、改善投资结构、制定财税政策、利用金融工具、运用价格手段等进行宏观调控,以限制、减少市场经济的消极作用,克服市场主体的盲目性。

### (四)社会分配调控关系

社会分配调控关系是指国家在对国民收入进行初次分配和再分配过程中所发生的经济关系。从我国的国情出发,国家需要通过完善分配机制和保障机制,使国民收入的初次分配和再分配更科学、更公平、更合理、更具有人性化。

在我国,经济法作为一个独立的法律部门,具有重要的地位,发挥着不可替代的作用,而且,市场经济越发达,经济法的职能作用越明显、越重要。经济法作为一个独立的法律部门,也称部门法,是因为经济法有自己特定的调整对象和体现国家干预的特有调整方法。这使得经济法与民法、行政法等有了明显的区别,也使我们能够清楚地认识到经济法作为一个独立的法律部门存在的必要性和重要性。

### 三、经济法的渊源

经济法的渊源是指经济法律规范借以存在和表现的形式,即法是由何种国家机关制定、依据什么方式或程序制定、表现为何种形式等。从我国的实际情况来看,经济法主要表现为国家机关根据其权限范围所制定的各种规范性文件。依据制定法律主体的不同,各种规范性文件的地位、效力层次和效力范围也是不同的。经济法的渊源主要有:

#### (一)宪法

宪法是国家的根本大法,是由国家最高权力机关——全国人民代表大会制定的。二十大明确提出:我们要完善以宪法为核心的中国特色社会主义法律体系,加强宪法实施和监督,加强重点领域、新兴领域、涉外领域立法,推进科学立法、民主立法、依法立法。宪法规定国家的基本制度和根本任务,具有最高的法律效力,也具有严格的制定和修改程序。它是经济法的基本渊源,是经济立法的基础。经济法以宪法为渊源,主要是从中汲取有关国家经济制度的精神和基本规范,例如,"中华人民共和国的社会主义经济制度的基础是生产资料的社会主义公有制,即全民所有制和劳动群众集体所有制";"国家实行社会主义市场经济。国家加强经济立法,完善宏观调控";"国有企业在法律规定的范围内有权自主经营";"中华人民共和国公民有依照法律纳税的义务";等等。

#### (二)法律

法律是由全国人民代表大会及其常务委员会经一定的立法程序制定的规范性文件,法律通常规定和调整国家、社会、公民在社会经济生活中某一方面带根本性的社会关系和基本问题,其地位和效力仅次于宪法,其中,经济法律和其他法律所包含的经济法律规范是经济法的主要渊源,规定的多是基本的经济关系。以法律形式表现的经济法律规范是经济法的主体和核心组成部分。经济法律有:《中华人民共和国消费者权益保护法》《中华人民共和国会计法》《中华人民共和国公司法》《中华人民共和国个人独资企业法》《中华人民共和国合伙企业法》《中华人民共和国企业破产法》《中华人民共和国证券法》《中华人民共和国企业所得税法》《中华人民共和国个人所得税法》《中华人民共和国价格法》《中华人民共和国中国人民银行法》《中华人民共和国商业银行法》《中华人民共和国土地管理法》《中华人民共和国外商投资法》等。

#### (三)国务院制定和批准的经济法规

国务院制定和批准的经济法规包括行政法规和地方性法规,其效力仅次于宪法和法律。

行政法规是由国家最高行政机关——国务院为执行法律规定及履行宪法规定的行政管理职权的需要而制定、发布的各种规范性文件。它通常冠以条例、办法、规定等名称,如《企业财务会计报告条例》等。行政法规的地位次于宪法和法律,但高于地方性法规,是一种重要的法律形式。

地方性法规是省、自治区、直辖市及其较大的市的人民代表大会及其常务委员会从本行政区域的具体情况和实际需要出发,在不与宪法、法律、行政法规相抵触的前提下制定、发布的规范性文件。其中,较大的市的人民代表大会及其常务委员会制定的地方性法规需要报省、自治区的人民代表大会常务委员会批准后施行。地方性法规的效力不超出本行政区域的范围,是地方司法的依据。地方性法规的种类和数量很多,如《上海市市容环境卫生管理条例》等。

经济特区所在地的市的人民代表大会及其常务委员会也可以根据全国人民代表大会的授权决定制定法规,并在经济特区范围内实施。

经济法大量以法规的形式存在,国务院制定和批准的经济法规是经济法的重要渊源。经济行政法规如:增值税、消费税等税收暂行条例以及《企业财务会计报告条例》《中华人民共和国公司登记管理条例》《中华人民共和国反倾销条例》《中华人民共和国反补贴条例》《中华人民共和国外汇管理条例》等。

### (四)各种规章

规章包括国务院部门规章和地方政府规章。

国务院部门规章是指国务院各部、委员会、中国人民银行、审计署和具有行政管理部门的直属机构,根据法律和国务院的行政法规、决定、命令,在本部门的权限范围内制定的规章。部门规章如:财政部颁布的《会计从业资格管理办法》《代理记账管理办法》《行政单位国有资产管理暂行办法》,中国人民银行颁布的《贷款通则》《人民币银行结算账户管理办法》,证监会颁布的《证券公司管理办法》等。

地方政府规章是指省、自治区、直辖市和较大的市的人民政府根据法律、行政法规和本省、自治区、直辖市的地方性法规制定的规章。地方政府规章的种类和数量很多,在此不予举例。

规章是法律、行政法规的必要补充,对正确适用和执行法律、行政法规具有重要的意义。

### (五)民族自治地方的自治条例和单行条例,以及特别行政区的法

民族自治地方(自治区、自治州、自治县)的自治条例和单行条例是指民族自治地方的人民代表大会按照当地民族的政治、经济和文化的特点,依法制定的自治条例和单行条例。民族自治地方的自治条例和单行条例可以依照当地民族的特点,对法律和行政法规的某些规定作出变通规定,但不得违背法律或者行政法规的基本原则,不得对宪法和民族区域自治法的规定以及其他有关法律、行政法规专门就民族自治地方作出变通规定。

特别行政区的法是指全国人民代表大会制定的特别行政区基本法,依法予以保留的特别行政区原有法律和特别行政区立法机关依法制定并报全国人民代表大会常委会备案的、在该特别行政区生效的法律,如《中华人民共和国香港特别行政区基本法》《中华人民共和国澳门特别行政区基本法》等。

民族自治地方的自治条例和单行条例及特别行政区的法,也是经济法的渊源之一,主要适用于民族地方自治或特别行政区的管理。

### (六)司法解释

司法解释是立法机关授予最高人民法院和最高人民检察院在审判过程中和检察过程中对适用法律问题所作出的具有法律效力的阐释和说明的权力。司法解释具有法律效力,也是经济法的渊源之一。例如,最高人民法院颁布的《关于适用〈中华人民共和国民法典〉有关担保制度的解释》《关于审理票据纠纷案件若干问题的规定》等。

### (七)国际条约、协定

国际条约、协定不属于国内法的范畴。国际条约、协定是指在我国政府作为国际法主体缔结或参加的国际条约、双边或多边协定以及其他具有条约、协定性质的文件。国际条约、协定在我国生效后,对我国国家机关、公民、法人或者其他组织就具有法律上的约束力,因此,国际条约、协定也是我国经济法的重要形式之一。如我国加入世界贸易组织所签订的一系列文件等。

## 四、经济法在市场经济中的作用

### (一)为国家进行宏观调控提供法律依据和保障

市场经济是市场在资源配置中发挥基础调节作用的一种经济形式,但市场经济仍然有自发性、盲目性、滞后性的特点。这是市场经济自身无法克服的局限和缺陷。其一,单纯的市场调节不能有效解决宏观总量的平衡问题和经济结构协调发展的问题。其二,市场调节是一种事后调节。市场机制通过供求关系的变化所产生的价格信号等引导生产要素流动,使资源得到合理配置,但供求关系的变化有一个运动过程,供求关系变化后的自发调节具有滞后性。其三,生产经营者通过市场获悉的信息往往具有片面性,竞争带有一定的盲目性。其结果往往是造成某领域的生产要素在短期内盲目骤增,不必要的重复建设造成的浪费无法避免。其四,单纯的市场调节往往驱动市场主体短期化行为的产生,淡化社会公共利益的维护。如掠夺性的资源开发和利用、严重的环境破坏或污染等。其五,单纯的市场调节不能有效地实现社会的公平分配。市场竞争的结果是优胜劣汰,生产经营者为了求生存、求发展,力争资源得到优化配置,实现利益最大化,这自然会引发两极分化,我国目前的社会事实就足以说明这一点。

由于市场经济本身存在着这些方面的问题,自身又无法克服和解决,这就需要国家通过经济立法和施法来进行宏观调控。

### (二)维护市场运行的良性秩序

无论从我国国内市场主体的现状情况看,还是从国际的经济往来情况看,维护市场运行秩序仅仅依靠交易习惯、道德信条或市场主体的自律是远远不够的,还需要运用经济法律和其他法律来进行维护。其一,确认市场主体的法律地位;其二,提供市场规则,保护、鼓励正当竞争,反对、禁止不正当竞争;其三,促进经济效益和社会效益的提高。

# 第二节 经济法律关系

## 一、经济法律关系概述

### (一)经济法律关系的概念

法律关系是一种社会关系,是法律规范在调整人们的行为过程中所形成的一种特殊的社会关系,即社会关系被法律规范确认之后所形成的权利和义务关系。社会关系是多种多样的,因而调整它的法律规范也是多种多样的,如调整平等主体之间的财产关系和人身非财产关系而形成的法律关系,称为民事法律关系;调整行政管理关系而形成的法律关系,称为行政法律关系。根据我们对经济法调整对象的理解,经济法律关系是指经济关系被经济法律规范确认和调整之后所形成的权利和义务关系,即经济法律关系主体根据经济法律规范产生的、经济法律关系主体之间在国家管理与协调经济过程中形成的权利与义务关系。

### (二)经济法律关系特征

**1. 经济法律关系是人们有意识、有目的而形成的特定的社会关系**

经济法律关系是需要由国家干预的物质社会关系被经济法律规范确认和调整后形成的、具有法律关系性质的思想社会关系,属于上层建筑范畴。它的特定性表现在,大多数情况下既体现国家意志,又体现当事人的意志。

**2. 经济法律关系是由经济法律规范确认和调整所形成的法律关系**

法律规范是法律关系产生、变更和终止的前提,权利义务关系是依据相应法律规定而形成的。没有经济法律规范的具体规定,经济法律体系不能产生,其内容也无法实施。在经济法律体系中,任何主体不享有经济法律规定以外的权利,也不承担经济法律规定以外的义务。

**3. 经济法律关系是主体之间法律上具有经济内容的权利义务关系**

权利义务关系是法律关系的核心,法律确认某一法律关系的目的也是依靠确认权利义务来实现的。经济法律关系的核心同其他法律关系一样,也是权利义务关系,所不同的是,它是一种经济权利和经济义务关系。

**4. 经济法律关系是由国家强制力保障实施的社会关系**

由国家强制力作保障,实质上就是对经济法主体经济权利的保护,以使其能够切实地付诸实现。

## 二、经济法律关系的构成要素

经济法律关系的构成要素是指构成经济法律关系的必要条件,经济法律关系遵循一般法律关系的"公理",即任何法律关系都是由主体、内容、客体三大要素构成的,经济法律关系也不例外。

### (一)经济法律关系主体

**1. 经济法律关系主体的界定**

经济法律关系的主体简称经济法主体,它是指在经济法律关系中享有一定经济权利、承担一定经济义务的当事人或参加者。享受经济权利的一方称为权利主体,承担经济义务的一方称为义务主体。但是在经济法律关系中,双方当事人在许多情况下既享受经济权利又承担经济义务。

经济法主体必须具备一定的主体资格,即参加经济法律关系,享受一定权利和承担一定义务的资格或能力。关于经济法主体资格的规定既体现在经济法中,也体现在其他有关法律中。经济法主体资格一般通过以下两种方式取得:

(1)法定取得,即依法律的规定而取得的。凡是国家法律、法规、规章规定,能够对社会经济生活实行管理或接受管理的社会组织、公民和其他具有生产经营资格的实体,都可以作为经济法律关系的主体。法定取得经济法主体资格的具体方式包括:因符合法定条件而自然取得以及在法定条件下经登记、批准、审批、许可、备案等法定程序而取得。前者例如,公民、法人或者其他组织,只要符合国家某税种规定的纳税人条件,就自然取得该税种纳税人的主体资格;后者例如,根据《中华人民共和国会计法》的规定,会计人员应当具备从事会计工作所需要的专业能力。

(2)授权取得,即依据有授权资格的机关授权,从而取得可以对社会经济生活实施某种干预的资格。例如,根据我国有关承包和租赁的法律规定,政府可以指定有关部门代表国家作为发包方,并行使对企业的干预职权。有关部门作为发包方和干预方的资格即是由政府授权取得的。

**2. 经济法律关系主体的分类**

经济法调整范围的广泛性,决定了经济法主体范围具有广泛性。根据主体在经济法律关系中所处的地位和作用不同,经济法主体可以分为三大类:①经济决策主体。经济决策主体是指根据法律规定,在经济法律关系中享有经济决策权的经济活动主体,主要包括作为宏观经济决策者的国家机关和作为微观经济决策者的企业等。②经济管理主体。经济管理主体是指根据法律的规定或国家机关的授权,在经济法律关系中享有经济管理权限的经济主体,主要包括作为经济管理者的国家机关、企业事业单位、社会团体等。③经济实施主体。经济实施主体是指根据所确认的目标和任务以及自身的需要,具体组织生产经营活动的企事业单位、社会团体、个体工商户、农村承包经营户及公民个人等。

根据主体在经济运行中的客观形态划分,经济法主体可以分为以下几类:

(1)国家机关

国家机关是行使国家职能的各种机关的通称,包括国家权力机关、国家行政机关等。其中,国家权力机关主要以经济决策主体的身份出现在经济法律关系中。国家行政机关,特别是具有经济管理职能的行政机关,主要以经济管理主体的身份出现在经济法律关系中,根据宪法、法律、法规规定的性质、职能、任务等,承担组织、管理和协调经济运行的职能。国家行政机关由国务院及其所属的部、委、办、局等机构,以及地方各级人民政府及其所属机构组成。在特殊情况下,国家机关或国家作为整体也可以作为经济实施主体参加经济法律关系,例如,国家对外签订政府贷款或担保合同,对内对外发行政府债券,政府出让土地使用权,作为股东投资设立企业等。作为经济法主体的国家机关主要是指国家行政机关中的经济管理机关。

(2)经济组织

经济组织包括企业法人和非法人经济组织。企业是指依法设立的,以营利为目的从事生产、经营活动的各种经济组织。可以说,在市场经济条件下,企业是最重要、最活跃、最广泛的经济法主体,它承担着保证国家微观经济运行质量、效益和秩序的重要使命,是联系作为经济管理主体的国家机关和作为消费主体的单位和个人的重要纽带。企业在经济法律关系中主要作为实施主体出现,但个别依法具有经济管理职能的特殊企业或公司,如中国石油总公司、中国工商银行、中国农业银行等,也是经济管理主体。此外,企业相对于其内部的组织而言,也是经济决策主体和管理主体。经济组织的内部机构,如分公司、分厂、车间等分支机构或生产单位,虽无独立法律资格,但在一定条件下也是经济法律关系的主体。例如,其根据经济法律规定与企业订立承包或租赁等责任制合同,而将内部的组织管理关系外部化时;或分公司、分店等依法作为纳税人参与税收法律关系时,便具有经济法主体的地位。

(3) 事业单位

事业单位是由国家财政预算拨款或其他资金来源设立的,不以营利为目的从事文化、教育、科研、卫生等事业的单位,如学校、医院、科研院所等。事业单位主要是以经济实施主体的身份参与经济法律关系的,但在根据法律授权或行政机关委托实施经济管理职责时,是以经济管理主体的身份参与经济法律关系的。

(4) 社会团体

社会团体是由公民或组织依法自愿组成的从事公益事业、党团事务、行业管理和服务等社会活动的社会组织,包括党团组织、工会、妇联、行业性、职业性协会及公益性、学术性团体等。当前,一些社会团体作为"第三部门"参与经济法律关系,在促进社会经济发展和政府职能转换、维护正常经济秩序、完善市场经济功能中发挥了独特的作用。

(5) 个体工商户、农村承包经营户

个体工商户是指公民在法律允许的范围内,依法经核准登记,以营利为目的从事工商业经营的个体经济。个体工商户可以起字号。农村承包经营户是指农村集体经济组织的成员,在法律允许的范围内,按照承包合同规定从事商品经营的形式。他们以"户"的名义,主要作为经济实施主体参与经济法律关系,一般要承担无限连带责任。

(6) 公民

目前,在我国市场经济得到迅速发展的情况下,在经济发展水平迅速提高的今天,公民个人已成为重要的经济法律关系参与者,其参与的经济法律关系主要包括税收、工商管理、竞争法律关系等。例如,公民依法向税务机关缴纳个人所得税时,即是税收法律关系的主体。

### (二) 经济法律关系的内容

经济法律关系的内容是指经济法主体之间享有的经济权利和承担的经济义务。它是经济法律关系的核心,是联结经济法主体及主体与客体的桥梁,直接体现了经济法主体的利益和要求。

**1. 经济权利**

民法上所称的权利,仅仅是指权利人根据法律的规定自己为一定行为和要求他人为一定行为或不为一定行为的可能性。经济权利是指法律所确认和保护的具有经济内容的权利,是经济法主体依法能够作为或不作为一定行为,以及要求他人作为或不作为一定行为的资格。我国法律赋予经济法主体的经济权利是极其广泛的,随着我国市场经济体制的建立和不断发展,国家对经济的管理方式逐渐由以直接管理为主,转变为以间接管理为主,经济法主体的经济权利的范围也越来越广泛。经济权利可以概括为如下三大类:

(1) 经济职权。经济职权指国家机关及其工作人员在行使经济管理职能时依法享有的权利。经济职权是具有隶属性质的权利,具有命令与服从的性质。经济职权是国家干预社会经济生活的主要形式。因此,在国家机关及其工作人员依法行使经济职权时,其他经济法主体都应服从,不得违反。经济职权对国家机关及其工作人员而言,既是权利又是义务或职责,两者高度统一,不得随意转让或放弃。经济职权包括立法权、审核权、确认权、批准或许可权、指挥与协调权、命令权、执行权、免除权、撤销权、监督权、检查权和处罚权等。

(2)财产所有权和其他物权。财产(包括有形财产和无形资产如商标、专利、著作等)所有权是指财产所有人依法对自己的财产享有的占有、使用、收益和处分的权利。财产所有权是一种不依赖、不从属于其他权利而独立存在的自主权利,是一种最完整、最充分的物权。它具有支配性、排他性、绝对性的特征,一物之上只能有一个所有权,而所有权人无须他人协助即可实现其权利。财产所有权具有四项权能:一是占有权,指对财产的实际控制权能;二是使用权,指按照财产的性能与用途加以利用的权能;三是收益权,指获取财产所产生的利益的权能;四是处分权,指决定财产在事实上和法律上命运的权能,处分权是财产所有权的核心权。所有权的占有、使用、收益、处分四项权能可以在一定条件下与所有人分离,如财产所有人可以授权他人合法占有或使用自己的财产(如出租、出借等),这种分离是财产所有人行使其财产权的一种方式。其他物权是指所有权以外的物权,它是在所有权权能与所有人发生分离的基础上产生的,其他物权人对物享有一定程度的直接支配权,其内容既受法律规定的限制,也受所有权人的限制,其他物权人支配标的物时,除不得违反法律的禁止性规定外,还受设定其他物权的合同的限制。

(3)债权。近现代民法上的债,不仅指债务,而且包括债权,它表示的是以债权债务为内容的法律关系。除了金钱之债,还包括转移权利、交付财物、提供劳务为标的的债,甚至还包括不作为形式存在的债。进入现代,缔约过失和单方允诺也被包括在内。债权是指按照合同约定或法律规定,请求特定人为特定行为的权利。与其他权利相比,债权具有如下特征:第一,债权是一种请求权,权利人须请求相对人为或不为一定行为;第二,债权是一种相对权,债权人只能请求负有义务的特定人为或不为一定行为;第三,债权具有相容性,一物之上可以成立两个以上内容相同的债权,它们之间互容而非互斥,每一个债权都不具有排他性;第四,债权具有平等性,数个债权人对于同一个债务人,先后发生数个普通债权时其效力一律平等;第五,债权具有期限性,它可因清偿、时效、期限届满等原因而消灭。

**2. 经济义务**

经济义务是指经济法主体根据法律规定或为满足权利主体的要求,必须作为或不为一定行为的约束。经济义务的形式难以穷尽,这里择其主要者归纳如下:

(1)正确贯彻执行国家方针政策、法律和法规的义务。

(2)正确行使经济职权的义务。一是权力部门不得滥用经济职权;二是不得僭越权利,如无权减免税的机关或个人不得擅自作出减免税的决定;三是不得放弃权利,擅自放弃权利是一种失职行为;四是不得非法转让权利,因为许多权利具有专属性,因而权利人不得将权利转让给其他人行使。

(3)服从依法干预的义务。国家组织、指挥、协调经济发展都是通过一定调控行为来实现的。在我国,国家的调控都是以国家法律的授权为依据的,这就决定了凡是调控所及的范围,被调控者都有服从的义务,否则,调控无效。

(4)纳税(缴费)义务人依法纳税(缴费)的义务。
(5)承担经济法律责任的义务。

### 3. 经济权利与经济义务相依而存,具有相对性、对等性

在经济法律关系中,一个经济法主体享有一定的权利,必定以其他经济法主体负有一定的义务为前提,没有对应的义务主体时,权利主体的权利便没有保障,是不可能实现的。同时,经济权利和经济义务具有对等性,没有无权利的义务,也没有无义务的权利。权利和义务是统一的,不允许只享有权利而不承担义务,也不能只承担义务而不享有权利。

## (三)经济法律关系的客体

经济法律关系的客体是指经济法主体权利和义务所指向的对象。根据我国经济法律法规的有关规定,经济法律关系的客体包括物、经济行为和非物质财富。

### 1. 物

物是民事法律关系的普遍客体。它是指能够为人控制和支配的、具有一定经济价值的、可通过具体物质形态表现存在的物品。物包括自然存在的物(如土地、矿藏、林木等)和人类生产劳动的产品(如机器设备、建筑物等),以及固定充当一般等价物的货币和有价证券等。物作为经济法律关系的客体,受到一定的限制,这种限制主要表现为只有与国家经济调控因素相联系的物才能作为经济法律关系的物。从法律角度看,物可以划分为多种类型,如生产资料与生活资料、流通物与限制流通物、特定物与种类物、动产与不动产等。

### 2. 经济行为

经济行为是指经济法律关系的主体为了达到一定经济目的,实现经济权利和经济义务所进行的经济活动,包括经济管理行为、完成一定工作的行为和提供劳务的行为等。经济管理行为是指经济法律关系主体行使经济管理权或经营管理权所指向的行为,例如,经济决策行为、经济命令行为、审查批准行为、监督检查行为等。完成一定工作的行为是指经济法主体的一方利用自己的资金和技术设备为对方完成一定的劳务或服务满足对方的需要而对方支付一定报酬的行为。作为经济法律关系客体的经济行为,仅指具有法律意义,即为实现权利和义务的行为。

### 3. 非物质财富

非物质财富也可以称为精神财富或精神产品,包括智力成果、道德产品和经济信息等。智力成果是指经济法主体从事智力劳动所创造取得的成果,如科学发明、技术成果、艺术成果、学术论著等。智力成果本身不直接表现为物质财富,但可以转化为物质财富。智力成果作为经济法律关系的客体,其法律表现形式主要表现为商标、发明、实用新型、外观设计、专有技术、文学、艺术和科学作品等。道德产品是指人们在各种社会活动中取得的非物质化的道德价值,如荣誉称号、嘉奖表彰等,它们是公民、法人荣誉权的客体。经济信息是指反映社会经济活动发生、变化等情况的各种消息、数据、情报和资料等的总称。现代社会,经济信息已成为一种重要的战略资源,成为一种生产要素。市场竞争的胜负,很大程度上取决于市场信息的数量和质量。随着经济和科技的进一步发展和世界经济一体化步伐的加快,市场主体将全面面向国内和国际市场,经济信息将越来越受重视。可见,经济信息必然成为经济法律关系的客体。

### 三、经济法律关系产生、变更和终止

静止是相对的,运动是绝对的。任何现象都会随着时间、地点和条件的变化而变化,和其他社会关系一样,经济法律关系也会随着社会、政治、经济、文化情况的发展变化而不断地发展变化。经济法律关系是根据经济法律规范在经济法主体之间形成的权利和义务关系。但经济法律规范本身并不能必然在经济法主体之间形成权利与义务关系,只有在一定的经济法律事实出现后,才能使经济法律关系以经济法律规范为依据而产生、变更和终止。

#### (一)经济法律关系产生、变更和终止的概念

**1. 经济法律关系产生**

经济法律关系的产生,是指经济法律关系主体之间形成一定的经济权利和经济义务关系。例如,购销合同的订立。

**2. 经济法律关系的变更**

经济法律关系的变更,是指经济法律关系的主体、客体和内容的变化。例如,购销合同订立后,要求其标的数量的增或减、价格的升或降等。

**3. 经济法律关系的终止**

经济法律关系的终止,是指经济法律关系主体之间的经济权利和经济义务关系的消灭。例如,购销合同订立后,双方依约全面履行了合同义务,即货款两清。

#### (二)经济法律关系产生、变更、终止的条件

**1. 经济法律规范**

经济法律规范是指经济法律关系产生、变更和终止的法律依据。所谓法律规范,是指由国家制定或认可的,并以国家强制力保证实施的,具有普遍约束力的行为准则。它赋予一定社会关系的参加者某种法律权利,同时也规定其承担一定的法律义务。经济法律规范是构成经济法的最基本的组织细胞,是通过一定的经济法律条文表现出来的、具有一定内在逻辑结构的特别行为规范。

**2. 经济法主体**

如前所述,经济法主体是指享受经济权利与承担经济义务的当事人。

**3. 经济法律事实**

经济法律事实是指由经济法律规范所制定的,能够引起经济法律关系的产生、变更和终止的客观现象。经济法律事实是客观事实的一部分,那些不为经济法律规范所规定,不能引起任何经济法律后果的客观事实不是经济法律事实。经济法律规范和经济法主体只是经济法律关系产生的抽象的、一般的前提,并不直接引起经济法律关系的变化。经济法律事实才是引起经济法律关系产生的具体条件,也就是说,只有当经济法律规范所规定的经济法律事实出现时,才会引发或导致经济法律关系的产生、变更和终止。可见,经济法律事实才是经济法律关系产生、变更、终止的直接原因。

依据是否以人们的意志为转移标准,经济法律事实可以划分为两大类:事件和行为。

(1)事件

事件是指不以经济法主体的主观意志为转移的，能引起经济法律关系产生、变更和终止的法定现象或情况。它包括自然现象和社会现象两种。自然现象又称绝对事件，如自然灾害：地震、雪灾、水灾、火灾、台风等；社会现象又称相对事件，相对事件虽由人的行为引起，但其一旦出现在特定经济法律关系中则也是不以当事人的意志为转移的，如战争、革命、罢工、重大政策或法律的修改等。自然灾害可以引起保险赔偿关系的发生、合同关系的变更或解除等，如我国南方地区曾经发生的大面积雪灾等。重大政策或法律的修改可能引起许多方面法律关系的变化，如农村税费改革政策的实施，引起农业税减免等。

(2)行为

行为是指法律主体为达到一定目的而进行的有意识的活动。按行为的性质不同，可分为合法行为和违法行为。合法行为，是指符合法律法规规定的行为，如经济调控行为、经济仲裁或审判行为等；违法行为，是指行为人所实施的行为违反了法律、法规规定，应受惩罚的行为，如国家行政机关的不当罚款行为、商标侵权行为、偷税抗税行为等。按行为的表现形式不同，可分为积极行为和消极行为。积极行为又称作为，是指以积极、主动作用于客体的形式表现的、具有法律意义的行为，如税务机关工作人员依法征税的行为、工商行政管理人员依法实施市场管理的行为等；消极行为又称不作为，是指以消极的、抑制的形式表现的、具有法律意义的行为。按法律行为主体实际参与行为的状态不同，分为自主行为和代理行为。自主行为，是指法律主体在没有其他主体参与的情况下以自己的名义独立从事的行为；代理行为，是指法律主体根据法律授权或其他主体的委托而以被代理人的名义所从事的行为。

需要说明的是，有些经济法律关系的产生、变更和终止，只需一个法律事实出现即可成立；有些经济法律关系的产生、变更和终止，则需要两个或两个以上的法律事实同时出现才能成立。例如，保险赔偿关系的发生，需要订立保险合同并发生相应的保险事故两个法律事实的出现才能宣告成立。

## 第三节 民事法律行为和代理

### 一、民事法律行为理论

#### (一)民事法律行为的概念和特征

民事法律行为是指民事主体通过意思表示设立、变更、终止民事权利和民事义务的行为。

民事法律行为是法律事实的重要组成部分。法律事实是指能够引起民事权利和义务关系产生、变更和终止的客观现象，它包括事件和行为两部分，民事法律行为是法律行为中的一个重要构成部分，当事人可以通过民事法律行为自主设立、变更或终止某种法律关系，实现自己追求的法律效果。

**2. 民事法律行为的特征**

(1)民事法律行为是人为的法律事实。民事法律行为是民事主体基于意思表示，以设立、变更、终止民事权利和民事义务为目的，依法产生民事法律效力的行为。民事法律行为属于行为的范畴，因为它是人们有意识的活动，因而是人为的法律事实。相对于事件来讲，行为是经济法律关系产生的经常的原因，是经济法律关系得以发生的最大量的、最普遍的法律事实。

(2)民事法律行为是表意行为。民事法律行为是以达到一定的民事法律后果为目的的行为，也就是说，民事法律行为是行为人有意识地创设的、自觉自愿的行为，而非受胁迫、受欺诈的行为。民事法律行为的目的性，是决定行为的法律效果的基本依据。非表意行为又称事实行为，其行为人主观上并无产生法律后果的意图，但行为客观上也能产生一定的法律后果，如偶然拾得遗失物等，它就属于事实行为。

(3)民事法律行为以意思表示为要素

意思表示是指行为人将期望发生法律效果的内心想法，以一定方式表现于外的行为。意思表示是法律行为的核心要素，也是民事法律行为与非意思表示行为相区别的重要标志。行为人仅有内心意思但不表现于外，则不构成意思表示，民事法律行为也不能成立；行为人表于外的意思如果不是其内心想法的真实反映，则表明该意思表示有瑕疵，民事法律行为原则上也不能成立。例如，因胁迫、欺诈等原因而作出行为，并非行为人的真实意思表示就属于此类。

(4)民事法律行为大多数是合法行为

从本质上讲，民事法律行为应该是合法行为，因为民事法律行为只有其内容和形式均符合法律要求或不违背法律的规定，才能得到法律的认可和保护，才能产生行为人所预期的法律后果；如果行为本身不合法，该行为不但不会产生行为人预期的法律后果，而且还会受到法律的制裁。确认某行为是否合法，有利于指导行为人树立正确的行为观，明确何种行为可为或不可为，以维护正常的社会经济秩序。但是，由于事物本身之间的界限不一定都十分明晰，而且事物又处于不断的变化和发展之中，现实生活中仍有不合法的法律行为存在。本章所述的民事法律行为为合法行为。

**(二)民事法律行为的分类**

民事法律行为从不同角度可做不同的分类。不同类型的民事法律行为，具有不同的法律意义。

**1. 单方法律行为和多方法律行为**

(1)单方法律行为，是指一方当事人的意思表示就可成立的法律行为。该法律行为只需当事人一方的意思表示而无须其他人同意即可发生法律效力，如捐赠、订立遗嘱、行政命令、债务免除、无权代理的追认等。

(2)多方法律行为，是指两个或两个以上当事人意思表示一致才能成立的法律行为。该法律行为需有两个或两个以上的当事人，而且这些当事人的意思表示还需一致，如合同行为是典型的双方法律行为；两个以上合伙人订立的合伙协议，即为多方法律行为。

这种分类的法律意义在于法律对两者成立的要求有所不同。

### 2. 有偿法律行为和无偿法律行为

(1)有偿法律行为,是指一方当事人在享有权利的同时必须偿付对方相应代价的法律行为,例如借款合同,一方依法获取对方款项的同时,到期需还本并付息;又如承揽合同,承揽人为获取对方的报酬,需依约完成一定的工作或提供相应的劳务等。在市场经济中,有偿法律行为是最常见的法律行为,它能有效地推动社会主义市场经济的快速发展。

(2)无偿法律行为,是指一方当事人在享有权利的同时无须向对方支付对等代价的法律行为,例如捐赠行为、无偿委托、无偿寄托等。无偿法律行为反映了人类的互助友爱,是和谐社会大力倡导的精神,但在法律行为中所占的比重较小。

这种分类的法律意义在于便于确立当事人权利义务的范围及其责任后果的承担。一般而言,有偿法律行为义务人的法律责任比无偿法律行为义务人的法律责任重要。

### 3. 要式法律行为和非要式法律行为

(1)要式法律行为,是指法律明确规定必须采取一定形式或履行一定程序才能成立的法律行为。例如,《中华人民共和国公司法》规定,如果设立证券公司就必须制定符合法律、行政法规规定的公司章程等;又如《中华人民共和国民法典》规定,担保合同、融资租赁合同、建设工程合同、技术开发合同等应当采用书面形式。

(2)非要式法律行为,是指无须特定形式或程序,当事人可自由选择某种形式即可成立的法律行为。

区分要式法律行为和非要式法律行为对于判定法律行为的成立具有重要意义,同时,法律规定某些法律行为须以要式成立(如不动产、机动车辆、标的数额大的项目等),虽然以牺牲民事流转的迅速灵活为代价,但可以督促当事人谨慎进行民事活动,使权利义务关系明确具体并有确凿凭证,减少纠纷,从而起到稳定交易秩序、确保交易安全的作用。

### 4. 主法律行为和从法律行为

(1)主法律行为,是指不需要有其他法律行为的存在就可以独立成立的法律行为。

(2)从法律行为,是指从属于其他法律行为而存在的法律行为。

例如,甲、乙双方订立一份借款合同,为保证合同的履行,请丁作为担保人并订立担保合同。其中,借款合同是主法律行为,担保合同是从法律行为。

这种分类的法律意义在于便于明确主从法律行为的效力关系。从法律行为的效力依附于主法律行为;主法律行为不成立,从法律行为则不能成立;主法律行为无效,则从法律行为也当然不能生效。但主法律行为履行完毕,并不必然导致从法律行为效力的丧失。

### 5. 诺成法律行为和实践法律行为

(1)诺成法律行为,是指仅以当事人的意思表示为成立要件的法律行为。

(2)实践法律行为,又称要物行为,是指除了需要当事人的意思表示以外,还需交付相关实物才能成立的法律行为。

诺成法律行为,自当事人的意思表示达成一致即告成立;实践法律行为,在当事人的意思表示达成一致之后,还需要物的交付才能成立。因此,两者的成立时间是不同的。由于实践法律行为在当事人意思表示取得一致与物的交付之间往往存在一定的时间差,这样就给予了当事人犹豫期来思考自己行为的后果,决定是否把行为进行到底。

### (三)民事法律行为的有效要件

民事法律行为的有效,是指民事法律行为因符合法律规定而足以引起权利义务产生、变更、终止的法律效力。民事法律行为有效,证明法律行为已成为合法行为,因而获得了国家法律的保护。法律行为的成立是法律行为有效的前提,法律行为从成立时起具有法律约束力,行为人非依法律规定或取得对方同意,不得擅自变更或终止。例如,购销合同依法订立后,任何一方当事人不得擅自变更或终止合同关系,否则要承担相应的违约或赔偿损失的责任。但是,已成立的法律行为不一定必然发生法律效力,只有具备一定有效条件的法律行为,才能产生预期的法律效果。

《中华人民共和国民法典》(以下简称《民法典》)规定,具备下列条件的民事法律行为有效:(1)行为人具备相应的民事行为能力;(2)意思表示真实;(3)不违反法律、行政法规的强制性规定,不违背公序良俗。

行为能力1

**1. 行为人应当具备相应的民事行为能力**

民事行为能力,是指民事主体独立参与民事活动,以自己的行为取得民事权利或者承担民事义务的法律资格。只有具备相应的民事行为能力的人才能进行民事法律行为。

民事法律行为以当事人的意思表示为基本要素。具有健全的理智,是作出合乎法律要求的意思表示的基础。因此,行为人必须有相应的行为能力。对于自然人而言,无行为能力人(不满八周岁的未成年人或不能辨认自己行为的成年人)进行的行为不具有法律效力;限制民事行为能力人(八周岁以上、十八周岁以下的未成年人或不能完全辨认自己行为的成年人)只能进行与其年龄、智力、精神健康状况相适应的民事活动,其他民事活动应由其法定代理人代理,或征得其法定代理人同意、追认;完全民事行为能力人(十八周岁以上的成年人和十六周岁以上的未成年人但以自己的劳动收入为主要生活来源的公民)可以独立地在其民事权利能力范围内进行民事活动。但非完全民事行为能力人可独立实施单纯获得利益、不承担义务的法律行为。

对于法人而言,民事行为能力随其设立而产生,随其终止而消灭。但法人民事行为能力的行使也要与其民事权利能力范围相适应,才能发生法律效力。法人的民事权利能力的范围一般以核准登记的生产经营和业务范围为准,超越法律规定或章程规定的经营范围所为的行为,是越权行为,原则上无效,但当事人已履行完毕、未发生争议的除外。除此之外,法人有权从事维持其存在所必需的法律行为。

这里所称的民事权利能力和民事行为能力是两个相对应的概念。民事权利能力是指法律赋予公民、法人或者其他组织享有民事权利、承担民事义务的资格。民事行为能力的实现是以具有民事权利能力为前提的,首先要有民事权利资格,然后才谈得上是否能够通过自己有意识的行为来加以实现。一般来说,法人的民事权利能力与民事行为能力是统一的,均随法人或其他组织的设立而产生,随其终止而消灭。但对于公民来说,有民事权利能力,不一定就有民事行为能力。法律一般以年龄和精神、智力状况作为判断和确定公民是否具有民事行为能力的依据。

**2. 意思表示真实**

意思表示真实,是指行为人的意思表示是自觉自愿作出的,并与其内心所表达的意思相一致(内心意图与外在表达一致)。法律行为必须是意思表示真实的行为。造成意思表示不真实的原因有两类,一是主观上的原因,二是客观上的原因。前者是由表意人自己的原因造成意思表示不真实,如当事人明知自己的意图与外在表示不一致而为的意思表示,目的或是为了欺骗相对人,或为戏言。后者是由他人的原因造成意思表示不真实。例如:行为人基于胁迫、欺诈等原因作出的意思表示。如果意思表示不真实,则不能产生法律效力。例如:行为人的意思是基于胁迫、欺诈的原因作出的,则因其不能真实反映行为人的意志而不产生法律上的效力;行为人基于某种错误认识而导致意思表示与内心意图不一致的,则只有在存在重大误解的情况下,才有权请求人民法院或仲裁机关予以变更或撤销;行为人故意作出不真实的意思表示的,则行为人无权主张行为无效,而善意的相对人或第三人可根据情况主张行为无效。

**3. 不违反法律、行政法规的强制性规定,不违背公序良俗**

法律行为要取得法律效力,必须符合法律、行政法规的规定,否则只能成为无效的或可撤销的法律行为。这就是说,如果意思表示的内容与法律、行政法规的强制性或禁止性规定相抵触,或滥用法律、行政法规的授权性或任意性规定达到规避法律强制规范的目的等,是得不到法律保护的。公序良俗,就是我们通常所说的公共秩序、善良习俗。遵守公共秩序和善良习俗,是民事主体进行民事活动的道德底线。如果违反公序良俗原则,那法律就会强制认定这种民事法律行为是无效的。

### (四)无效民事法律行为

**1. 无效民事法律行为的概念和种类**

法律行为欲为有效,必须满足行为人具备相应的行为能力、意思表示真实、内容合法三项条件,如果其中任何一项条件出现瑕疵,就有可能导致法律行为无效。

无效民事法律行为,是指已经成立,但欠缺法律行为的有效要件,因而行为人设立、变更、终止民事关系的意思表示不发生法律效力的民事行为。无效民事法律行为的本质特征在于其违法性,即当事人一方或双方所实施的民事行为违法。

无效法律行为也是法律行为,其也能产生一定的法律后果,但因其不符合法律规定的有效要件,法律对其采取了否定的效力评价,因此,它产生的法律效果并不符合行为人的愿望甚至完全与之相反。

《民法典》规定下列民事行为无效:

(1)无民事行为能力人实施的民事法律行为;(2)限制民事行为能力人依法不能独立实施的民事法律行为;(3)行为人与相对人以虚假的意思表示实施的民事法律行为无效;(4)违背公序良俗的民事法律行为无效;(5)行为人与相对人恶意串通,损害他人合法权益的民事法律行为无效;(6)违反法律、行政法规的强制性规定的民事法律行为无效。

**2. 部分无效的民事法律行为**

部分无效的民事法律行为,从行为开始就没有法律约束力,但它不影响其他部分效力的,其他部分仍然有效。

**3. 无效民事法律行为的法律后果**

无效民事法律行为,从行为开始起就没有法律约束力。其在法律上可产生以下法律后果:

(1)返还财产。法律行为被确认为无效后,尚未履行的,不再履行;已履行部分或全部履行的,当事人应返还财产不能返还或者没有必要返还的,应当折价补偿。若财产已由善意相对人取得,原则上适用相对人保护的规则,善意相对人不承担返还财产的责任。

(2)赔偿损失。法律行为被确认为无效后,有过错的一方应当赔偿对方因此所受的损失。如果双方当事人都有过错,应当依过错的大小,各自承担相应的责任。

### (五)附条件和附期限的民事法律行为

#### 1. 附条件的民事法律行为

附条件的民事法律行为,是指法律行为效力的开始或终止取决于将来不确定事实的成就(或发生)或不成就(或不发生)的法律行为。民事法律行为可以附条件,附条件的民事法律行为在符合所附条件时生效。所附条件可以是事件,也可以是行为。如果所附条件是违背法律规定或者不可能发生的,应当认定该民事行为无效。

附条件的法律行为,是当事人基于意思自治原则,使行为人的动机获得法律表现的形式,因而受到法律的保护。按法律的要求,作为条件的事实必须是因时间的进程自然发生或不发生,不能假之于任何当事人一方的影响,否则都难免对他方当事人产生不公平的结果。当事人为自己的利益不正当地阻止条件成就的,视为条件已成就;不正当地促成条件成就的,视为条件不成就。

能够作为民事法律行为所附条件的事实必须具备以下条件:

第一,所附条件只能是将来发生的事实,已经发生的事实不能作为条件;第二,条件必须是不确定的事实,即条件是否必然发生,当事人不能准确预料;必定要发生的事实不能作为条件,例如,"假若你今天晚上睡觉……"等;第三,所附条件只能是当事人任意选择的事实,而非法定的事实;第四,所附条件只能是合法的事实,不得以违反法律或违背道德的事实作为所附条件;第五,所限制的是法律行为效力的发生或消灭,而不涉及法律行为的内容,即不与行为的内容相矛盾。

#### 2. 附期限的民事法律行为

附期限的民事法律行为,是以一定期限的到来作为法律行为生效或解除的原因的法律行为。期限与条件不同,任何期限都是必然要到来的事实,而条件的成就与否具有不确定性,这是与附条件的法律行为所附条件的根本区别。法律行为所附期限可以是明确的期限,例如某年某月某日,也可以是不确定的期限,例如"某公民死亡之日"。但法律不允许对法律行为附加"不能"期限,例如,"……中奖100万后给你20万""五百年后赠你一套房子"中的期限,即为不能期限,这样设定期限是没有任何意义的。

附条件的法律行为与附期限的法律行为的区别在于:附条件的法律行为是以未来不确定的事实作为法律行为效力产生或者消灭的依据的,所以该法律行为效力的产生或消灭具有不确定性;而附期限的法律行为是以一定期限的到来作为法律行为效力产生或消灭的依据的,由于期限的到来是一个必然发生的事件,所以附期限的法律行为的效力的产生或消灭是确定的、可预知的。

### (六)可撤销的民事法律行为

#### 1. 可撤销的民事法律行为的概念和特征

可撤销的民事法律行为,是指在意思表示有瑕疵的情况下实施的民事法律行为,行为

人有权请求人民法院或仲裁机构予以撤销,它具有以下特征:

(1)可撤销的法律行为被撤销前,其效力已经发生,未经有撤销权人的同意,其效力不消灭。即其效力的消灭以撤销为条件。

(2)该行为的撤销应由享有撤销权的当事人行使,其他当事人不能主张其效力的消灭,而且人民法院或仲裁机构为之采取不告不理的态度。

(3)撤销权的行使具有选择性,权利人可以撤销其行为,也可通过承认的表示使撤销权归于消灭。

(4)撤销权的行使有时间限制。可撤销的民事行为,自行为成立时起超过五年当事人才请求撤销的,人民法院不予保护。

(5)该行为一经撤销,其效力溯及行为的开始,即自行为开始无效。

**2. 可撤销的民事法律行为的种类**

根据《民法典》的规定,下列法律行为,一方有权请求人民法院或仲裁机构予以变更或者撤销:

(1)基于重大误解实施的民事法律行为,行为人有权请求人民法院或者仲裁机构予以撤销。

(2)一方以欺诈手段,使对方在违背真实意思的情况下实施的民事法律行为,受欺诈方有权请求人民法院或者仲裁机构予以撤销。

(3)第三人实施欺诈行为,使一方在违背真实意思的情况下实施的民事法律行为,对方知道或者应当知道该欺诈行为的,受欺诈方有权请求人民法院或者仲裁机构予以撤销。

(4)一方或者第三人以胁迫手段,使对方在违背真实意思的情况下实施的民事法律行为,受胁迫方有权请求人民法院或者仲裁机构予以撤销。

(5)一方利用对方处于危困状态、缺乏判断能力等情形,致使民事法律行为成立时显失公平的,受损害方有权请求人民法院或者仲裁机构予以撤销。

**3. 可撤销的民事法律行为的法律后果**

撤销权人的意思表示,须向人民法院或仲裁机构作出,而非向相对人作出。可见,撤销权是否能实现,必须借助人民法院或仲裁机构的裁断。如果人民法院或仲裁机构承认撤销权人的撤销权,则法律行为的效力溯及于其成立时消灭,被撤销的民事行为从行为开始起无效。在原物已为善意第三人合法取得的情况下,第三人的利益应受保护。行为人因该行为取得的财产,应当予以返还;不能返还或者没有必要返还的,应当折价补偿。有过错的一方应当赔偿对方由此所受到的损失;各方都有过错的,应当各自承担相应的责任。法律另有规定的,从其规定。

《民法典》规定,有下列情形之一的,撤销权消灭:

(1)当事人自知道或者应当知道撤销事由之日起一年内、重大误解的当事人自知道或者应当知道撤销事由之日起九十日内没有行使撤销权的;(2)当事人受胁迫,自胁迫行为终止之日起一年内没有行使撤销权的;(3)当事人知道撤销事由后明确表示或者以自己的行为表明放弃撤销权的;(4)当事人自民事法律行为发生之日起五年内没有行使撤销权的,撤销权消灭。

## 二、代理

### (一)代理的概念和特征

#### 1. 代理的概念

代理是指代理人在代理权限内,以被代理人的名义与第三人进行民事法律行为,其行为后果直接由被代理人承担的一种民事法律制度。在代理制度中,代理关系的主体包括代理人、被代理人(或称本人)和第三人(或称相对人)。代理人是替被代理人实施法律行为的人;被代理人是由代理人代替自己实施法律行为并承担法律后果的人;第三人是与代理人实施法律行为的人。

代理人的使命,在于代他人为法律行为。最为常见的可借助于代理人实施的法律行为,为合同行为。当代理人代订合同的情况下,代理中必然涉及两个合同、三种关系。两个合同是,被代理人与代理人之间签订的委托合同;代理人受被代理人委托与第三人签订的合同,该合同的法律后果归属被代理人。三种关系:一是被代理人与代理人之间的代理权关系,其性质为代理协议关系(委托代理)或身份关系(法定代理);二是代理人与第三人之间的实施法律行为的关系,其性质为表意关系,即代理人在法律行为中为意思表示;三是代理人与第三人之间的承受代理行为法律后果的关系,其性质为目标权利义务关系,即法律行为的权利义务直接由此两人承担。第一种为代理的内部关系,后两种为代理的外部关系。

#### 2. 代理的特征

(1)代理人只能在代理权限内实施代理行为。代理权是产生代理关系的法律前提,代理人实施法律行为必须以代理权为依据。在委托代理中,代理人只能在被代理人的授权范围内实施代理行为,而法定代理和指定代理也只能在法律规定或授权机关指定的权限范围内行使代理权,这是代理关系的本质属性。代理人不能擅自变更或扩大代理的权限,任何超越代理权的行为都不是代理行为,被代理人可不承担由此而产生的法律责任。

(2)代理人必须以被代理人的名义实施代理行为。在代理行为中,代理人只能以被代理人的名义实施代理行为,只有这样,被代理人的预期权益才能得以实现,这是代理制度的目的所在。代理人如果在代理活动中以自己名义或以他人名义实施行为,则视为自己的行为或他人的行为,这是对代理制度本质的违反,不能对被代理人产生约束力,代理人是要承担相应责任的。

(3)代理人独立进行意思表示。由于代理是被代理人利用代理人的技能或信息为自己服务的,因此,代理人在进行代理行为时应以自己的技能或信息为被代理人的利益独立进行意思表示(在代理权限范围内向第三人作出意思表示或接受第三人的意思表示),这样才符合代理的目的。不进行意思表示的行为,不能成为代理行为,这是代理与其他委托行为最主要的区别,如代人保管物品等。

(4)代理行为的后果归属被代理人。代理人在代理权限内所为的行为,相当于被代理人自己所为的行为,产生与被代理人自己行为相同的法律后果,也就是说,在代理权限范围内,代理行为所产生的民事权利归被代理人受用,所产生的民事义务或责任亦由被代理人承担。

### (二)代理的适用范围

民事主体可以通过代理人为法律行为,但并非所有的法律行为都能代理。

**1. 适用代理的行为**

代理一般只适用于法律行为,即民事主体之间设立、变更和终止权利义务的法律行为。但为保护当事人的合法权益,代理制度也允许适用于法律以外的其他行为。其主要内容包括:

(1)申请行为。即请求与第三人为某行为,如代签合同、代理履行债务、代理接受遗产、代理处分财产等行为;或请求国家有关部门授予某种资格或特许权的行为,如申请商标权、专利权等行为。

(2)申报行为。即向国家有关部门履行法定的告知义务和给付义务的行为,如申报纳税的行为。

(3)诉讼行为。即在诉讼过程中作为原告、被告或第三人的诉讼代理人参加诉讼的行为。

**2. 不适用代理的行为**

一般认为,以下行为不得代理:

(1)意思表示具有严格的人身性质,必须由表意人亲自作出决定和进行表达的行为,如:收养子女、结婚登记、订立遗嘱等。

(2)履行与特定人的身份相联系的债务。此债务通常与特定人的知识水平、专业技能、实际能力等密切相关,其他人替代不得。如写作、演出、绘画等义务的履行。

(3)被代理人无权进行的行为。如加工承揽合同中明确规定只能由承揽人亲自完成加工任务的,承揽人不得擅自转让他人完成。

### (三)代理的种类

按代理权产生的方式不同,可将代理分为委托代理和法定代理。

**1. 委托代理**

委托代理是指基于被代理人的授权委托而发生的代理。委托授权是一种单方法律行为,仅依委托人单方的授权意思表示即可产生法律效力,所以委托代理又称意定代理。委托代理在市场经济中是最常见、最广泛适用的一种代理形式。

委托代理可以用书面形式,也可以用口头形式。法律规定用书面形式的,应当用书面形式。书面委托代理的授权委托书应当载明代理人的姓名或名称、代理事项、权限和期间,并由委托人签名或盖章。委托书授权不明的,被代理人应当向第三人承担民事责任,代理人负连带责任。

**2. 法定代理**

法定代理,是指依照法律的规定来行使代理权的代理。法定代理人的代理权来自法律的直接规定,无须被代理人的授权,也只有在符合法律规定条件的情况下才能取消代理人的代理权。《民法典》规定,无民事行为能力人、限制民事行为能力人的监护人是他的法定代理人。

## (四)代理权的行使

### 1. 代理权行使的原则

代理人在行使代理权时,应遵循如下原则:

(1)代理人应当在代理权限范围内行使代理权,不得越权代理。代理人未经被代理人同意,不得擅自超越或变更代理权限。代理人超越或变更代理权限所为的行为,未经被代理人追认,不发生法律效力,由此给被代理人造成的经济损失,由代理人承担赔偿责任。

这一原则在委托代理中尤为重要,因为委托人限定了代理事项的范围与期限等,代理人只有在代理权限内从事代理活动才视为有效。越权代理不仅违背了委托人的真实意愿,而且容易产生纠纷。所以,这一原则,可谓代理人行使代理权的首要原则。

(2)代理人行使代理权应当符合被代理人的利益。代理人应从被代理人的利益出发,争取在对被代理人最有利的情况下完成代理行为。对于委托代理,代理行为须符合被代理人的主观利益,即尊重被代理人的意思表示;对于法定代理或指定代理,代理行为须符合被代理人的客观利益,即客观上有利于被代理人。

(3)代理人应当认真履行职责,尽勤勉与谨慎之义务。代理人对被代理人应恪守诚信,在处理代理事务时,应努力创造条件完成代理事务。具体来讲,这一原则应包括如下内容:第一,代理人原则上应亲自完成代理工作,不得擅自转让委托他人代理;第二,代理人应当像管理自己的事务一样管理代理事务,不能给被代理人造成损失,不得怠于行使代理权;第三,代理人应及时、如实地向被代理人报告代理工作的进展情况及结果,并提交必要材料;第四,代理人在代理过程中或结束后不得泄露被代理人的商业机密和个人秘密,不得利用它们同被代理人进行不正当竞争;第五,代理人不得与他人恶意串通损害被代理人利益,也不得利用代理权牟取私利。

### 2. 代理权滥用的禁止

代理权滥用,是指代理人违背诚实信用原则,有损被代理人利益的行为。构成代理权滥用的条件有三:其一,代理人享有代理权;其二,代理人行使代理权时违背了诚实信用原则;其三,给被代理人造成了不利的后果。代理权滥用的类型包括:

(1)自己代理。代理人在代理权限内不得以被代理人的名义与自己进行民事活动。代理应包括代理人、被代理人和第三人。自己代理的场合,代理人与第三人合二为一,实际上只存在两方当事人,失去了利益制约机制,就存在代理人从中渔利损害被代理人利益之虞,故为法律所禁止。

(2)双方代理。一个人不得同时就同一事项担任双方代理人而为代理行为,除非事先得到双方当事人的同意或事后得到追认。因为在双方代理的场合,交易完全由一人操作,与自己代理一样存在代理人从中损害委托人利益之虞,故法律所禁止。

(3)懈怠行为或欺诈行为。懈怠行为是指代理人不履行勤勉义务,疏于处理或未处理代理事务,使被代理人设定代理的目的落空。欺诈行为是指代理人与第三人恶意串通,损害被代理人利益的行为。

法律禁止滥用代理权。代理人滥用代理权的,其行为视为无效行为,给被代理人及他人造成损失的,应当承担相应的赔偿责任。代理人和第三人串通,损害被代理人利益的,由代理人和第三人负连带责任。

## (五)无权代理

**1. 无权代理的概念**

无权代理是指行为人没有代理权而以他人名义与第三人进行的代理行为。这种代理行为,可能具备正常代理行为的表面特征,但不具有正常代理行为的实质特征,因而不是真正的代理。从理论上来看,无权代理可分为狭义的无权代理和表见代理。

(1)狭义的无权代理是指代理人既没有代理权,也没有使第三人确信其有代理权的理由,而以他人名义进行的行为。无权代理的类型有:行为人没有代理权的代理,超越代理权的代理,代理权终止后的代理。

(2)表见代理是指行为人虽然没有代理权,但有代理权的表象或假象,善意第三人客观上有正当理由相信行为人有代理权而与其进行民事活动,由此造成的后果由法律强制被代理人承担的代理。该制度的设立,目的在于保护善意第三人的信赖利益和交易的安全,确保市场信用。表见代理的情形有:被代理人明确对第三人表示已将代理权授予某人,而实际并未授权;被代理人将某种有代理权的证明文件(如盖有公章的空白介绍信、空白合同文本、合同专用章等)交给某人,某人出示该种文件使第三人相信其有代理权并与之进行法律行为;代理授权不明确、不具体;行为人违反被代理人的意思或者超越代理权,第三人无过失地相信其有代理权而与之进行法律行为;代理关系终止后被代理人未采取必要措施而使第三人仍然相信行为人有代理权,并与之进行法律行为。

狭义的无权代理与表见代理有以下区别:第一,表见代理在表面上有足够的理由使第三人相信行为人有代理权;而狭义的无权代理在表面上也没有让第三人相信其有代理权的理由。第二,表见代理的法律后果由被代理人承担;而狭义的无权代理的后果处于未定状态。

**2. 无权代理的法律后果**

在无权代理的情况下,只有经过被代理人的追认,被代理人才承担民事责任。未经追认的行为,由行为人承担民事责任。但是,有以下几种情况的除外:

(1)被代理人明明知道行为人以自己名义实施民事行为而不作否认表示,也不加以阻止的,视为同意,即应由被代理人承担民事责任。

(2)委托代理人为了维护被代理人的利益在紧急情况下实施的超越代理权的民事法律行为,可以认定有效,但其采取的行为不当给被代理人造成损失的,可以酌情由委托代理人承担适当的责任。

(3)无权代理人的代理行为,客观上使善意相对人有理由相信其有代理权的,被代理人应当承担代理的法律后果。法律确立表见代理规则的主要意义在于维护人们对代理制度的信赖,保护善意无过失的相对人,从而保障交易秩序和交易安全。

除上述几种情况外,无权代理均不对被代理人产生任何法律效力。无权代理行为视同无效民事行为,并产生与之相同的法律后果。

第三人知道行为人无权代理仍然与行为人实施民事行为给他人造成损害的,由第三人和行为人负连带责任。

## (六)代理关系的终止

委托代理终止的法定情形有:(1)代理期间届满或者代理事务完成;(2)被代理人取消

委托或者代理人辞去委托;(3)代理人丧失民事行为能力;(4)代理人或者被代理人死亡;(5)作为代理人或者被代理人的法人、非法人组织终止。

法定代理终止的法定情形有:(1)被代理人取得或者恢复完全民事行为能力;(2)代理人丧失民事行为能力;(3)代理人或者被代理人死亡;(4)法律规定的其他情形。

## 第四节 经济法的实施

### 一、经济法实施的概念

经济法的实施是指经济法主体使经济法律规范在社会经济生活中得以实现的活动,即贯彻执行经济法律、法规。经济法的实施将经济法律规范的要求转化为经济法主体的行为,使经济法律、法规得到严格的遵守,经济权利得以正确行使,经济义务得以切实履行,经济违法行为得到应有的制裁。

经济立法,使市场主体有法可依;经济法的实施,使所立之法得以贯彻执行。如果仅立法,不实施,就难以保障有法必依、执法必严、违法必究的要求,否则经济立法便形同虚设,社会主义法制便难以建立。为保障经济法的实施,首先要加强经济法制的宣传与教育,提高全民的法律意识,使市场主体自觉守法;其次要加强经济执法力度,完善监督机制,保障执法机关与执法人员准确、公正、严格地执行法律。这样才能有效地保证国家机构通过行使经济职权实现管理和协调经济运行的职能,保证企业通过行使法人财产权使其成为真正的商品生产者和经营者,保证其他经济法主体的合法权益得以实现,从而使我国社会主义市场经济建设有秩序地进行。

### 二、违反经济法的法律责任及其实现

#### (一)经济法法律责任的概念

法律责任,是指行为人因实施了违法行为、违约行为或由于法律规定而应承担的不利的法律后果。违反经济法的法律责任,亦称经济法责任,是指经济法主体因实施了违反经济法律、法规的行为而应承担的不利的经济法律后果。经济法的法律责任是经济法主体的经济权利和经济义务得以实现的保障机制,是经济法目的得以实现的最后一道屏障。由于经济法责任固有的惩戒性,其对经济法主体行为保持端正具有威慑和监督的作用,能够推动经济法主体恪守经济义务。

#### (二)违反经济法法律责任的形式

经济法法律责任是一个具有综合性的范畴,它是由不同性质的多种责任形式构成的统一体。根据我国法律的规定,违反经济法法律责任的形式主要有以下三种:

**1. 民事责任**

民事责任是指经济法主体违反经济法律、法规或约定给对方造成损害时依法应承担的民事法律后果。民事责任主要是财产责任。在法律允许的条件下,民事责任可以由当事人协商解决。根据《民法典》规定,经济法主体承担民事责任的主要方式有:停止侵害;

排除妨碍;消除危险;返还财产;恢复原状;修理、重作、更换;继续履行;赔偿损失;支付违约金;消除影响、恢复名誉;赔礼道歉等。承担民事责任的方式,可以单独适用,也可以合并适用。

### 2. 行政责任

行政责任是指经济法主体违反经济法法律、法规规定依法应承担的行政法律后果,包括行政处罚、行政处分、行政补偿等。根据《中华人民共和国行政处罚法》规定,行政处罚的种类包括:警告;罚款;没收违反所得、没收非法财物;责令停产、停业;暂扣或吊销许可证、暂扣或吊销营业执照;行政拘留;法律、行政法规规定的其他行政处罚。行政处分的种类包括:警告;记过;记大过;降级;撤职;开除等。

### 3. 刑事责任

刑事责任是指经济法主体违反经济法律、法规,造成严重后果,已触犯国家刑事法律,由国家审判机关依法给予行为人以相应的刑事制裁,即刑罚。根据《中华人民共和国刑法》规定,刑罚分为主刑和附加刑。主刑的种类包括:管制;拘役;有期徒刑;无期徒刑;死刑。附加刑的种类包括:罚金;剥夺政治权利;没收财产。附加刑也可以独立适用。对犯罪的外国人可以独立适用或附加适用驱除出境。法律规定为单位犯罪的,单位应当负刑事责任,对单位判处罚金,并对直接负责的主管人员和其他直接责任人员判处刑罚。

需要注意的是,罚金与罚款是两个不同的概念,两者不能混淆。前者属于刑罚的种类之一,由人民法院依法实施;后者属于行政处罚的种类之一,一般由行政机关依法实施。

## 三、经济纠纷的解决途径

经济纠纷是指经济法主体之间在经济管理与经济活动中因经济权利和经济义务的矛盾而产生的争议。在市场经济条件下,为了保护纠纷当事人各方的合法权益,保障正常的社会经济秩序,必须采取有效的方式对经济纠纷予以及时解决。经济纠纷解决的过程,实际上也是经济法责任认定和实现的过程。在现代社会经济活动中,由于我国经济的快速发展和经济生活的复杂性、多样性,加之各自的经济权益相互独立,因而经济冲突是难以避免的,当然,解决经济冲突的途径也是多种多样的。在我国,解决经济纠纷的途径和方式有:当事人协商和解,有权机关进行调解(包括民间调解、行政调解和人民法院调解),仲裁,行政复议和诉讼等。其中,应用最广泛的还是当事人协商和解,最主要的途径和方式是仲裁、行政复议和诉讼等。

### (一)仲裁

仲裁又称公断,是指经济纠纷的各方当事人共同选择仲裁机构,仲裁机构根据纠纷当事人之间自愿达成的协议,以第三者的身份对所产生的纠纷进行审理,并作出对纠纷各方均有约束力的裁决的活动。

仲裁是一种解决纠纷的有效方式,在国际上被广泛地应用,与其他解决纠纷的方式相比,仲裁更为灵活、便利。联合国于1958年6月10日通过了《承认与执行外国仲裁裁决公约》,于1976年4月28日通过了《联合国国际贸易法委员会仲裁规则》。我国仲裁的基本法律规定是1994年8月31日第八届全国人民代表大会常务委员会第九次会议审议通过,并于1995年9月1日起施行的《中华人民共和国仲裁法》(以下简称《仲裁法》),根据

2017年9月1日第十二届全国人民代表大会常务委员会第二十九次会议《关于修改〈中华人民共和国法官法〉等八部法律的决定》第二次修订。仲裁法是调整在仲裁过程中发生的各种关系的法律规范的总称。

我国《仲裁法》规定,平等主体的公民、法人和其他组织之间发生的合同纠纷和其他财产权益纠纷,可以仲裁。婚姻、收养、监护、扶养、继承等有人身关系的纠纷和依法应当由行政机关处理的行政争议,不能仲裁。

### 1. 仲裁的法律特征

(1)仲裁是一种灵活、方便的解决纠纷的有效方式;
(2)仲裁以当事人自愿为前提,这种自愿体现在仲裁协议中;
(3)仲裁必须有三方行为主体,即纠纷当事人双方和仲裁组织;
(4)仲裁的客体是当事人之间在一定范围内发生的争议。

### 2. 仲裁应遵循的基本原则

根据《仲裁法》的规定,仲裁应遵循以下基本原则:

(1)自愿原则。自愿原则主要表现在:第一,自愿协商。纠纷当事人如果采取仲裁方式解决纠纷,必须由双方自愿达成仲裁协议。没有仲裁协议,一方申请仲裁而另一方向人民法院起诉的,仲裁机构不予受理。第二,自愿选择。仲裁不实行级别管辖和地域管辖,当事人可以自愿选择仲裁机构及仲裁员。第三,自行和解。在仲裁裁决之前,当事人可以自行和解,达成和解协议,也可以撤回仲裁请求。第四,自愿调解。当事人自愿调解的,仲裁庭应予调解。

(2)或裁或审原则。当事人达成仲裁协议后,一方向人民法院起诉的,人民法院不予受理,但仲裁协议无效的除外。

(3)不公开原则。仲裁会涉及当事人的经济情报和商业秘密,公开进行仲裁有可能导致当事人遭受损失,除当事人协商同意公开的,仲裁一般不公开进行。

(4)依法仲裁原则。仲裁必须以事实为根据,以法律为准绳,公平合理地解决纠纷。仲裁机构应以客观事实为根据,以民事实体法和程序法为仲裁裁决的标准。为了准确地认定事实,仲裁庭必须充分听取双方当事人的陈述、证人证言和签订人的签订意见,防止偏听、偏信和主观臆断。仲裁庭可以自行收集必要的证据材料。在适用法律时,法律有明文规定的,按照法律的规定执行;法律无明文规定的,按照法律的基本精神和公平合理原则处理;不偏袒任何一方,也不对任何一方施加压力。

(5)独立仲裁原则。仲裁机构是民间组织,不隶属于任何国家机关。仲裁机构对法律负责,依法独立进行仲裁,不受任何行政机关、社会团体和个人的干涉。人民法院可以依法对仲裁进行必要的监督。

(6)一裁终局原则。仲裁机构是民间组织,不隶属于任何国家机关,仲裁委员会之间也不存在隶属关系,因此,在仲裁范围内,仲裁委员会作出仲裁裁决后,当事人就同一纠纷,不能再申请仲裁或向人民法院起诉。

### 3. 仲裁法的适用范围

根据《仲裁法》规定,平等主体的公民、法人和其他组织之间发生的合同纠纷和其他财产权益纠纷,可以仲裁。也就是说,仲裁事项必须是合同纠纷或其他财产性法律关系的争议。但下列纠纷不能申请仲裁:

(1)与人身有关的婚姻、收养、监护、扶养、继承纠纷;(2)依法律规定应当由行政机构处理的行政争议;(3)劳动争议;(4)农业集体经济组织内部的农业承包合同纠纷。

由于劳动争议和农业集体经济组织内部的农业承包合同纠纷不同于一般的经济纠纷,它们在解决纠纷的原则、程序等方面有自己的特点,应适用专门的规定,因此《仲裁法》不适用于解决此类纠纷。

### 4.仲裁组织

我国的经济仲裁组织具有民间性和自治性。民间性表现为仲裁组织完全独立于行政机构之外,与行政机构没有任何隶属关系;自治性表现为各仲裁组织之间没有隶属关系,不存在级别管辖和地域管辖,且各自独立从事仲裁业务。

仲裁组织应当具备如下条件:第一,有自己的名称、住所和章程;第二,有必要的财产;第三,有符合规定的组成人员;第四,有聘任的仲裁员。

(1)仲裁协会。中国仲裁协会是社会团体法人,实行会员制。仲裁委员会是中国仲裁协会的会员。中国仲裁协会是仲裁委员会的自律性组织,根据全国会员大会制定的章程对仲裁委员会及其组成人员、仲裁员的违纪行为进行监督;根据《仲裁法》和《民事诉讼法》的有关规定制定仲裁规则和其他规范化仲裁文件。

(2)仲裁委员会。仲裁委员会不按行政区域层层设立,可以在直辖市、省和自治区人民政府所在地设立,也可根据需要在其他设区的市设立。仲裁委员会不隶属于任何国家机关,仲裁委员会之间也不存在隶属关系。仲裁委员会由主任一人、副主任二至四人、委员七至十一人组成,其中法律与贸易专家不少于总人数的三分之二。

### 5.仲裁员

仲裁员应当符合下列条件之一:第一,通过国家统一法律职业资格考试取得法律职业资格,从事仲裁工作满八年;第二,从事律师工作满八年;第三,曾任法官满八年;第四,从事法律研究、法律教育工作并具有高级职称;第五,具有法律知识,从事经济贸易等专业工作并具有高级职称或同等专业水平。仲裁委员会按照不同专业设仲裁员名单。

### 6.仲裁协议

(1)仲裁协议的概念。仲裁协议是指双方当事人自愿把他们之间可能发生或已经发生的经济纠纷,提交仲裁机构裁决的书面约定(包括合同中订立的仲裁条款和以其他书面方式在纠纷发生前或纠纷发生后达成的请求仲裁的协议。这里所称的其他书面形式,包括合同书、信件和数据电文;如电报、传真、电传、电子数据交换和电子邮件等)。

(2)仲裁协议的内容。仲裁协议应具有下列内容:第一,请求仲裁的意思表示;第二,仲裁事项;第三,选定的仲裁委员会。

需要说明的是,当事人必须有缔约能力,意思表示要真实,而且当事人约定的仲裁事项不得超过法律规定的仲裁范围。仲裁协议对仲裁事项或仲裁委员会没有约定或约定不明的,当事人可以补充协议;达不成补充协议的,仲裁协议无效。

(3)仲裁协议的效力。

第一,仲裁协议一经依法成立,就具有法律约束力。仲裁协议中为当事人设定一定的义务,不能任意更改、终止或撤销;第二,在仲裁范围内,仲裁协议对双方当事人诉权的行使产生一定的限制,在当事人双方发生协议约定的争议时,双方应将争议提请仲裁,如果向人民法院起诉的,人民法院将不予受理;第三,仲裁协议独立存在,即使合同变更、解除、终止或无效,也不影响仲裁协议的效力。

当事人对仲裁协议的效力有异议时,应当在仲裁庭首次开庭前请求仲裁委员会作出决定,或请求人民法院作出裁定。一方请求仲裁委员会作出决定,另一方请求人民法院作出裁定,由人民法院裁定。当事人对仲裁协议的效力有异议,应当在仲裁庭首次开庭前提出。

有下列情形之一的,仲裁协议无效:第一,约定的仲裁事项超过法律规定的仲裁范围的;第二,无民事行为能力人或限制民事行为能力人订立的仲裁协议;第三,一方采取胁迫手段,迫使对方订立仲裁协议的。

此外,仲裁协议对仲裁事项或仲裁委员会没有约定或者约定不明确的,当事人可以补充协议;达不成补充协议的,仲裁协议无效。

当事人达成仲裁协议,一方向人民法院起诉未声明有仲裁协议,人民法院受理后,另一方在首次开庭前提交仲裁协议的,人民法院应当驳回起诉,但仲裁协议无效的除外;另一方在首次开庭前未对人民法院受理该起诉提出异议的,视为放弃仲裁协议,人民法院应当继续审理。

### 7. 仲裁程序

(1)申请。仲裁申请是仲裁机构立案受理的前提。

申请仲裁必须符合下列条件:第一,有仲裁协议;第二,有具体的仲裁请求和事实、理由;第三,属于仲裁委员会的受理范围。

当事人申请仲裁,应该向仲裁委员会递交仲裁协议、仲裁申请书及副本。仲裁申请书应载明下列事项:第一,当事人的姓名、性别、年龄、职业、工作单位和住所,法人或其他组织的名称、住所和法定代表人或其主要负责人的名字、职务;第二,仲裁请求和所根据的理由;第三,证据和证据来源、证人姓名和住所等。

(2)受理。仲裁委员会收到仲裁申请书之日起五日内,认为符合受理条件的,应当受理,并通知当事人;认为不符合受理条件的,应当书面通知当事人不予受理,并说明理由。仲裁委员会受理仲裁申请后,应当依法向被申请人送达仲裁申请书副本,并由其提交答辩书。被申请人未提交答辩书的,不影响仲裁程序的进行。申请人可以放弃或变更仲裁请求,被申请人可以承认或反驳仲裁请求,并有权提出反请求。

一方当事人因另一方当事人的行为或其他原因,可能导致裁决不能执行或难以执行的,可以申请财产保全。仲裁委员会应当将财产保全申请提交人民法院。如果申请有错误,申请人应当赔偿被申请人因此而遭受的损失。

(3)仲裁庭的组成。仲裁庭是指具体负责审理和裁决提交仲裁争议案件的组织。根据组成人数的不同,仲裁庭可以分为独任仲裁庭和合议仲裁庭。独任仲裁庭由一名仲裁员单独负责审理案件;合议仲裁庭由三名仲裁员组成,并设首席仲裁员。当事人约定由三人组成仲裁庭的,应当各自选定或各自委托仲裁委员会主任指定一名仲裁员,第三名仲裁员由当事人共同选定或共同委托仲裁委员会主任指定,第三名仲裁员为首席仲裁员。合议仲裁庭的裁决由多数票决定,仲裁庭不能形成多数意见时,裁决书应当按首席仲裁员的意见作出。

仲裁庭组成后,仲裁委员会应当将仲裁庭的组成情况书面通知当事人。当事人有权提出申请回避,并说明理由。

仲裁员有下列情况之一的,必须回避:第一,是本案当事人或当事人、代理人的近亲属;第二,与本案有利害关系;第三,与本案当事人、代理人有其他关系,可能影响公正仲裁的;第四,私自会见当事人、代理人,或者接受当事人、代理人的请客送礼的。当事人提出回避申请应当说明理由,并在首次开庭前提出。回避是在首次开庭后知道的,可以在最后一次开庭终结前提出。仲裁员是否回避,由仲裁委员会主任决定;仲裁委员会主任担任仲裁员时,由仲裁委员会集体决定。仲裁员因回避或者其他原因不能履行职责的,应当依照《仲裁法》规定重新选定或者指定仲裁员。因回避而重新选定或者指定仲裁员后,已进行的仲裁程序是否重新进行由仲裁庭决定。

(4)仲裁裁决。仲裁应当开庭进行。但是当事人协议不开庭的,仲裁庭可以根据仲裁申请书、答辩书以及其他材料作出裁决。仲裁一般不公开进行。仲裁委员会应当在仲裁规则规定的期限内,将开庭日期通知双方当事人。申请人经书面通知,无正当理由不到庭或未经仲裁庭许可中途退庭的,可视为撤回仲裁申请,对于被申请人则可以缺席裁决。当事人有正当理由的,可在仲裁规则规定的期限内请求延期开庭。是否延期,由仲裁庭决定。

当事人应当对自己的主张提供证据,并有权申请证据保全。仲裁庭认为有必要收集证据的,可以自行收集。证据应当在开庭时出示,当事人可以质证。针对专门问题,仲裁庭认为需要鉴定的,可以交由当事人约定的鉴定部门鉴定,也可以由仲裁庭指定的鉴定部门鉴定。根据当事人的请求,鉴定部门应当派鉴定人参加开庭。在证据可能灭失或以后难以取证的情况下,当事人可以申请证据保全。当事人在仲裁过程中有权进行辩论,辩论终结时,仲裁庭应当征求当事人的最后意见。

申请仲裁后,当事人可以自行和解。达成和解协议的可以请求仲裁庭根据和解协议作出裁决书,也可以撤回仲裁申请。达成和解协议,撤回仲裁申请后反悔的,也可以根据仲裁协议申请仲裁。

仲裁庭在作出裁决前,可以先行调解,当事人自愿调解的,仲裁庭应当调解;调解不成的,应当及时作出裁决。调解达成协议的,应当制作调解书或根据协议的结果制作裁决书,提案结束经双方当事人签收后,即与裁决书具有同等的法律效力。当事人在调解书签收前后悔的,仲裁庭应当及时作出裁决。

裁决应按多数仲裁员的意见作出,少数仲裁员的不同意见可以记入笔录。仲裁庭不能形成多数意见时,仲裁应当按首席仲裁员的意见作出。裁决书自作出之日起发生法律效力。

(5)仲裁效力。当事人应当履行仲裁裁决。一方当事人不履行的,另一方当事人可以按照民事诉讼法的有关规定向人民法院申请执行,受理申请的人民法院应当执行。

当事人提出证据证明裁决有依法应撤销情形的,可在收到裁决书之日起六个月内,向仲裁委员会所在地的中级人民法院申请撤销裁决。

有下列情形之一的,可向仲裁委员会所在地的中级人民法院申请撤销裁决:第一,没有仲裁协议的;第二,裁决的事项不属于仲裁协议书范围或仲裁委员会无权仲裁的;第三,仲裁庭的组成或仲裁的程序违反法律规定的;第四,裁决所根据的依据是伪造的;第五,对方当事人隐瞒了足以影响公正裁决的证据的;第六,仲裁员在仲裁该案件时有索贿受贿、徇私舞弊、枉法裁决行为的。

另外,人民法院认定裁决违背社会公共利益的,应当裁定撤销。

### (二)行政复议

#### 1. 行政复议的概念

行政复议是指公民、法人和其他组织认为有关行政机关的具体行政行为侵犯了其合法权益,依法向作出行政行为的行政机关的上一级行政机关或法律规定的其他行政机关提出申请,由受理该申请的行政机关对原具体行政行为依法进行审查并作出行政复议决定的一种行政监督活动。行政复议是现代社会国家保护公民、法人和其他组织免受行政机关的具体行政行为不法侵害的一种重要法律制度。

为了防止和纠正违法的或不当的具体行政行为,保护公民、法人和其他组织的合法权益,保障和监督行政机关依法行使职权,1999年4月29日全国人大常委会第9次会议通过了《中华人民共和国行政复议法》(以下简称《行政复议法》),1999年10月1日起施行,根据2017年9月1日第十二届全国人民代表大会常务委员会第二十九次会议《关于修改〈中华人民共和国法官法〉等八部法律的决定》第二次修订。该法是进行行政复议活动的基本法律依据。

#### 2. 行政复议的范围

公民、法人和其他组织认为有关行政机关的具体行政行为侵犯了其合法权益,符合《行政复议法》受理范围的,可以申请行政复议。

《行政复议法》规定,有下列情形之一的,公民、法人或其他组织可以申请行政复议:

(1)对行政机关作出的警告、罚款、没收违法所得、没收非法财物、责令停产停业、暂扣或吊销许可证、暂扣或吊销营业执照、行政拘留等处罚决定不服的;(2)对行政机关作出的限制人身自由或查封、扣押、冻结财产等行政强制措施决定不服的;(3)对行政机关作出有关许可证、执照、资质证、资格证等证书变更、中止、撤销的决定不服的;(4)对行政机关作出的关于确认土地、矿藏、水流、森林、山岭、草原、荒地、滩涂、海域等自然资源的所有权或使用权的决定不服的;(5)认为行政机关侵犯合法的经营自主权的;(6)认为行政机关变更或废止农业承包合同、侵犯其合法权益的;(7)认为行政机关违法集资、征收财物、摊派费用或违法要求履行其他义务的;(8)认为符合法定条件,申请行政机关颁发许可证、执照、资质证、资格证等证书,或者申请行政机关审批、登记有关事项,行政机关没有依法办理的;(9)申请行政机关履行保护人身权利、财产权利、受教育权利的法定职责,行政机关没有依法履行的;(10)申请行政机关依法发放抚恤金、社会保险金或最低生活保障费,行政机关没有依法发放的;(11)认为行政机关的其他具体行政行为侵犯其合法权益的。

应该指出的是,这里所说的具体行政行为,是指行政机关或法律法规授权的组织或行政机关委托的组织等,针对有关的公民、法人或者其他组织,就有关的事项,作出的对该公民、法人或者其他组织的权利义务产生的不利的实际影响的行为。

#### 3. 行政复议的排除事项

(1)不服行政机关作出的行政处分或其他有关人事处理决定的,可依照有关法律、行政法规的规定提出申诉。

(2)不服行政机关对民事纠纷作出的调解或其他处理的,可依法申请仲裁或者向人民法院提起诉讼。

### 4.行政复议申请

行政复议参加人有:申请人、被申请人和第三人。

申请人,是指依法申请行政复议的公民、法人或者其他组织;被申请人,是指作出具体行政行为的行政机关;第三人,是指与行政复议的具体行政行为有利害关系的其他公民、法人或者其他组织。

当公民、法人或者其他组织认为某行政机关的具体行政行为侵犯了其合法权益时,可以自知道该具体行政行为之日起六十日内提出行政复议申请;但是法律规定的申请期限超过六十日的除外。因不可抗力或其他正当理由耽误法定期限的,申请期限自障碍消除之日起继续计算。

申请人申请行政复议时,可以书面申请,也可以口头申请。口头申请行政复议的,行政复议机关应当当场记录申请人的基本情况、主要事由等。申请人、第三人也可以委托代理人代为参加行政复议。

### 5.行政复议机关

行政复议机关,是指依据《行政复议法》履行行政复议职责的行政机关。行政复议机关中负责法制工作的机构具体办理行政复议事项,该机构称为行政复议机构。

对县级以上地方各级人民政府工作部门的具体行政行为不服的,由申请人选择,可以向该部门的本级人民政府申请行政复议,也可以向该部门的上一级主管部门申请行政复议。

对海关、金融、国税、外汇管理等实行垂直领导的行政机关和国家安全机关的具体行政行为不服的,申请人应当向其上一级主管部门申请行政复议。

对地方各级人民政府的具体行政行为不服的,申请人应当向其上一级人民政府申请行政复议。

对省、自治区人民政府依法设立的派出机关所属的县级地方人民政府的具体行政行为不服的,申请人应当向该派出机关申请行政复议。

对国务院部门或者省、自治区、直辖市人民政府的具体行政行为不服的,申请人应当向作出该具体行政行为的国务院部门或者省、自治区、直辖市人民政府申请行政复议。对行政复议不服的,可以向人民法院提起行政诉讼;也可以向国务院申请裁决,国务院依照《行政复议法》规定作出最终裁决。

对其他行政机关、组织的具体行政行为不服的,申请人应当按照下列规定申请行政复议:①对县级以上地方人民政府设立的派出机关的具体行政行为不服的,向设立该派出机关的人民政府申请行政复议;②对政府工作部门依法设立的派出机构依照法律、法规或者规章规定,以自己的名义作出的具体行政行为不服的,向设立该派出机构的部门或者该部门的本级地方人民政府申请行政复议;③对法律、法规授权的组织的具体行政行为不服的,分别向直接管理该组织的地方人民政府、地方人民政府工作部门或者国务院申请行政复议;④对两个或两个以上行政机关以共同的名义作出的具体行政行为不服的,向其共同上一级行政机关申请行政复议;⑤对被撤销的行政机关在撤销前所作出的具体行政行为不服的,向继续行使其职权的行政机关的上一级行政机关申请行政复议。有这五种情形之一的,申请人也可以向其具体行政行为发生地的县级地方人民政府提出行政复议申请,由接受申请的县级地方人民政府依法转送有关行政复议机关办理。

### 6. 行政复议受理

行政复议机关收到行政复议申请后,应当在五日内进行审查,决定是否受理。

经审查,对不符合法律规定的行政复议申请,决定不予受理,并书面告知申请人;对符合法律规定,但是不属于本机关受理的行政复议申请,应当告知申请人向有关行政复议机关提出。除以上情况外,行政复议申请自行政复议机关负责法制工作机构收到之日起即为受理。

申请人提出行政复议申请,行政复议机关无正当理由不予受理的,上级行政机关应当责令其受理;必要时上级行政复议机关也可以直接受理。

法律法规规定应当先向行政复议机关申请行政复议,对行政复议决定不服的,可向人民法院提出行政诉讼;行政复议机关决定不予受理或受理后超过行政复议期限的,公民、法人或者其他组织可以自收到不予受理决定书之日起或者行政复议期满之日起十五日内,依法向人民法院提出行政诉讼。

行政复议机关受理行政复议申请,不得向申请人收取任何费用。行政复议活动所需经费,应当列入本机关的行政费用,由本级财政予以保障。

除有特殊情况外,行政复议期间具体行政行为不停止执行。但有下列情况之一的,应当停止执行:

(1)被申请人认为需要停止执行的;(2)行政复议机关认为需要停止执行的;(3)申请人申请停止执行,行政复议机关认为其要求合理,决定停止执行的;(4)法律规定停止执行的。

### 7. 行政复议决定

行政复议原则上采取书面审查的办法,但是申请人提出要求或行政复议机关负责法治工作的机构认为有必要时,也可以向有关组织和人员进行调查,听取申请人、被申请人和第三人的意见。

行政复议机关负责法治工作的机构应当自行政复议申请受理之日起7日内,将复议申请书副本或行政复议申请笔录复印件发送被申请人。被申请人应当自收到申请书副本或申请笔录复印件之日起十日内,提出书面答复,并提交当初作出具体行政行为的证据、依据和其他有关材料。在行政复议过程中,被申请人不得自行向申请人或其他有关组织或个人收集证据。

行政复议的举证责任,由被申请人承担。

申请人、第三人可以查阅被申请人提出的书面答复,作出具体行政行为的证据、依据和其他有关材料,除涉及国家机密、商业机密或者个人隐私外,行政复议机关不得拒绝。

行政复议机关应当自受理之日起六十日内作出行政复议决定;但是法律规定行政复议期限少于六十日的除外。情况复杂,不能在规定期限内作出行政复议决定的,经行政复议机关的负责人批准,可以适当延长,并告知申请人和被申请人;但是延长期限最多不超过三十日。

行政复议机关负责法制工作的机构应当对申请人作出的具体行政复议行为进行审查,提出意见,经行政复议机关的负责人同意或集体讨论通过后,按照下列规定作出行政复议决定:

第一,具体行政行为认定事实清楚、证据确凿,适用依据正确,程序合法,内容适当的,决定维持;第二,被申请人不履行法定职责的,决定其在一定期限内履行;第三,具体行政行为具有主要事实不清、证据不足,适用依据错误,违反法定程序,超越或滥用职权,行为明显不当等情形之一的,行政复议机关决定撤销、变更或确认该具体行政行为违法,其中决定撤销或确认具体行政行为违法的,可以责令被申请人在一定期限内重新作出具体行政行为;第四,被申请人不按法定期限提出书面答复、提出当初作为具体行政行为的证据、依据和其他有关材料的,视为该具体行政行为没有证据、依据,决定撤销该具体行政行为。

行政复议决定作出前,申请人要求撤回行政复议申请的,经说明理由,可以撤回;撤回行政复议申请的,行政复议终止。

行政复议机关作出行政复议决定,应该制作行政复议决定书,并加盖印章。行政复议决定书一经送达即发生法律效力。被申请人应当履行行政复议决定,不履行或无正当理由拖延履行的,行政复议机关或有关上级行政机关应当责令其限期履行。

### (三)诉讼

诉讼,是指人民法院根据纠纷当事人的请求,运用审判权确认争议各方权利义务关系,解决经济纠纷的活动。通过人民法院对案件进行审理,有助于及时、公正、有效地解决当事人之间的纠纷,保护当事人的合法权益,制止违法行为,维护良好的社会秩序。所以,诉讼是解决经济纠纷的一种重要手段,也是我国目前大多数情况下解决经济纠纷的最终办法。

**1. 诉讼的方式**

经济纠纷所涉及的诉讼包括民事诉讼和行政诉讼。

民事诉讼,是指当事人依法请求人民法院运用审判权处理民商事纠纷,解决当事人双方权利义务争执的一种方式。

行政诉讼,是指人民法院根据当事人的请求依法审查并裁决行使行政管理职权的行政机关所作出的具体行政行为的合法性,以解决经济纠纷的一种方式,如人民法院依法审理税务机关与作为经济法主体的纳税人在税收征纳关系上发生争议的行政案件等。

在我国的司法实践中,由于解决经济纠纷所涉及的诉讼绝大部分是民事诉讼,因此本章主要就民事诉讼予以介绍,民事诉讼适用《中华人民共和国民事诉讼法》(以下简称《民事诉讼法》)的有关规定。

**2. 诉讼管辖**

诉讼管辖,是指人民法院系统内各级人民法院之间以及不同地区的同级人民法院之间,受理第一审经济案件的分工和权限。管辖有许多种类,如地域管辖、级别管辖、专属管辖、协议管辖等,其中最重要的是地域管辖和级别管辖。

(1)地域管辖。地域管辖是指同级人民法院之间在各自管辖的地域内审理第一审经济案件的分工和权限。它又分为一般地域管辖和特殊地域管辖。

一般地域管辖又称普通地域管辖,是以被告住所地与人民法院辖区的隶属关系为依据来确定案件的管辖,一般地域管辖实行"原告就被告"原则,即原告到被告住所地起诉,以防止原告滥用诉权。对于公民提起的民事诉讼,由被告住所地人民法院管辖,被告住所地与经常居住地不一致的,由经常居住地人民法院管辖。对于法人或其他组织提起的民事诉讼,由被告住所地人民法院管辖,同一诉讼的几个被告住所地、经常居住地在两个以上人民法院管辖区的,各人民法院都有管辖权。但对被采取强制性教育措施的人提起的诉讼及对被监禁的人提起的诉讼,由原告住所地人民法院管辖,原告住所地与经常居住地不一致的,由原告经常居住地人民法院管辖。

行政案件由最初作出具体行政行为的行政机关所在地人民法院管辖;经复议的案件,复议机关改变原具体行政行为的,也可以由复议机关所在地人民法院管辖。

特殊地域管辖又称特别管辖,是以诉讼标的所在地,或引起法律关系发生、变更、消灭的法律事实所在地为依据确定案件的管辖。适用特殊管辖的情况主要有以下几种:①因合同纠纷引起的诉讼,由被告住所地或合同履行地人民法院管辖;②因保险合同纠纷提起的诉讼,由被告住所地或保险标的物所在地人民法院管辖;③因票据纠纷提起的诉讼,由票据支付地或被告住所地人民法院管辖;④因公司设立、确认股东资格、分配利润、解散等纠纷提起的诉讼,由公司住所地人民法院管辖;⑤因铁路、公路、水上、航空运输和联合运输合同纠纷提起的诉讼,由运输始发地、目的地或者被告住所地人民法院管辖;⑥因侵权行为提起的诉讼,由侵权行为地或者被告住所地人民法院管辖;⑦因铁路、公路、水上和航空事故请求损害赔偿提起的诉讼,由事故发生地或者车辆、船舶最先到达地、航空器最先降落地或者被告住所地人民法院管辖;⑧因船舶碰撞或者其他海事损害事故请求损害赔偿提起的诉讼,由碰撞发生地、碰撞船舶最先到达地、加害船舶被扣留地或者被告住所地人民法院管辖;⑨因海难救助费用提起的诉讼,由救助地或者被救助船舶最先到达地人民法院管辖;⑩因共同海损提起的诉讼,由船舶最先到达地、共同海损理算地或者航程终止地的人民法院管辖。

(2)级别管辖。级别管辖是根据案件的性质、案情的繁简、影响的范围等来划分上、下级人民法院受理第一审经济案件的分工和权限。我国人民法院分为四级,即基层人民法院、中级人民法院、高级人民法院和最高人民法院。此外还有专门人民法院,即军事法院、海事法院和铁路运输法院。基层人民法院原则上管辖第一审民事案件;中级人民法院管辖在本辖区有重大影响的案件、重大涉外案件及由最高人民法院确定由中级人民法院管辖的案件;高级人民法院管辖在辖区有重大影响的第一审民事案件;最高人民法院管辖在全国有重大影响的案件以及认为应当由其审理的案件。

两个以上人民法院都有管辖权(共同管辖)的诉讼,原告可以向其中一个人民法院起诉(选择管辖);原告向两个以上有管辖权的人民法院起诉的,由最先立案的人民法院管辖。

### 3. 诉讼参加人

诉讼参加人包括当事人和诉讼代理人。

(1)当事人。当事人是指公民、法人和其他组织因经济权益发生争议或受到损害,以自己的名义进行诉讼,并受人民法院调解或裁判约束的利害关系人。当事人包括原告、被告、共同诉讼人、诉讼中的第三人等。

(2)诉讼代理人。诉讼代理人是指以被代理人的名义,在代理权限范围内,为了维护被代理人的合法权益而进行诉讼的人。代理人包括法定代理人、指定代理人、委托代理人。

### 4. 诉讼时效

诉讼时效是指法律规定权利人通过诉讼程序请求人民法院保护其权利的有效时间。人民法院只在诉讼有效期限内保护权利人的请求权。如果权利人在法定期间内不行使自己的权利,就丧失了请求人民法院保护自己利益的权利。诉讼时效期间届满的,义务人可以提出不履行义务的抗辩。诉讼时效期间届满后,义务人同意履行的,不得以诉讼时效期间届满为由抗辩;义务人已自愿履行的,不得请求返还。人民法院不得主动适用诉讼时效的规定。

《民法典》规定,向人民法院请求保护民事权利的诉讼时效期间为三年。法律另有规定的,从其规定。

诉讼时效期间自权利人知道或者应当知道权利受到损害以及义务人之日起计算。法律另有规定的,从其规定。但是自权利受到损害之日起超过二十年的,人民法院不予保护;有特殊情况的,人民法院可以根据权利人的申请决定延长。

未成年人遭受性侵害的损害赔偿请求权的诉讼时效期间,自受害人年满十八周岁之日起计算。

应注意的问题如下:

第一,关于诉讼时效期间的计算方法。

《民法典》所称的期间按照公历年、月、日、小时计算。按照年、月、日计算期间的,开始的当日不计入,自下一日开始计算。按照小时计算期间的,自法律规定或者当事人约定的时间开始计算。

按照年、月计算期间的,到期月的对应日为期间的最后一日;没有对应日的,月末日为期间的最后一日。期间的最后一日是法定休假日的,以法定休假日结束的次日为期间的最后一日。期间的最后一日的截止时间为二十四时;有业务时间的,停止业务活动的时间为截止时间。

诉讼时效期间不包括"在途"时间,诉讼文书在期满前交邮的,不算逾期。诉讼时效期间的开始一般从当事人知道或应当知道权利被侵害时起计算。有期限的债权债务纠纷案件,从期限届满日的第二天起开始计算。

第二,关于诉讼时效的中止、中断与延长。

诉讼时效的中止,是指在诉讼时效进行中,因发生一定的法定事实而使权利人不能行使请求权,暂时停止计算诉讼时效期间,以前经过的诉讼时效期间仍然有效,待阻碍诉讼时效进行的事实消失后,继续计算诉讼时效期间。阻碍诉讼时效进行的事实是指不可抗力和其他障碍。根据《民法典》的规定,在诉讼时效期间的最后六个月内,因下列障碍,不能行使请求权的,诉讼时效中止:不可抗力;无民事行为能力人或者限制民事行为能力人没有法定代理人,或者法定代理人死亡、丧失民事行为能力、丧失代理权;继承开始后未确定继承人或者遗产管理人;权利人被义务人或者其他人控制;其他导致权利人不能行使请求权的障碍。

在诉讼时效期间的最后六个月内发生上述事实的,才能中止诉讼时效。从中止时效的原因消除之日起,诉讼时效期间继续计算。即在诉讼时效最后六个月内,暂停多少时间,补足多少时间。这样做的目的是延长时效,使权利人有充分的时间行使诉权。自中止时效的原因消除之日起满六个月,诉讼时效期间届满。

诉讼时效的中断,是指在诉讼时效进行中,由于某种法定事由,导致以前经过的时间不能算数,从中断时起,诉讼时效期间重新计算。其法定事由包括:权利人向义务人提出履行请求;义务人同意履行义务;权利人提起诉讼或者申请仲裁;与提起诉讼或者申请仲裁具有同等效力的其他情形。如果债务人偿还了一部分债务,从偿还之日起诉讼时效中断;若债务人要求延期履行,且债权人同意,也发生诉讼时效中断。

诉讼时效的延长,是指人民法院对已经完成的诉讼时效,根据特殊情况而予以延长。特殊情况是指权利人由于客观的障碍在法定诉讼时效期间不能行使请求权的情形,具体由人民法院判定,这是法律赋予司法机关的一种自由裁量权。

第三,关于请求权不适用诉讼时效的规定。

《民法典》规定下列请求权不适用诉讼时效:请求停止侵害、排除妨碍、消除危险;不动产物权和登记的动产物权的权利人请求返还财产;请求支付抚养费、赡养费或者扶养费;依法不适用诉讼时效的其他请求权。

**5. 诉讼程序**

诉讼程序包括第一审程序、第二审程序、审判监督程序等。

(1)第一审程序。第一审程序是指各级人民法院审理第一审经济案件适用的程序,分为普通程序和简易程序。

普通程序是经济案件审判中最基本的程序,主要包括以下内容:

第一,起诉。起诉是公民、法人或其他组织在其民事权益受到损害或产生争议时,向人民法院提出诉讼请求的行为。

起诉必须符合下列条件:①原告是与本案有直接利害关系的公民、法人和其他组织;②有明确的被告;③有具体的诉讼请求和事实、理由;④属于人民法院受理民事诉讼的范围和管辖范围,同时还必须办理法定手续。

起诉应当向人民法院递交起诉状书,并按被告人数的多少提交副本。个别书写起诉状确有困难的当事人,可以口头起诉,由人民法院记入笔录,并告知对方当事人。起诉状应载明下列事项:①原告的姓名、性别、年龄、民族、职业、工作单位、住所、联系方式,法人或者其他组织的名称、住所和法定代表人或者主要负责人的姓名、职务、联系方式;②被告的姓名、性别、工作单位、住所等信息,法人或者其他组织的名称、住所等信息;③诉讼请求和所根据的事实与理由;④证据和证据来源,证人姓名和住所。

第二,受理。受理是指人民法院通过对当事人的起诉进行审查,对符合法定条件的决定立案审理的行为。人民法院接到起诉状或口头起诉后,经审查认为符合起诉条件的,应当在七日内立案,并通知当事人;不符合起诉条件的,应当在七日内做出裁定书,不予受理;原告对裁定不服的,可以提起上诉。

第三,审理前的准备。人民法院应当自立案之日起五日内将起诉状副本发送被告。被告在收到之日起十五日内提出答辩状。答辩是被告对原告提出的诉讼请求及理由进行回答、辩解和反驳,是被告一项重要的诉讼权利。被告提出答辩状的,人民法院在收到之日起五日内将答辩状副本发送原告。被告不提出答辩状的,不影响人民法院审理。

第四,开庭审理。开庭审理是指在审判人员主持和当事人及其他诉讼参与人的参加下,在法庭上对案件进行审理的诉讼活动,其目的是确认当事人的权利义务关系,以调解或判决的方式解决纠纷。人民法院应当在开庭审理三日前通知当事人和其他诉讼参与人。公开审理,应当公告当事人的姓名、案由和开庭时间、地点。开庭审理一般都公开进行,但涉及国家机密、个人隐私或法律另有规定的情况及当事人申请不公开审理的,则不公开进行审理。

简易程序是指基层人民法院及其派出的人民法庭审理简单的民事案件所适用的既独立又简便易行的诉讼程序。简易程序适用于事实清楚、权利义务关系明确,争议不大的简单案件。原告可以口头起诉,当事人双方可以同时到基层人民法院或其派出的法庭请求解决纠纷。适用简易程序审理的案件,由审判员一人独任审理,可随时传唤当事人、证人,不受普通程序中法庭调查、法庭辩论等程序的限制。

(2)第二审程序。第二审程序,又称上诉程序。案件当事人任何一方不服第一审人民法院的判决和裁定都可以向上一级人民法院提起上诉。因为我国实行两审终审制,所以当事人不服第一审人民法院判决、裁定的,有权向上一级人民法院提起上诉。《民事诉讼法》规定,当事人不服地方人民法院第一审判决的,有权在判决书送达之日起十五日内向上一级人民法院提起上诉。当事人不服地方人民法院第一审裁定的,有权在裁定书送达之日起十日向上一级人民法院提起上诉。上诉应当递交上诉状,上诉状应当通过原审人民法院提出,并按照对方当事人或者代表人的人数提出副本。当事人直接向第二审人民法院上诉的,第二审人民法院应当在五日内将上诉状移交原审人民法院。

第二审人民法院应当对上诉请求的有关事实和适用法律进行审查,并组成合议庭开庭审理,经过阅卷和调查,询问当事人,在事实核对清楚后,合议庭认为不需要开庭审理的,也可以进行判决、裁定。第二审人民法院对上诉案件经过审理,按照下列情况分别处理:①原判决、裁定认定事实清楚,适用法律正确的,以判决、裁定方式驳回上诉,维持原判决、裁定;②原判决、裁定认定事实错误或者适用法律错误的,以判决、裁定方式依法改判、撤销或者变更;③原判决认定基本事实不清的,裁定撤销原判决,发回原审人民法院重审,或者查清事实后改判;④原判决遗漏当事人或者违法缺席判决等严重违反法定程序的,裁定撤销原判决,发回原审人民法院重审。原审人民法院对发回重审的案件做出判决后,当事人提起上诉的,第二审人民法院不得再次发回重审。

(3)审判监督程序。审判监督程序,是指有审判监督权的人员和机关,发现已经发生法律效力的判决、裁定、调解书确有错误的,依法提出对原案件重新进行审理的一种特别程序。《民事诉讼法》规定,各级人民法院院长对本院已经发生法律效力的判决、裁定、调解书,发现确有错误,认为需要再审的,提交审判委员会讨论决定。最高人民法院对地方各级人民法院、上级人民法院对下级人民法院已经发生法律效力的判决、裁定、调解书,发现确有错误的,有权提审或指令下级人民法院再审。

当事人对已经发生法律效力的判决、裁定,认为有错误的,可以向原审人民法院或上一级人民法院申请再审,但不停止判决、裁定的执行。当事人对已经发生法律效力的调解书,提出证据证明调解违反自愿原则或调解协议的内容违反法律的,可以申请再审。

#### 6. 执行程序

执行程序是人民法院依法对已经发生法律效力的判决、裁定及其他法律文书的规定,强制义务人履行义务的程序。发生法律效力的民事判决、裁定,以及刑事判决、裁定中的财产部分,由第一审人民法院或者与第一审人民法院同级的被执行的财产所在地人民法院执行。法律规定由人民法院执行的其他法律文书,由被执行人住所地或者被执行的财产所在地人民法院执行。人民法院自收到申请执行书之日起超过六个月未执行的,申请执行人可以向上一级人民法院申请执行。上一级人民法院经审查,可以责令原人民法院在一定期限内执行,也可以决定由本院执行或者指令其他人民法院执行。申请执行的期间为二年。申请执行时效的中止、中断,适用法律有关诉讼时效中止、中断的规定。前款规定的期间,从法律文书规定履行期间的最后一日起计算;法律文书规定分期履行的,从规定的每次履行期间的最后一日起计算;法律文书未规定履行期间的,从法律文书生效之日起计算。

#### 7. 公示催告程序

公示催告,是指人民法院根据可以背书转让的票据持有人的申请,以公示的方式,催告不明票据利害关系人在指定的期限内向人民法院申报票据权利,如果逾期无人申报,那么人民法院可以作出宣告票据无效的判决。

一旦票据被判无效,则申请人就获得票据权利,可持人民法院的判决书申请付款人付款。在规定的期限内,若有人申报票据权利,公示催告程序结束,申请人和申报人可以进行票据诉讼。

## 复习思考题

1. 简述经济法的调整对象。
2. 经济法关系由哪些要素构成?简述其主要内容。
3. 简述法律行为种类。
4. 什么是可撤销民事行为?它有何特征?
5. 什么是代理?代理有哪些特征?有哪几种类型?
6. 什么是无权代理?无权代理有什么法律后果?
7. 仲裁协议具有什么效力?仲裁协议无效的情形包括哪些?
8. 行政复议的范围包括哪些?
9. 什么是诉讼管辖?诉讼管辖分为哪些类型?
10. 什么是诉讼时效?它有哪些特点?

## 案例分析题1

2017年1月,胡某所在单位决定派他到美国学习两年,办理出国手续时钱不够用,就向朋友张某借款5万元,并立字据约定胡某在出国前将钱还清。但胡某直到2017年3月2日出国,都一直没有还钱。出国前张某曾来看望胡某,也没有提还钱的事。胡某在国外两年与张某有过联系,但都没有说钱的事。2020年3月,胡某回国。当年10月张某因买房急需用钱,找到胡某,胡某当即表示,全部钱款月底还清,并在原来的字据上对此做了注明。11月5日,当张某再次来找胡某要钱时,胡某却称,他的一个律师朋友说他们之间的债务已超过三年的诉讼时效,可以不用还了。张某气愤至极,第二天就向法院提起了诉讼,要求胡某偿还5万元的本金和利息。

请回答以下问题:

1. 胡某对张某债务的诉讼时效实际上是否已经届满?
2. 胡某在2020年10月在字据上对月底还钱作注明的行为有何种效力?
3. 张某能否通过诉讼要回胡某所欠的钱,为什么?

## 案例分析题2

2020年1月5日张某17岁,第二天他就前往本镇的玩具厂打工,每月有2 000元的收入。7月,张某未经其父母同意,欲花1 800元钱从李某处买一台旧电脑,此事遭到了其父母的强烈反对,但张某执意买了下来。同年10月,张某因患精神分裂症丧失了民事行为能力,随后,其父找到李某,认为他们之间的买卖无效,要求李某返还钱款,拿走电脑。

请回答以下问题:

1. 此买卖是否有效?
2. 分析本案中买卖法律关系的构成要素?

# 第二章

# 个人独资企业法律制度

## 本章学习目的与要求

通过本章学习,了解个人独资企业的概念和特征;掌握个人独资企业的设立条件和设立程序;熟悉个人独资企业的事务管理,掌握个人独资企业的解散事由及解散时的财产清偿顺序。

## 课程思政

以新时代中国特色社会主义经济思想为指导,了解个人独资企业的设立条件和程序,熟悉个人独资企业的事务管理,培养学生的社会主义核心价值观。

## 第一节 个人独资企业法律制度概述

企业是依法设立的、以营利为目的、从事生产经营活动和服务性活动的经济组织。

根据不同的标准,企业有不同的分类。按生产资料所有制的形式不同,企业可分为全民所有制企业、集体所有制企业、私营企业和外资企业等。按法律地位不同,企业可分为法人企业和非法人企业。按投资人的出资方式和责任形式不同,企业可分为个人独资企业、合伙企业和公司企业。这一标准是企业形态划分的主要标准,有助于建立和完善现代企业制度。

企业法是规定企业的法律地位,调整企业内、外部组织关系的法律规范的总称。本章主要介绍《中华人民共和国个人独资企业法》(以下简称《个人独资企业法》)的相关内容。

### 一、个人独资企业的概念和特征

#### (一)个人独资企业的概念

个人独资企业,是指依据《个人独资企业法》在中国境内设立、由一个自然人投资,财产为投资者个人所有,投资者以个人财产对企业债务承担无限责任的经营实体。

#### (二)个人独资企业的特征

根据个人独资企业的概念,可以概括出个人独资企业的特征:

**1. 投资者为一个自然人,并且只能是中国公民**

依据《个人独资企业法》的规定,设立个人独资企业,其投资人只能是一个自然人,国家机关、国家授权投资的机构或者国家授权的部门、企业、事业单位等都不能作为个人独资企业的设立人。《个人独资企业法》所指的自然人是指中国公民。自然人本无国籍之说,既包括中国公民,也包括外国公民,但《个人独资企业法》明确规定,外商独资企业不适用本法,排除了外国公民作为个人独资企业的设立人。关于作为个人独资企业设立人的自然人是否应同时具备民事权利能力与民事行为能力的问题,各国的具体规定不一,《个人独资企业法》对此未作明确规定。但根据民法总则和其他有关法律规定,无民事行为能力和限制行为能力的自然人不能作为个人独资企业的投资人。

**2. 投资人对企业的债务承担无限责任**

由于个人独资企业的投资人为一个自然人,企业的出资多少、是否增加或减少资金、采取什么样的经营方式、如何组织生产或生产多少、如何进行营销等事项均由该自然人自己决策,不受他人支配。从享受权利和承担义务上看,投资人与企业的得失与成败密不可分:充分享受企业的一切合法权利,完全承担企业的一切相关责任,且对企业的债务承担无限责任。这实际上是将企业的权利、责任与投资人的权利、责任完全捆绑在一起,大大提高了投资人对企业、对社会的责任感、使命感,有利于加强适时管理,及时调整生产结构,从而促进社会生产力水平的提高。

**3. 企业的财产为投资者个人所有,企业内部机构设置简单,经营方式灵活**

从理论和实践上看,个人独资企业的投资人既是企业财产的所有者,又是企业的经营管理人,因此,企业如何设置内部机构、如何进行人事管理、如何组织生产经营、如何确定产品或服务的价格等,只要不违反法律、法规的规定,都由投资人自己根据生产与经营的具体需要来确定,既不受他人意志的影响和干扰,也无须耗时长久的研讨,更不像股份有限公司、有限责任公司和其他企业那样加以严格、具体的规定。因此,机构精简、人员精干、适时决策、与时俱进是个人独资企业的一个重要特征,避免了机构臃肿、相互推诿、人浮于事、效益(率)低下的弊端。同时个人独资企业可以以市场为导向,适时调整生产结构,合理配置资源,强化特色发展。

**4. 个人独资企业是非法人企业,不具有法人资格**

个人独资企业是由一个自然人投资设立的经营实体,投资人充分享有该企业的一切权利,并对企业债务承担无限责任,由此可见,投资人实际上与企业是融为一体的:企业的财产就是投资人自己的财产,企业的责任也就是投资人个人的责任。因此,个人独资企业不具有法人资格,没有独立承担民事责任的能力。虽然个人独资企业不具有法人资格,但它是独立的民事活动主体,可以以自己的名义对外进行相应的民事活动。在市场经济得以充分发展的今天,个人独资企业所占的比重将越来越大。

## 二、个人独资企业法的概念和基本原则

### (一)个人独资企业法的概念

个人独资企业法,是确认个人独资企业的法律地位,调整个人独资企业生产经营关系的法律规范的总称。从广义上讲,个人独资企业法是指国家关于个人独资企业的各种法律规范的总称;从狭义上讲,个人独资企业法是指1999年8月30日第九届全国人民代表大会常务委员会第十一次会议通过的、自2000年1月1日起施行的《中华人民共和国个人独资企业法》。

## (二)个人独资企业法的基本原则

### 1. 个人独资企业的财产和其他合法权益受法律保护

个人独资企业是当事人个人依法投资设立的企业,企业的财产、合法生产经营所得和其他权益当然受法律的保护,而且其有关权利可以依法进行转让或继承。

个人独资企业的财产(不论是企业的原始投入,还是经营所得等)是指个人独资企业的财产所有权,包括对财产的占有、使用、收益和处分的权利;其他合法权益是指财产所有权以外的有关权益,如自主经营权、自主定价权、平等竞争权、机构设置权、劳动用工权、拒绝摊派权等。

### 2. 个人独资企业从事生产经营活动必须遵守法律、行政法规的规定,遵守交易规则和诚实信用原则,不得损害社会公共利益

个人独资企业在生产经营活动中,必须遵守法律、行政法规的各项规定,这既是企业应当履行的法定义务,也是企业保证其生产经营活动有序进行的前提条件;个人独资企业必须遵守交易规则和诚实信用原则,这既是企业增加商机、树立形象、提高信誉的客观需要,也是市场经济条件下维护良好的社会经济秩序的客观要求;个人独资企业还必须遵守社会公德,不得损害社会公益,不得滥用权利,这既是企业持续、稳定、协调发展的需要,又是构建和谐社会、友好环境的要求。

### 3. 个人独资企业应当依法履行纳税义务

无论是过去还是现在,无论是国内还是国外,依法纳税都是每个纳税人应尽的义务。个人独资企业在现代生产经营活动中当然应当依法缴纳国家税收法律、法规及规章规定的各项税款。纳税人偷税、漏税、抗税,是相关法律、法规所不允许的,是要承担相应法律责任的。

### 4. 个人独资企业应当依法招工、用工

个人独资企业有权招工、用工,但应严格依照劳动法及有关规定招工、用工;个人独资企业招工、用工应当与劳动者签订劳动合同,劳动合同必须遵循平等自愿、协商一致的原则,且不得违反国家法律、法规和有关政策规定。

### 5. 个人独资企业劳动者的合法权益受法律保护

个人独资企业的劳动者有自主签订合同的权利、有要求合理休息的权利、有依法获取劳动报酬的权利、有合理要求技能培训的权利、有依法享受社会保险和福利的权利等。这些权利在劳动法和其他有关法律中已有明确的规定,不得侵犯。同时,个人独资企业的劳动者可以依法建立工会,工会依法开展的各项活动受法律保护。

# 第二节 个人独资企业的设立

个人独资企业的设立

## 一、个人独资企业的设立条件

依据《个人独资企业法》的规定,设立个人独资企业,必须具备如下条件:

### (一)投资者为一个具有中国国籍的自然人

个人独资企业的投资人只限于一个自然人,且该自然人应当具备完全民事

权利能力和民事行为能力,并且不属于法律、行政法规禁止从事营利性活动的人。我国有关法律、行政法规明确规定,国家公务员、党政机关领导干部、警官、法官、检察官、商业银行工作人员等,不得作为投资人申请设立个人独资企业。

### (二)有合法的企业名称

企业名称是企业作为市场主体从事生产经营活动的标志,如果企业没有名称,企业将无法参与市场经营活动,也无从享受权利和承担义务。个人独资企业的名称必须符合国家关于企业名称登记管理的有关规定,企业名称应与其责任形式及其从事的营业内容相一致,可以叫厂、店、部、中心、工作室等,名称中不得使用"有限""有限责任"或者"公司"等字样。

### (三)有投资人申报的出资

《个人独资企业法》对设立个人独资企业的出资数额未作明确规定,但必须要有一定数额的出资。根据国家工商行政管理局2000年颁布的《关于贯彻实施〈个人独资企业登记管理办法〉有关问题的通知》的规定,设立个人独资企业的出资方式可以是货币、实物、土地使用权、知识产权或其他财产权利等。以实物、土地使用权、知识产权或其他财产权利等出资的,应将其折算为货币数额。个人独资企业的投资人可以以个人财产出资,也可以以家庭共有财产出资。以家庭共有财产作为个人出资的,投资人应当在设立登记申请书上加以注明。

### (四)有固定的经营场所和必要的生产经营条件

个人独资企业的经营场所包括企业的住所和与企业的生产经营相适应的处所。其中住所是个人独资企业的主要办事机构所在地,是企业的法定地址。

### (五)有必要的从业人员

为了保障企业正常的生产经营活动,个人独资企业要有与其生产经营范围及其规模大小相适应的从业人员。法律没有规定从业的具体人数,个人独资企业可以根据自身发展的需要,通过合法途径吸纳社会优秀人才,这也是市场经济发展的必然趋势。

## 二、个人独资企业的设立程序

### (一)提出申请

设立个人独资企业,应当由投资人或其委托的代理人向企业所在地的登记机关提出设立申请,申请时应当提交下列文件:

(1)设立申请书。投资人签署的个人独资企业设立申请书应当载明如下事项:企业的名称和住所、投资人的姓名和住所、投资人的出资额和出资方式、经营范围和经营方式等,投资人以个人财产出资或以其家庭共有财产作为个人出资的,应当在申请书中予以明确。

(2)各种证明材料。如投资人的身份证明;企业住所证明、国家市场监督管理总局规定提交的其他文件。

(3)委托代理人申请设立登记的,应提交投资人的委托书和代理人的身份证明或资格证明等相关材料。

(4)登记机关规定提交的其他文件。

从事法律、行政法规规定必须报经有关部门审批的业务的,应当提交有关部门的批准文件。

### (二)工商登记

工商登记是设立个人独资企业的必经程序。根据《个人独资企业法》规定,登记机关应在收到投资人申请文件的15日内,对符合个人独资企业规定条件的予以登记,颁发营业执照;对不符合个人独资企业规定条件的不予登记,发给驳回通知书。个人独资企业自其营业执照签发之日起成立。在个人独资企业成立之前,投资人不得以个人独资企业的名义对外从事有关生产经营活动。

个人独资企业存续期间登记事项发生变更的,应当在做出变更决定之日起的15日内依法向登记机关申请办理变更登记。个人独资企业申请变更登记,应向登记机关提交规定的文件:投资人签署的变更登记申请书、国家工商行政管理部门规定需提交的其他文件等。从事法律、行政法规规定须报经有关部门审批的业务的,还应当提交有关部门的批准文件。委托代理人申请变更登记的,应当提交投资人的委托书和代理人的身份证明或资格证明等。

根据《个人独资企业登记管理办法》规定,个人独资企业应当按登记机关的要求,在规定的时间内接受年度检查。登记机关依法对个人独资企业进行检查,以确认个人独资企业继续经营的资格。个人独资企业的营业执照分为正本和副本,正本和副本具有同等的法律效力。个人独资企业根据业务需要,可以向登记机关申请核发若干营业执照副本。营业执照遗失或者毁损的,应当在国家企业信用信息公示系统上声明作废,并向企业登记机关申请补领或者更换。

### (三)分支机构

个人独资企业设立分支机构,应当由投资人或其委托的代理人向分支机构所在地的登记机关提出申请,提交规定的文件(包括分支机构设立登记申请书、个人独资企业营业执照复印件、经营场所证明、国家市场监督管理总局规定提交的其他文件),办理设立登记。分支机构的登记事项应当包括:分支机构的名称、经营场所、负责人姓名和居所、经营范围和经营方式等。个人独资企业投资人委派分支机构负责人的,应当提交投资人委派分支机构负责人的委托书及其身份证明;委托代理人申请分支机构设立登记的,应当提交投资人的委托书和代理人的身份证明或资格证明。

登记机关应当在收到规定提交的所有文件之日起十五日内,作出核准登记或不予登记的决定。核准登记的,发给营业执照;不予登记的,发给登记驳回通知书。个人独资企业分支机构申请变更登记、注销登记的,比照关于个人独资企业申请变更登记、注销登记的有关规定办理。分支机构经核准登记后,应将登记情况报该分支机构隶属的个人独资企业机关备案。分支机构的民事责任由设立该分支机构的个人独资企业承担。

## 第三节　个人独资企业的事务管理及权利与义务

### 一、个人独资企业的管理方式

个人独资企业投资人可以自行管理企业事务,这是个人独资企业的主要管理方式;个人独资企业也可以委托或聘用其他具有民事行为能力的个人管理企业事务。委托或聘用他人管理企业事务的,应当与受托人或被聘用人签订书面合同,明确委托的具体内容、授予的权利范围、受托人或被聘用人的权利与义务、报酬和责任等。受托人或被聘用人应当尽责尽力,以诚实信用的态度对待投资人,对待企业,尽其所能为企业创造最佳绩效,这是良性社会发展的客观要求。

投资人对受托人或被聘用人职权的限制,不得对抗善意第三人。所谓"第三人",是指除受托人或被聘用人以外的与企业发生经济业务关系的人。个人独资企业的投资人与受托人或被聘用人之间有关权利与义务的限制只对受托人或被聘用人有效,这是他们彼此之间的相互约定,对第三人不产生约束力,受托人或被聘用人超出投资人的限制与善意第三人合法的有关业务交往应当有效。

受托人、被聘用人不得从事下列行为:(1)利用职务上的便利,索取或者收受贿赂;(2)利用职务或者工作上的便利侵占企业财产;(3)挪用企业的资金归个人使用或者借贷给他人;(4)擅自将企业资金以个人名义或者以他人名义开立账户储存;(5)擅自以企业财产提供担保;(6)未经投资人同意,从事与本企业相竞争的业务;(7)未经投资人同意,同本企业订立合同或者进行交易;(8)未经投资人同意,擅自将企业商标或者其他知识产权转让给他人使用;(9)泄露本企业的商业秘密;(10)法律、行政法规禁止的其他行为。

受托人或被聘用人因受贿、侵占、挪用等违法行为给投资人造成损害的,应依法承担民事赔偿责任;构成犯罪的,应当追究刑事责任。

### 二、个人独资企业事务管理的内容

#### (一)会计事务管理

个人独资企业应当依法设置会计账簿,根据实际发生的经济业务进行会计核算;保证会计资料的真实性和完整性;正确采用会计处理方法;正确使用会计记录文字;使用电子计算机进行会计核算的,必须符合法律的规定。

#### (二)用工管理

个人独资企业不得招用不满16岁的少年、儿童。个人独资企业招用劳动者,应当依法与劳动者签订劳动合同,并遵守国家工时制度,保障每日工作时间不得超过8小时,每周不得超过40小时;遵守国家的休息与休假制度,每个工作日内有间歇时间,并保证劳动者每周公休日,法定节假日、探亲假、带薪年假等休假。个人独资企业应按时、足额发放劳动者工资;遵守国家最低工资保障制度和特殊情况工资保障制度,企业支付给劳动者的工资不得低于本省、自治区、直辖市人民政府规定的最低工资标准,在法定节假日、婚丧嫁娶期间、依法参加选举和工会活动等期间都应发给劳动者工资;延长工作时间的,应支付不低于原工资150%的工资报酬,休息日安排工作又不能安排补休的,应支付不低于原工资200%的工资报酬。个人独资企业应遵守劳动保护制度,保障劳动者的劳动安全和卫生安生,对女职工和未成年员工给予特殊的劳动保护。

### (三)社会保险事务管理

个人独资企业应遵守国家的社会保险与福利制度,为员工缴纳社会保险费,如养老保险、失业保险、医疗保险等。这也是企业应履行的义务。

## 三、个人独资企业的权利

个人独资企业的财产不论是企业的原始投入,还是经营所得,均归投资人所有;其有关权利可以依法进行转让或继承。投资人可充分享受其财产权利。我国鼓励和保护个人独资企业的发展,除便于就地发展、增加就业岗位、积聚财富外,也有利于社会生产力水平的提高,促进社会和谐发展。

为了有效推进和保障个人独资企业的发展,促进其生产经营活动的有序运行,并获取合法利益,个人独资企业可以享受如下权利:

### (一)依法招工、用工

个人独资企业有权依法招工、用工。个人独资企业为了有效促进其发展,可以从自身需要出发,采用优惠措施,招纳国内外优秀人才为其所用。

### (二)依法申请贷款

根据企业发展的需要,个人独资企业可以根据国家有关法律、法规(如《中华人民共和国商业银行法》《中国人民银行贷款通则》等)的相关规定申请贷款,并依借贷合同的规定使用贷款。这些政策措施为个人独资企业的生产经营活动正常运转和可持续发展提供了保障。

### (三)依法取得土地使用权

个人独资企业可依据《中华人民共和国土地管理法》《中华人民共和国土地管理法实施条例》和《中华人民共和国城镇国有土地使用权出让和转让暂行条例》等法律、法规的规定取得土地使用权。

### (四)拒绝强制摊派

摊派,是指在法律、法规的规定之外,以任何方式要求企业提供财力、物力和人力的行为。这是不法筹资的消极行为。因此,《个人独资企业法》明确规定,任何单位和个人不得违反法律、行政法规的规定,以任何方式强制个人独资企业提供财力、物力、人力;对于违法强制提供财力、物力、人力的行为,个人独资企业有权拒绝。这是因为,个人独资企业的财产等属于该企业的投资人所有,其财产所有权受法律的保护。

### (五)专利保护权、商标使用权、产品进出口权等其他权利

根据《中华人民共和国专利法》规定,个人独资企业的专利权受法律保护,未经权利人

许可,实施其专利的行为、假冒其专利的行为、以非专利产品冒充其专利产品或以非专利方法冒充其专利方法等行为,均属侵害其专利权的行为。根据《中华人民共和国商标法》规定,个人独资企业的商标因注册而取得专用权,从而得到法律的保护,未经其许可,其他人不得擅自使用、伪造、复制等,否则,均属于侵害其注册商标专用权的行为。

根据《中华人民共和国对外贸易法》规定,个人独资企业可以依法取得外贸经营权,或根据其业务需要,委托具有外贸经营权的单位代为办理进出口业务。

与其他市场主体相比,个人独资企业更能享受充分的生产经营决策权、产品销售权、物资采购权、机构设置权、人事管理权和工资奖金分配权等。可见,个人独资企业享受的权利十分广泛。

### 四、个人独资企业的义务

个人独资企业在享受上述相应权利的同时,也要履行如下义务:(1)遵守法律、法规规定;(2)遵守诚实信用原则,并不得损害社会公共利益;(3)依法进行会计核算;(4)依法缴纳税金;(5)依法招工、用工,依法为员工缴纳社会保险费;(6)依法建立工会,工会依法开展活动。

## 第四节 个人独资企业的解散与清算

### 一、个人独资企业的解散

个人独资企业的解散是指个人独资企业终止活动使其民事主体资格消灭的行为。根据《个人独资企业法》的规定,个人独资企业有下列情形之一时,应当解散:(1)投资人决定解散;(2)投资人死亡或者被宣告死亡,无继承人或者继承人决定放弃继承;(3)被依法吊销营业执照;(4)法律、行政法规规定的其他情形。

### 二、个人独资企业的清算

个人独资企业解散时,应当进行清算。个人独资企业的清算可由投资人自行清算,也可由债权人申请人民法院指定清算人进行清算。

#### (一)债权人申报债权

个人独资企业解散由投资人自行清算的,应当在清算前十五日内书面通知债权人,无法通知的,应当予以公告。债权人在接到通知之日起三十日内,未接到通知的在公告之日起六十日内,向投资人申报债权。在法定期限内债权人未申报债权的,视为放弃债权。

#### (二)财产清偿的顺序

个人独资企业解散的,其财产应按下列顺序进行清偿:(1)所欠劳动者的工资和社会保险费用;(2)所欠税款;(3)其他债务。

个人独资企业的财产不足以清偿债务的,投资人应当以个人的其他财产予以清偿。

设立登记时已明确以其家庭共有财产作为个人出资的,应当依法以其家庭共有财产对企业债务承担无限责任。

### (三)遵守清算要求

清算期间,个人独资企业不得开展与清算无关的经营活动。在按财产清偿顺序清偿债务之前,投资人不得转移、隐匿财产。

### (四)投资人承担的持续偿还责任

个人独资企业解散后,原投资人对个人独资企业存续期间的债务仍应承担偿还责任,但债权人在5年内未向债务人提出偿债请求的,该责任消灭。

### (五)办理注销登记

个人独资企业清算结束后,投资人或人民法院指定的清算人应当编制清算报告,并于清算结束之日起15日内到登记机关办理注销登记。

个人独资企业办理注销登记时,应当向登记机关提交下列文件:(1)投资人或清算人签署的注销登记申请书;(2)投资人或清算人签署的清算报告;(3)国家工商行政管理部门规定提交的其他文件。

登记机关应当自接到个人独资企业按规定提交的全部文件之日起15日内,作出核准登记或不予登记的决定。同意注销的,发给核准通知书,该个人独资企业交回营业执照。经登记机关注销登记,个人独资企业就此终止。不同意注销的,发给企业登记驳回通知书。

## 第五节 违反个人独资企业法的法律责任

### 一、投资人的违法责任

1. 投资人违反《个人独资企业法》的规定,提交虚假文件或用其他欺骗手段,取得企业登记的,责令改正,处以5 000元以下的罚款;情节严重的,并处吊销营业执照。

2. 个人独资企业使用的名称与在登记机关登记的名称不相符的,责令限期改正,处以2 000元以下的罚款。

3. 涂改、出租、转让营业执照的,责令改正,没收违法所得,处以3 000元以下的罚款;情节严重的,吊销营业执照。

伪造营业执照的,责令停业,没收违法所得,处以5 000元以下的罚款;构成犯罪的,依法追究刑事责任。

4. 个人独资企业成立后无正当理由超过6个月不开业的,或开业后自行停业连续6个月以上的,吊销营业执照。

5. 投资人违反《个人独资企业法》的规定,未领取营业执照,却以个人独资企业的名义从事经营活动的,责令停止经营活动,处以3 000元以下的罚款。

个人独资企业登记事项发生变更时,未按规定办理变更登记的,责令限期办理变更登记,逾期不办理的,处以2 000元以下的罚款。

6.个人独资企业侵犯劳动者合法权益,未保障劳动者劳动安全,不缴纳社会保险费用的,按有关法律、法规予以处罚,并追究有关人员的责任。

7.个人独资企业及其投资人在清算前或清算期间隐匿或转移财产,逃避债务的,依法追回财产,并按有关规定予以处罚;构成犯罪的,依法追究刑事责任。

8.投资人违反法律规定,应当承担民事赔偿责任和缴纳罚款、罚金,其财产不足以支付的,或者被判处没收财产的,应当先承担民事赔偿责任。

### 二、委托管理人的违法责任

1.投资人委托或聘用他人管理个人独资企业事务时,受托人或被聘用人违反双方订立的合同,给投资人造成损害的,应当承担相应的民事赔偿责任。

2.投资人委托或聘用的人员违反法律规定,侵犯个人独资企业财产权益的,责令退还所侵占的财产;给企业造成损失的,依法承担赔偿责任;有违法所得的,没收违法所得;构成犯罪的,依法追究刑事责任。

### 三、企业登记机关有关人员的违法责任

1.登记机关对不符合《个人独资企业法》规定条件的个人独资企业予以登记,或者对符合本法规定条件的企业不予以登记的,对直接责任人依法予以行政处分;构成犯罪的,依法追究刑事责任。

2.登记机关的上级部门主管人员强令登记机关对不符合《个人独资企业法》规定条件的企业予以登记,或者对符合本法规定条件的企业不予以登记的,或者对登记机关的违法登记行为进行包庇的,对直接责任人依法给予行政处分;构成犯罪的,依法追究刑事责任。

登记机关对符合法定条件的申请不予以登记或者超过法定时限不予答复的,当事人可以申请行政复议或提起行政诉讼。

当事人违反法律、行政法规的规定强制个人独资企业提供财力、物力、人力的,按照有关法律、行政法规的规定予以处罚,并追究当事人的责任。

### 复习思考题

1.什么是个人独资企业?它有何特征?
2.设立个人独资企业应具备哪些条件?经过哪些程序?
3.如何管理个人独资企业的事务?
4.个人独资企业可以享受哪些权利?应履行哪些义务?
5.简述个人独资企业的解散事由。个人独资企业解散时,其财产如何清偿?

### 案例分析题

1.张某拟设立个人独资企业。2021年3月2日,张某将设立申请书等申请设立登记文件提交到拟定设立的个人独资企业所在地工商行政管理机关。设立申请书的有关内容

如下：张某以其机器设备、劳务和现金 8 万元出资；企业名称为 A 贸易有限公司。3 月 10 日，该工商行政管理机关发给张某"企业登记驳回通知书"。

3 月 15 日，张某将修改后的登记文件交到该工商行政管理机关。3 月 25 日，张某领取了该工商行政管理机关于 3 月 20 日签发的个人独资企业营业执照。

该个人独资企业（以下简称 A 企业）成立后，张某委托其妻弟王某管理 A 企业事务，自己不再过问。由于王某经营不善，企业严重亏损，债权人相继上门要求张某偿还欠款。张某宣称自己无力还债。债权人到法院起诉，要求用张某和王某的家庭共有财产抵偿欠款。经法院查明，张某在设立登记时没有明确以家庭共有财产出资。

要求：根据上述情况和个人独资企业法律制度的有关规定，分析下列问题：

(1)张某 3 月 2 日提交的设立申请书中有哪些内容不符合法律规定？

(2)A 企业的成立日期是哪天？简要说明理由。

(3)张某能否委托自己的妻弟王某经营管理个人独资企业，为什么？

(4)对于企业的欠款，法院是否应该支持债权人用张某和王某的家庭共有财产抵偿债款的要求，为什么？

2.2021 年 1 月 15 日，王某出资 10 万元设立 A 个人独资企业（本题下称"A 企业"）。王某聘请张某管理企业事务，同时规定，凡张某对外签订标的金额超过 2 万元的合同，须经王某同意。2021 年 3 月 1 日，张某未经王某同意，以 A 企业名义向善意第三人李某购入了一批价值 3 万元的货物。

2021 年 10 月 12 日，A 企业持续亏损，不能支付到期的丁某的债务，王某决定解散该企业。王某的律师对于清算向王某提出以下方案供其选择：

(1)王某自己清算；(2)由全体债权人组成清算委员会主持清算；(3)由债权人申请人民法院指定清算人进行清算。

经查，A 企业和王某的资产及债权债务情况如下：

(1)A 企业欠缴税款 0.2 万元，欠张某工资 0.5 万元，欠社会保险费用 0.5 万元，欠丁某 12 万元；(2)A 企业的银行存款 1 万元，实物折价 8 万元；(3)王某在 B 普通合伙企业出资 10 万元，B 普通合伙企业每年可以向合伙人分配利润；(4)王某个人其他可执行的财产价值 2 万元。

要求：根据以上情况并结合《个人独资企业法》的规定，分析回答下列问题：

(1)张某于 3 月 1 日以 A 企业名义向李某购买价值 3 万元货物的行为是否有效？请简要说明理由。

(2)王某的律师提出的三种方案是否符合法律规定？请简要说明理由。

(3)试述 A 企业的财产清偿顺序。

(4)如何清偿丁某的债权？

# 第三章

# 合伙企业法律制度

## 本章学习目的与要求

通过本章学习,了解合伙及合伙企业的概念、普通合伙企业及有限合伙企业的概念;理解和掌握普通合伙企业的有关规定;掌握有限合伙企业的特殊规定;熟悉合伙企业的解散和清算等有关法律规定;了解违反《中华人民共和国合伙企业法》的法律责任。

## 课程思政

结合合伙企业的实际案例,学习和掌握普通合伙企业和有限合伙企业的相关规定,指导实际工作,培养学生对我国社会主义经济制度优势的认同感以及学习现代企业制度的使命感。

## 第一节 合伙企业法律制度概述

### 一、合伙企业的概念和特征

#### (一)合伙企业的概念

合伙,是指两个或两个以上的人为着共同目的,相互约定共同出资、共同经营、共享收益、共担风险的自愿联合。它是一种古老的经营方式。据考证,在我国的春秋时期已有合伙的雏形。在古罗马时代,合伙便已成为一种相当成熟的个人联合体并由法律固定下来。合伙制度之所以具有经久不衰的生命力,根本原因就在于它顺应了商品生产者由独资经营走向联合经营的必然趋势。即使在法人制度普遍推行的今天,合伙形式仍因其自身的优点而能够广泛存在,并在社会经济生活中发挥着不可替代的重要作用。

根据《中华人民共和国合伙企业法》(以下简称《合伙企业法》)的规定,合伙企业是指自然人、法人或其他组织依照本法在中国境内设立的普通合伙企业和有限合伙企业。

#### (二)合伙企业的特征

作为一种企业组织形式,合伙企业区别于其他企业形式的特征有:

**1. 由两个或两个以上的投资人共同投资兴办**

合伙企业的投资人可以是具有完全行为能力的自然人,也可以是法人,但是必须为两个或两个以上,这使得合伙企业区别于个人独资企业。

**2. 合伙企业的设立和内部管理是以合伙协议为基础的**

合伙企业是在合伙协议的基础上产生的,合伙协议是调整合伙企业内部关系的重要法律文件。合伙人以书面形式在合伙协议中明确约定出资方式、数额、利润分配、亏损承担方式、合伙事务的执行、入伙、退伙、合伙终止等事项。

**3. 合伙企业属人合型企业**

合伙的设立与存在在一定程度上是基于合伙人之间的相互信赖,合伙企业当中合伙人共同参与企业的经营管理,合伙人对执行合伙事务享有同等的权利,不过有限合伙人不执行合伙事务,不对外代表有限合伙企业。合伙吸收新的合伙人必须经全体合伙人一致同意。

## 二、合伙企业法的概念及其适用范围

### (一)合伙企业法的概念

合伙企业法有广义和狭义之分。广义的合伙企业法是指国家立法机关或其他有权立法的机关制定的调整合伙企业合伙关系的法律规范的总称。狭义的合伙企业法是指由国家最高立法机关依法制定的、规范合伙企业合伙关系的专门法律,即《合伙企业法》。

为了规范合伙企业的行为,保护合伙企业及其合伙人、债权人的合法权益,维护社会经济秩序,促进社会主义市场经济的健康发展,我国于1997年2月23日在第八届全国人民代表大会常务委员会第二十四次会议上通过了《合伙企业法》,该法于1997年8月1日起实施。因当时我国处于社会主义市场经济体制建立初期,受当时的条件和认识局限,立法只对普通合伙,即所有投资者都对企业债务承担无限连带责任的合伙作了规范。尽管如此,《合伙企业法》的实施,对于确立合伙企业法律地位,规范其设立与经营,保护合伙企业及其合伙人的合法权益,鼓励民间投资,促进经济发展,都发挥了积极作用。随着社会主义市场经济体制的逐步完善,经济社会生活中出现了一些新的情况和问题,加之民间投资、风险投资以及专业服务机构发展对合伙组织形式的不同需要,原有的法律、规范已难以适应当前经济与社会发展要求,迫切需要进行修改。2006年8月27日,中华人民共和国第十届全国人民代表大会常务委员会第二十三次会议修订通过了《中华人民共和国合伙企业法》,自2007年6月1日起施行。

### (二)合伙企业法的适用范围

《合伙企业法》适用于一般的普通合伙企业、有限合伙企业和有限责任的合伙。不仅适用于按照规定应由工商行政部门依法登记管理的合伙企业,也适用于归属于其他行政管理部门登记管理的合伙制的律师事务所、会计师事务所、医生诊所等组织;不仅适用于自然人为合伙人的企业,也适用于法人和其他组织为合伙人的合伙企业。

## 三、合伙企业的类型

### (一)普通合伙企业

由普通合伙人组成,合伙人对合伙企业债务承担无限连带责任。以专业知识和专门技能为客户提供有偿服务的专业服务机构,可以设立为特殊的普通合伙企业。

### (二)有限合伙企业

由普通合伙人和有限合伙人组成,普通合伙人对合伙企业债务承担无限连带责任,有限合伙人以其认缴的出资额为限对合伙企业债务承担责任。

## 第二节 普通合伙企业

### 一、普通合伙企业的设立

#### (一)普通合伙企业的设立条件

设立普通合伙企业,应当具备下列条件:

普通合伙企业的设立

**1. 有两个或两个以上合伙人**

合伙人为自然人的,应当具有完全民事行为能力,法律规定不得从事营利性活动的人除外,如:法官、检察官、警官、国家公务员等不能成为合伙人;合伙人为法人或其他组织的,也应当具有民事权利和行为能力。同时,《合伙企业法》还规定国有独资公司、国有企业、上市公司以及公益性的事业单位、社会团体不得成为普通合伙人。

对于合伙企业合伙人数的最高限额,《合伙企业法》未作规定,由设立人根据所设企业的具体情况决定。

**2. 有书面合伙协议**

合伙协议是由各合伙人通过协商,共同决定相互间的权利、义务而达成的有法律约束力的协议。合伙协议一般以书面形式订立,协议应当载明下列事项:①合伙企业的名称和主要经营场所的地点;②合伙目的和合伙企业的经营范围;③合伙人的姓名或者名称、住所;④合伙人出资的方式、数额和缴付出资的期限;⑤利润分配和亏损分担方式;⑥合伙事务的执行;⑦入伙与退伙;⑧争议解决办法;⑨合伙企业的解散与清算;⑩违约责任。

合伙协议

合伙协议经全体合伙人签名、盖章后生效。合伙人依照合伙协议享有权利,承担责任。经全体合伙人协商一致,可以修改或者补充合伙协议;但是,合伙协议另有约定的除外。

合伙协议未约定或者约定不明确的事项,由合伙人协商决定;协商不成的,依照《合伙企业法》和其他有关法律、行政法规的规定处理。

**3. 有合伙人认缴或者实际缴付的出资**

合伙人可以用货币、实物、知识产权、土地使用权或者其他财产权利出资,也可以用劳务出资。合伙人对于自己缴纳出资的财产或财产权,应当拥有合法的处分权,合伙人不得将自己无权处分的财产或财产权用于出资。合伙人以实物、知识产权、土地使用权或者其他财产权利出资,需要评估作价的,可以由全体合伙人协商确定,也可以由全体合伙人委托法定评估机构评估。合伙人以劳务出资的,其评估办法由全体合伙人协商确定,并在合伙协议中载明。合伙人应当按照合伙协议约定的出资方式、数额和缴付期限,履行出资义务。以非货币财产出资的,依照法律、行政法规的规定,需要办理财产权转移手续的,应当依法办理。《合伙企业法》还规定:合伙人按照合伙协议的约定或者经全体合伙人决定,可以增加或者减少对合伙企业的出资。

#### 4. 有合伙企业的名称和生产经营场所

合伙企业必须要有经依法核准登记的名称及固定的合法营业场所。合伙企业的名称是合伙企业人格特定化的标志,以自身的名称区别于其他的民事主体。合伙企业的名称具有唯一性和排他性。合伙企业的名称中应当标明"普通合伙"的字样,其中,特殊的普通合伙企业,应当在其名称中标明"特殊普通合伙"字样。

#### 5. 法律、行政法规规定的其他条件

上述五项条件是合伙企业设立和从事经营活动最基本的条件,合伙企业的投资人必须全面具备这些条件方能申请设立合伙企业。如果其他有关法律、行政法规对合伙企业设立条件有相应规定的,合伙企业也应具备相应的条件后方可申请设立登记。

### (二)普通合伙企业的设立程序

#### 1. 前置审批

合伙企业的经营范围中有属于法律、行政法规规定在登记前须经批准的项目的,该项经营业务应当依法经过批准,并在登记时提交批准文件。当然,如果合伙企业的经营范围中没有属于法律、行政法规规定在登记前须经批准的项目的,直接进入申请设立登记程序。

#### 2. 申请设立登记

设立合伙企业,应由全体合伙人指定的代表或者共同委托的代理人向企业登记机关申请设立登记。登记机关为工商行政管理部门。申请设立合伙企业,应向企业登记机关提交下列文件:①全体合伙人签署的设立登记申请书;②全体合伙人的身份证明;③全体合伙人指定的代表或者共同委托的代理人的委托书;④合伙协议;⑤出资权属证明;⑥经营场所证明;⑦其他证明材料,如依法应提交的有关行政审批文件。

#### 3. 登记机关审查

企业登记机关应自收到申请人提交所需的全部文件之日起二十日内,作出核准登记或不予登记的决定。对于符合条件的,予以登记,发给合伙企业营业执照,营业执照的签发日期,就是合伙企业的成立之日。营业执照是企业登记机关对准予注册登记的企业发给的一种证明其设立合法的书面文件。在合伙企业领取营业执照之前,合伙人不得以合伙企业的名义从事合伙业务。对不符合规定条件的,不予登记,并应当给予书面答复,说明理由。

## 二、合伙企业的财产

### (一)合伙企业财产的构成

合伙企业财产是指合伙人的出资、以合伙企业名义取得的收益和依法取得的其他财产。合伙企业存续期间,合伙企业的财产主要由三部分组成:一是合伙人出资形成的财产,这些出资形成合伙企业的原始财产,是全体合伙人"认缴"的财产,而非各合伙人"实际缴纳"的财产;二是合伙经营创造和积累的财产,即以合伙名义取得的收益,主要包括合伙企业的公共积累资金、未分配的盈余、合伙企业债权、合伙企业取得的工业产权和非专利

技术等财产权利;三是依法取得的其他财产,即根据法律、行政法规的规定合法取得的其他财产,如合法接受的赠予财产等。

（二）合伙企业财产的管理和使用

合伙企业的财产由全体合伙人依照《合伙企业法》规定共同管理和使用。合伙企业进行清算前,合伙人不得请求分割合伙企业财产,但《合伙企业法》另有规定的除外。合伙企业存续期间,合伙人向合伙人以外的人转让其在合伙企业中的全部或者部分财产份额时,须经其他合伙人的一致同意。合伙人之间转让在合伙企业中的全部或者部分财产份额时,应当通知其他合伙人。合伙人依法转让其财产份额的,在同等条件下,其他合伙人有优先购买的权利。未经其他合伙人一致同意,合伙人以其在合伙企业中的财产份额出质的,其行为无效;由此给善意第三人造成损失的,依法承担赔偿责任。合伙人在合伙企业清算前私自转移或者处分合伙企业财产的,合伙企业不得以此对抗不知情的善意第三人。

### 三、合伙企业事务执行

合伙企业事务执行,是指合伙企业的经营管理以及其对内对外关系中的一些事务处理。合伙人对执行合伙企业事务享有同等的权利。按照合伙协议约定或者经全体合伙人决定,可以委托一名或者数名合伙人对外代表合伙企业,执行合伙企业事务。作为合伙人的法人、其他组织执行合伙事务的,由其委派的代表执行。

实践中合伙企业事务执行的具体方式有以下几种:

（一）全体合伙人共同执行

由于各合伙人对执行合伙企业事务享有同等的权利,全体合伙人理所当然地可以执行合伙企业的企业事务。

（二）各合伙人分别执行

合伙协议约定或者经全体合伙人决定,合伙人分别执行合伙企业事务时,合伙人可以对其他合伙人执行的事务提出异议;提出异议时,应当暂停该项事务的执行;如果发生争议,可以按照合伙协议约定的表决办法处理。

（三）委托一名或者数名合伙人对外代表合伙企业,执行合伙事务

如果委托一名或者数名合伙人执行合伙企业事务的,其他人不再执行合伙企业事务;不参与执行合伙企业事务的合伙人有权监督执行事务的合伙人执行合伙企业事务的情况;执行合伙企业事务的合伙人应当依照约定向其他合伙人报告事务执行情况及合伙企业经营状况、财务状况。其执行合伙企业事务所产生的收益归合伙企业所有,所产生的费用和亏损由合伙企业承担。合伙人为了解合伙企业的经营状况和财务状况,有权查阅合伙企业会计账簿等财务资料。被委托执行合伙企业事务的合伙人不按照合伙协议或者全体合伙人的决定执行事务的,其他合伙人可决定撤销该委托。

（四）聘任合伙人以外的经营管理人员执行合伙事务

经全体合伙人一致同意,合伙企业可以聘任合伙人以外的经营管理人员执行合伙企业事务。受聘者应当在合伙企业授权范围内履行职务,超越合伙企业授权范围履行职务,

或者在履行职务过程中因故意或者重大过失给合伙企业造成损失的,依法承担赔偿责任。

《合伙企业法》规定,合伙人对合伙企业有关事项作出决议,按照合伙协议约定的表决办法处理。合伙协议未约定或者约定不明确的,实行合伙人一人一票并经全体合伙人过半数通过的表决办法。但合伙企业的下列事务必须经全体合伙人同意:①处分合伙企业的不动产;②改变合伙企业名称;③转让或者处分合伙企业的知识产权和其他财产权利;④向企业登记机关申请办理变更登记手续;⑤以合伙人名义为他人提供担保;⑥聘任合伙人以外的人担任合伙企业的经营管理人员;⑦依照合伙协议约定的有关事项。

### 四、合伙企业利润分配、亏损分担

合伙企业的利润分配、亏损分担,按照合伙协议的约定办理;合伙协议未约定或者约定不明确的,由合伙人协商决定;协商不成的,由合伙人按照实缴出资比例分配、分担;无法确定出资比例的,由合伙人平均分配、分担。合伙协议不得约定将全部利润分配给部分合伙人或者由部分合伙人承担全部亏损。

### 五、合伙企业与第三人的关系

合伙企业与第三人的关系是指合伙企业的对外关系,涉及保护善意第三人的利益、债务责任承担、债权债务关系处理等方面,具体包括:

(1)合伙企业对合伙人执行合伙企业事务以及对外代表合伙企业权利的限制,不得对抗不知情的善意第三人。

(2)合伙企业的债务清偿与合伙人的关系。合伙企业对其债务,应当先以其全部财产进行清偿;合伙企业财产不足以清偿到期债务的,其不足部分由各合伙人按照约定的比例或者协商的比例或者法定比例,以其在合伙企业出资以外的财产承担无限连带清偿责任;合伙人由于承担连带责任,所清偿的数额超过其应当承担的数额时,有权向其他合伙人追偿。

(3)合伙人的债务清偿与合伙企业的关系。合伙人发生与合伙企业无关的债务,相关债权人不得以其债权抵销其对合伙企业的债务,也不得代位行使合伙人在合伙企业中的权利。

(4)合伙人个人财产不足以清偿其个人所负债务的,该合伙人只能以其从合伙企业中分取的收益用于清偿;债权人也可以依法请求人民法院强制执行该合伙人在合伙企业中的财产份额用于清偿。人民法院强制执行合伙人的财产份额时,应当通知全体合伙人,其他合伙人有优先购买权;其他合伙人未购买,又不同意将该财产份额转让给他人的,依照《合伙企业法》的规定为该合伙人办理退伙结算,或者办理削减该合伙人相应财产份额的结算。

### 六、入伙与退伙

#### (一)入伙

入伙是指在合伙企业存续期间,非合伙人加入合伙企业,取得合伙人资格的法律行为。新合伙人入伙成为合伙人,必须具备相应条件并履行相应的法律手续。

**1. 入伙条件**

新合伙人入伙，如果合伙协议有约定的，按照合伙协议约定的条件办理入伙；合伙协议没有约定的，应当经全体合伙人一致同意。新合伙人依法订立书面入伙协议。订立入伙协议时，原合伙人应当向新合伙人告知原合伙企业的经营状况和财务状况。

**2. 新合伙人的权利及义务**

入伙的新合伙人与原合伙人享有同等权利，承担同等责任。但是，入伙协议另有约定的，从其约定。入伙的新合伙人对入伙前合伙企业的债务承担无限连带责任。

**3. 办理变更登记手续**

合伙企业接纳新合伙人入伙，应当在作出接纳他人入伙决定之日起十五日内，向企业登记机关办理有关变更登记手续。

**（二）退伙**

退伙是指合伙人退出合伙企业，从而丧失合伙人资格。

**1. 退伙的形式**

（1）自愿退伙。自愿退伙是指在合伙企业自愿退伙存续期间，合伙人主动声明要求退出合伙企业。即合伙人按照自己的意愿而退出合伙。分两种情况：第一种情况为合伙协议约定合伙企业的经营期限的，如果有下列情形之一，合伙人可以退伙：合伙协议约定的退伙事由出现；经全体合伙人同意退伙；发生合伙人难以继续参加合伙企业的事由；其他合伙人严重违反合伙协议约定的义务。第二种情况为合伙协议未约定合伙企业的经营期限的，合伙人在不给合伙企业事务执行造成不利影响的情况下，可以退伙，但应当提前三十日通知其他合伙人。合伙人在不符合上述自愿退伙的法定条件时，擅自退伙的，应当赔偿由此给合伙企业造成的损失。

（2）法定退伙。法定退伙又称当然退伙，《合伙企业法》对法定退伙的五种情形作了规定，即作为合伙人的自然人死亡或者被依法宣告死亡；个人丧失偿债能力；作为合伙人的法人或者其他组织依法被吊销营业执照、责令关闭、撤销，或者被宣告破产；法律规定或者合伙协议约定合伙人必须具有相关资格而丧失该资格；合伙人在合伙企业中的全部财产被人民法院强制执行。

合伙人被依法认定为无民事行为能力人或者限制民事行为能力人的，经其他合伙人一致同意，可以依法转为有限合伙人，普通合伙企业依法转为有限合伙企业。其他合伙人未能一致同意的，该无民事行为能力或者限制民事行为能力的合伙人退伙。

退伙事由实际发生之日为退伙生效日。

（3）除名退伙。除名退伙是指经其他合伙人一致同意，将某一合伙人从合伙企业中除名而使其退伙的法律行为。合伙人有下列情形之一的，经其他合伙人一致同意，可以决议将其除名：①未履行出资义务；②因故意或者重大过失给合伙企业造成损失；③执行合伙企业事务有不正当行为；④合伙协议约定的其他事由。对合伙人的除名决议应当书面通知被除名人。被除名人接到除名通知之日，除名生效，被除名人退伙。被除名人对除名决议有异议的，可以自接到除名通知之日起三十日内，向人民法院起诉。

**2. 退伙后的财产处理**

合伙人死亡或者被依法宣告死亡的，对该合伙人在合伙企业中的财产份额享有合法继承权的继承人,按照合伙协议的约定或者经全体合伙人一致同意,从继承开始之日起,取得该合伙企业的合伙人资格。但有下列情形之一的,合伙企业应当向合伙人的继承人退还被继承合伙人的财产份额:①继承人不愿意成为合伙人;②法律规定或者合伙协议约定合伙人必须具有相关资格,而该继承人未取得该资格;③合伙协议约定不能成为合伙人的其他情形。合伙人的继承人为无民事行为能力人或者限制民事行为能力人的,经全体合伙人一致同意,可以依法成为有限合伙人,普通合伙企业依法转为有限合伙企业。全体合伙人未能一致同意的,合伙企业应当将被继承合伙人的财产份额退还该继承人。

合伙人退伙的,其他合伙人应当与该退伙人按照退伙时的合伙企业的财产状况进行结算,退还退伙人的财产份额;退伙人对给合伙企业造成的损失负有赔偿责任的,相应扣减其应当赔偿的数额。退伙时有未了结的合伙企业事务的,待了结后进行结算。合伙人退伙时,合伙企业财产少于合伙企业债务的,退伙人应当分担亏损。退伙人对基于其退伙前的原因发生的合伙企业债务,承担无限连带责任。退伙人在合伙企业中财产份额的退还办法,由合伙协议约定或者由全体合伙人决定,可以退还货币,也可以退还实物。

### 七、特殊的普通合伙企业

特殊的普通合伙企业,是一种特殊的合伙形式,一般是以专业知识和专门技能为客户提供有偿服务的专业服务机构,此种合伙企业的责任分担形式不同于一般的普通合伙,企业名称中应当载明"特殊普通合伙"字样。

《合伙企业法》关于特殊的普通合伙企业相关规定具体如下:

#### (一)适用范围

特殊的普通合伙企业主要是指律师事务所、会计师事务所、建筑师事务所和资产评估师事务所等以专业知识和专门技能为基础为客户提供有偿服务的机构。专业服务机构的范围,可以分为两类:一类是采取企业形式的,除了会计师事务所之外,还有建筑师事务所等其他具有企业性质的专业服务机构,另一类是非企业形式的,如律师事务所。《合伙企业法》只规范注册登记为企业的专业服务机构,但《合伙企业法》附则中专门作出了规定,"非企业专业服务机构依据有关法律采取合伙制的,其合伙人承担责任的形式可以适用本法关于特殊的普通合伙企业合伙人承担责任的规定。"而很多专业服务机构并未进行企业登记注册,依照《合伙企业法》的规定,也可以成立特殊的普通合伙企业。例如,律师事务所受司法局备案登记和管理,工商局对此无管辖权。但其可以采取特殊的普通合伙企业形式。

#### (二)特殊的普通合伙企业名称中应当载明"特殊普通合伙"字样

特殊的普通合伙企业,其合伙人对特定合伙企业债务只承担有限责任,为保护交易相对人的利益,应当对这一情况予以公示。这是法律对特殊的普通合伙企业的公示要求。

#### (三)特殊的普通合伙企业合伙人的责任形式

一个合伙人或者数个合伙人在执业活动中因故意或者重大过失造成合伙企业债务的,应当承担无限责任或者无限连带责任,其他合伙人以其在合伙企业中的财产份额为限承担责任。

合伙人在执业活动中非因故意或者重大过失造成的合伙企业债务以及合伙企业的其他债务,由全体合伙人承担无限连带责任。合伙人执业活动中因故意或者重大过失造成的合伙企业债务,以合伙企业财产对外承担责任后,该合伙人应当按照合伙协议的约定对给合伙企业造成的损失承担赔偿责任。

### (四)对特殊的普通合伙企业债权人的保护

由于特殊的普通合伙企业,其合伙人对特定合伙企业债务只承担有限责任,对合伙企业的债权人的保护相对削弱。为了保护债权人的利益,《合伙企业法》专门规定了对特殊的普通合伙企业债权人的保护制度,即执业风险基金制度和职业保险制度。即特殊的普通合伙企业应当建立执业风险基金、办理职业保险。执业风险基金用于偿付合伙人执业活动造成的债务。执业风险基金应当单独立户管理。具体管理办法由国务院规定。

### (五)适用普通合伙的其他规定

特殊的普通合伙企业实质上仍然是普通合伙企业。《合伙企业法》规定,特殊的普通合伙企业仍然适用《合伙企业法》关于普通合伙企业的规定。例如,《合伙企业法》第六条明确规定,合伙企业的生产经营所得和其他所得,按照国家有关税收规定,由合伙人分别缴纳所得税等。

## 第三节 有限合伙企业

### 一、有限合伙企业的概念

有限合伙企业是由普通合伙人和有限合伙人共同组成的,普通合伙人执行合伙事务,对外代表合伙组织,并对合伙企业的债务承担无限连带责任,而有限合伙人不参加合伙业务的经营,不对外代表合伙组织,只按一定的比例分配利润和分担亏损,并且仅以出资额为限对合伙债务承担责任。

### 二、有限合伙企业的特殊规定

#### (一)有限合伙企业设立的特殊规定

(1)有限合伙企业由两名以上五十名以下合伙人设立;但是,法律另有规定的除外。有限合伙企业至少应当有一名普通合伙人。按照规定,自然人、法人和其他组织可以依照法律规定设立有限合伙企业,但国有独资公司、国有企业、上市公司以及公益性的事业单位、社会团体不得成为有限合伙企业的普通合伙人。

(2)有限合伙企业名称中应当载明"有限合伙"字样。我国相关法律规定,在合伙企业名称中不得使用"普通合伙""有限责任""公司"等字样。

(3)有限合伙企业的合伙协议除了要符合普通合伙企业应当必备的条款以外,还应当载明下列事项:①普通合伙人和有限合伙人的姓名或者名称、住所;②执行事务合伙人应具备的条件和选择程序;③执行事务合伙人的权限与违约处理办法;④执行事务合伙人的除名条件和更换程序;⑤有限合伙人入伙、退伙的条件、程序以及相关责任;⑥有限合伙人和普通合伙人相互转变程序。

(4)有限合伙人可以用货币、实物、知识产权、土地使用权或者其他财产权利作价出资。有限合伙人不得以劳务出资。有限合伙人应当按照合伙协议的约定按期足额缴纳出资;未按期足额缴纳的,应当承担补缴义务,并对其他合伙人承担违约责任。

### (二)有限合伙企业执行事务的特殊规定

(1)有限合伙企业由普通合伙人执行合伙事务。执行事务合伙人可以要求在合伙协议中确定执行事务的报酬及报酬提取方式。

(2)有限合伙人不执行合伙事务,不得对外代表有限合伙企业。有限合伙人的下列行为,不视为执行合伙事务:①参与决定普通合伙人入伙、退伙;②对企业的经营管理提出建议;③参与选择承办有限合伙企业审计业务的会计师事务所;④获取经审计的有限合伙企业财务会计报告;⑤对涉及自身利益的情况,查阅有限合伙企业财务会计账簿等财务资料;⑥在有限合伙企业中的利益受到侵害时,向有责任的合伙人主张权利或者提起诉讼;⑦执行事务合伙人怠于行使权利时,督促其行使权利或者为了本企业的利益以自己的名义提起诉讼;⑧依法为本企业提供担保。

(3)第三人有理由相信有限合伙人为普通合伙人并与其交易的,该有限合伙人对该笔交易承担与普通合伙人同样的责任。有限合伙人未经授权以有限合伙企业名义与他人进行交易,给有限合伙企业或者其他合伙人造成损失的,该有限合伙人应当承担赔偿责任。

(4)有限合伙企业不得将全部利润分配给部分合伙人,但合伙协议另有约定的除外;有限合伙人可以同本有限合伙企业进行交易,但合伙协议另有约定的除外;有限合伙人可以自营或者同他人合作经营与本有限合伙企业相竞争的业务,但合伙协议另有约定的除外。

### (三)有限合伙企业财产出质与转让的特殊规定

有限合伙人可以将其在有限合伙企业中的财产份额出质,但合伙协议另有约定的除外。

有限合伙人可以按照合伙协议的约定向合伙人以外的人转让其在有限合伙企业中的财产份额,但应当提前三十日通知其他合伙人。

### (四)有限合伙人债务清偿的特殊规定

有限合伙人的自有财产不足以清偿其与合伙企业无关的债务的,该合伙人可以以其从有限合伙企业中分取的收益用于清偿;债权人也可以依法请求人民法院强制执行该合伙人在有限合伙企业中的财产份额用于清偿。人民法院强制执行有限合伙人的财产份额时,应当通知全体合伙人。在同等条件下,其他合伙人有优先购买权。

### (五)有限合伙企业入伙及退伙的特殊规定

新入伙的有限合伙人对入伙前有限合伙企业的债务,以其认缴的出资额为限承担责任。

有限合伙人出现下列任一情形时当然退伙:①作为合伙人的自然人死亡或者被依法宣告死亡;②作为合伙人的法人或者其他组织依法被吊销营业执照、责令关闭、撤销,或者被宣告破产;③法律规定或者合伙协议约定合伙人必须具有相关资格而丧失该资格;④合伙人在合伙企业中的全部财产份额被人民法院强制执行。

作为有限合伙人的自然人在有限合伙企业存续期间丧失民事行为能力的,其他合伙人不得因此要求其退伙。

作为有限合伙人的自然人死亡、被依法宣告死亡或者作为有限合伙人的法人及其他组织终止时,其继承人或者权利承受人可以依法取得该有限合伙人在有限合伙企业中的资格。

有限合伙人退伙后,对基于其退伙前的原因发生的有限合伙企业债务,以其退伙时从有限合伙企业中取回的财产承担责任。

### 三、有限合伙企业与普通合伙企业的转化

除合伙协议另有约定外,普通合伙人转变为有限合伙人,或者有限合伙人转变为普通合伙人,应当经全体合伙人一致同意。但是,当有限合伙企业仅剩有限合伙人时,应当解散;当有限合伙企业仅剩普通合伙人时,转为普通合伙企业。有限合伙人转变为普通合伙人的,对其作为有限合伙人期间有限合伙企业发生的债务承担无限连带责任。普通合伙人转变为有限合伙人的,对其作为普通合伙人期间合伙企业发生的债务承担无限连带责任。

## 第四节 合伙企业的解散与清算

### 一、合伙企业的解散

合伙企业解散是指因法定原因或约定原因而使合伙企业终止,分割合伙企业财产,全体合伙人的合伙关系归于消灭的程序或制度。

合伙企业有下列情形之一的,应当解散:①合伙期限届满,合伙人决定不再经营;②合伙协议约定的解散事由出现;③全体合伙人决定解散;④合伙人已不具备法定人数满三十日;⑤合伙协议约定的合伙目的已经实现或者无法实现;⑥依法被吊销营业执照、责令关闭或者被撤销;⑦法律、行政法规规定的其他原因。

### 二、合伙企业的清算

合伙企业解散的,应当进行清算,并通知和公告债权人。清算人由全体合伙人担任;未能由全体合伙人担任清算人的,经全体合伙人过半数同意,可以自合伙企业解散后十五日内指定一名或者数名合伙人,或者委托第三人,担任清算人。十五日内未确定清算人的,合伙人或者其他利害关系人可以申请人民法院指定清算人。

清算人在清算期间执行下列事务:①清理合伙企业财产,分别编制资产负债表和财产清单;②处理与清算有关的合伙企业未了结的事务;③清缴所欠税款;④清理债权、债务;⑤处理合伙企业清偿债务后的剩余财产;⑥代表合伙企业参与民事诉讼活动。

清算人自被确定之日起十日内将合伙企业解散事项通知债权人,并于六十日内在报纸上公告。债权人应当自接到通知书之日起三十日内,未接到通知书的自公告之日起四

十五日内,向清算人申报债权。债权人申报债权,应当说明债权的有关事项,并提供证明材料。清算人应当对债权进行登记。清算期间,合伙企业存续,但不得开展与清算无关的经营活动。

合伙企业财产在支付清算费用后,按以下顺序清偿:①合伙企业所欠招用的职工工资和社会保险费用;②法定补偿金;③合伙企业所欠税款;④合伙企业的债务。支付上述费用后仍有剩余财产的,根据《合伙企业法》有关利润分配、亏损承担的规定进行分配。

合伙企业解散后,原合伙人对合伙企业存续期间的债务仍应承担连带责任。

清算结束,应当编制清算报告,经全体合伙人签名、盖章后,在十五日内向企业登记机关报送清算报告,办理合伙企业注销登记。

合伙企业不能清偿到期债务的,债权人可以依法向人民法院提出破产清算申请,也可以要求普通合伙人清偿。合伙企业依法被宣告破产的,普通合伙人对合伙企业债务仍应承担无限连带责任。

## 第五节　违反合伙企业法的法律责任

《合伙企业法》对于合伙中的相关违法行为应承担的法律责任作了相应的规定,具体规定如下:

### 一、行政责任

(1)合伙人提交虚假文件或者采取其他欺骗手段,取得合伙企业登记的,由企业登记机关责令改正,处以五千元以上五万元以下的罚款;情节严重的,撤销企业登记,并处以五万元以上二十万元以下的罚款。

(2)合伙企业未在其名称中载明"普通合伙""特殊普通合伙"或者"有限合伙"字样的,由企业登记机关责令限期改正,处以二千元以上一万元以下的罚款。

(3)合伙企业未领取营业执照,而以合伙企业或者合伙企业分支机构名义从事合伙业务的,由企业登记机关责令停止,处以五千元以上五万元以下的罚款。

(4)合伙企业登记事项发生变更时,未依照本法规定办理变更登记的,由企业登记机关责令限期登记;逾期不登记的,处以二千元以上二万元以下的罚款。合伙企业登记事项发生变更,执行合伙事务的合伙人未按期申请办理变更登记的,应当赔偿由此给合伙企业、其他合伙人或者善意第三人造成的损失。

(5)有关行政管理机关的工作人员违反本法规定,滥用职权、徇私舞弊、收受贿赂、侵害合伙企业合法权益的,依法给予行政处分。

### 二、民事责任

(1)合伙人执行合伙事务,或者合伙企业从业人员利用职务上的便利,将应当归合伙企业的利益据为己有的,或者采取其他手段侵占合伙企业财产的,应当将该利益和财产退还合伙企业;给合伙企业或者其他合伙人造成损失的,依法承担赔偿责任。

(2)合伙人对依法规定或者合伙协议约定必须经全体合伙人一致同意方可执行的事

务擅自处理,给合伙企业或者其他合伙人造成损失的,依法承担赔偿责任。

(3)不具有事务执行权的合伙人擅自执行合伙事务,给合伙企业或者其他合伙人造成损失的,依法承担赔偿责任。

(4)合伙人违反《合伙企业法》的规定或者合伙协议的约定,从事与本合伙企业相竞争的业务或者与本合伙企业进行交易的,该收益归合伙企业所有;给合伙企业或者其他合伙人造成损失的,依法承担赔偿责任。

(5)清算人未依照《合伙企业法》规定向企业登记机关报送清算报告,或者报送清算报告隐瞒重要事实,或者有重大遗漏的,由企业登记机关责令改正。由此产生的费用和损失,由清算人承担和赔偿。

(6)清算人执行清算事务,牟取非法收入或者侵占合伙企业财产的,应当将该收入和侵占的财产退还合伙企业;给合伙企业或者其他合伙人造成损失的,依法承担赔偿责任。

(7)清算人违反本法规定,隐匿、转移合伙企业财产,对资产负债表或者财产清单作虚假记载,或者在未清偿债务前分配财产,损害债权人利益的,依法承担赔偿责任。

(8)合伙人违反合伙协议的,应当依法承担违约责任。

合伙人履行合伙协议发生争议的,合伙人可以通过协商或者调解解决。不愿通过协商、调解解决或者协商、调解不成的,可以按照合伙协议约定的仲裁条款或者事后达成的书面仲裁协议,向仲裁机构申请仲裁。合伙协议中未订立仲裁条款,事后又没有达成书面仲裁协议的,可以向人民法院起诉。

《合伙企业法》第一百零六条规定:"违反本法规定,应当承担民事赔偿责任和缴纳罚款、罚金,其财产不足以同时支付的,先承担民事赔偿责任。"

### 三、刑事责任

违反《合伙企业法》的规定,构成犯罪的,依法追究刑事责任。

## 复习思考题

1. 简述合伙企业的概念和法律特征。
2. 设立普通合伙企业应当具备哪些条件?
3. 简述合伙企业合伙人与第三人的关系。
4. 普通合伙企业与有限合伙企业有哪些区别?
5. 特殊普通合伙企业的特殊性表现在哪些方面?

## 案例分析题

2020年1月,甲、乙、丙、丁四人决定投资设立普通合伙企业,并签订了书面合伙协议。合伙协议的部分内容如下:(1)甲以货币出资10万元,乙以机器设备折价出资8万元,经其他三人同意,丙以劳务折价出资6万元,丁以货币出资4万元;(2)甲、乙、丙、丁按2∶2∶1∶1的比例分配利润和承担风险;(3)由甲执行合伙企业事务,对外代表合伙企业,其他三人均不再执行合伙企业事务,但签订购销合同及代销合同应经其他合伙人同意。合伙协议中未约定合伙企业的经营期限。

合伙企业在存续期间,发生下列事实:

(1)合伙人甲为了改善企业经营管理,于2020年4月独自决定聘任合伙人以外的A担任该合伙企业的经营管理人员;并以合伙企业名义为B公司提供担保。

(2)2020年5月,甲擅自以合伙企业的名义与善意第三人C公司签订了代销合同,乙获悉后,认为该合同不符合合伙企业利益,经与丙、丁商议后,即向C公司表示对该合同不予承认,因为合伙协议规定甲无单独签订代销合同的权利。

(3)2021年1月,合伙人丁提出退伙,其退伙并不给合伙企业造成任何不利影响,丁与其他合伙人进行结算后,撤资退伙。于是,合伙企业又接纳戊新入伙,戊出资4万元。2021年3月,合伙企业的债权人D公司就合伙人丁退伙前发生的债务24万元要求合伙企业的现合伙人甲、乙、丙、戊及退伙人丁、经营管理人员A共同承担连带清偿责任。甲表示只按照合伙协议约定的比例清偿相应数额。丁以自己已经退伙为由,拒绝承担清偿责任。戊以自己新入伙为由,拒绝对其入伙前的债务承担清偿责任。A则表示自己只是合伙企业的经营管理人员,不对合伙企业债务承担责任。

(4)2021年1月,合伙人乙在与E公司的买卖合同中,无法清偿E公司的到期债务8万元。E公司于2021年2月向人民法院提起诉讼,人民法院判决E公司胜诉。E公司向人民法院申请强制执行合伙人乙在合伙企业中全部财产份额。

根据以上事实,回答下列问题:

(1)甲聘任A担任合伙企业的经营管理人员及为B公司提供担保的行为是否合法?并说明理由。

(2)甲以合伙企业名义与C公司所签的代销合同是否有效?并说明理由。

(3)甲拒绝承担连带责任的主张能否成立?并说明理由。

(4)丁的主张能否成立?并说明理由。如果丁向D公司偿还了24万元的债务,丁可以向哪些当事人追偿?追偿的数额是多少?

(5)戊的主张能否成立?并说明理由。

(6)经营管理人员A拒绝承担连带责任的主张能否成立?并说明理由。

(7)合伙人乙被人民法院强制执行其在合伙企业中的全部财产份额后,合伙企业决定对乙进行除名,合伙企业的做法是否符合法律规定?并说明理由。

(8)合伙人丁的退伙属于何种情况?其退伙应符合哪些条件?

# 第四章

# 公司法律制度

## 本章学习目的与要求

通过本章学习,了解公司的概念与特征;掌握股份有限公司与有限责任公司、母公司与子公司、总公司与分公司的联系与区别;了解公司设立与公司成立的区别、公司设立的条件。掌握发起人的权利、义务与责任,发起人与股东的区别与联系;掌握股东的权利;了解股东会、董事会与监事会;了解公司董事、经理、监事与高级管理人员的任职资格及义务;了解一人公司与国有独资公司的概念和特征;理解上市公司的具体特征;掌握公积金制度的分类;掌握公司合并、分立、解散和清算。

## 课程思政

通过公司法律制度相关基础知识的学习,使学生进一步了解社会主义市场经济体制是我国取得举世瞩目发展成就的经济体制基础,让学生们树立坚持社会主义市场经济改革方向,加快完善社会主义市场经济体制的信心;正确运用《中华人民共和国公司法》,树立社会主义核心价值观。

## 第一节 公司法律制度概述

### 一、公司

#### (一)公司的概念

大陆法系的公司是指依法设立的以营利为目的的企业法人。英美法系国家依其传统并未对公司的概念予以明确的定义。

依据《中华人民共和国公司法》(以下简称《公司法》)规定:本法所称公司是指依照本法在中国境内设立的有限责任公司和股份有限公司。公司是企业法人,有独立的法人财产,享有法人财产权。公司以其全部财产对公司的债务承担责任。有限责任公司的股东以其认缴的出资额为限对公司承担责任;股份有限公司的股东以其认购的股份为限对公司承担责任。我国《公司法》虽然并未对公司的概念作出明确的定义,但以上条文对公司的内涵与外延作出了相应的界定。

根据《公司法》的上述规定,公司是指依照法定的条件与程序设立的,股东以其认缴的出资额或者股份为限对公司承担责任,公司以其全部独立法人财产对公司的债务承担责任的企业法人。

### (二) 公司的特征

**1. 公司具有法人性**

法人具有四大特征：独立的人格、独立的组织机构、独立的财产和独立承担法律责任。公司作为法人组织，其特征具体表现在：

第一，公司拥有独立的财产。公司具有独立的财产，这是公司进行业务经营的物质条件和经营条件，也是其承担财产责任的物质保障。

在公司的财产权上，应该特别注意公司的财产权和股东的股权之间的关系。公司的股东在将其财产出资给公司后，不再对这些财产享有任何直接的支配权，即不再享有物权，而只作为股东享有股权。因此，股东在出资之后，再对其出资的财产进行占有、使用、收益和处分的行为就构成了对公司财产权的侵犯。

第二，公司设有独立的组织机构。公司的组织机构包括股东会、董事会、监事会、经理，完善、健全的组织机构是公司进行正常经营活动的组织条件，《公司法》对具体的不同类型的公司提出了相应的法定要求。

第三，公司独立承担财产责任。公司的独立责任与股东的有限责任相辅相成，公司只能以自身的财产对其债务承担责任。也就是说，当公司破产时，有限责任公司的股东以其认缴的出资额为限对公司承担责任，股份有限公司的股东以其认购的股份为限对公司承担责任，公司则以其全部财产对公司的债务承担责任。债具有相对性，公司欠债应该由公司来还，这里强调的是债的相对性和公司人格的独立性。

**2. 公司具有营利性**

《公司法》虽然没有对公司的营利性作出明确的规定，但规定了公司是企业法人，也就间接地承认了公司的营利性。营利性是公司与其他组织的重要区别，也是公司的根本属性。公司以营利为目的，是指设立公司的目的及公司运作是为了谋求经济利益。营利是公司经营活动的出发点和归宿，公司由投资者组成，投资者的目的是获得投资收益和回报，为了实现这一目的，必然要求公司最大限度地追求经营利润。

公司追求营利性，与公司具有社会责任感并不冲突。我国《公司法》明确规定，保护公司、股东和债权人的合法权益，维护社会经济秩序，促进社会主义市场经济的发展。公司从事经营活动，必须遵守法律、行政法规，遵守社会公德、商业道德，诚实守信，接受政府和社会公众的监督，承担社会责任。

**3. 公司具有法定性**

公司依照法定的条件与程序设立，未依照《公司法》规定设立的公司，不是《公司法》上所称公司，因此得不到《公司法》的保护。设立公司，应当依法向公司登记机关申请设立登记。符合《公司法》规定的设立条件的，由公司登记机关分别登记为有限责任公司或者股份有限公司；不符合公司法规定的设立条件的，不得登记为有限责任公司或者股份有限公司。

**4. 公司具有社团性**

公司是一种社团法人。社团法人简单的理解就是指公司不是一个人经营的，而是多人经营的。公是多数人的意思，司是管理的意思。公司就是多数人一同来管理。有限责任公司由股东会来管理，股份有限公司由股东大会来管理，所以体现了社团性。

一人公司、国有独资公司也具有社团性。实质上,体现在管理和监督上。《公司法》规定,国有独资公司监事会成员不得少于五人,其中职工代表的比例不得低于三分之一,具体比例由公司章程规定。监事会成员由国有资产监督管理机构委派;但是,监事会成员中的职工代表由公司职工代表大会选举产生。监事会主席由国有资产监督管理机构从监事会成员中指定。国有独资公司中有董事会和监事会,监事会人数多,只是没有股东会而已。而董事会和监事会实行少数服从多数的民主决策,同样体现了公司的社团性。在一人公司中同样也有董事会和监事会,也体现了社团性,只是投资人上缺乏社团性。

## 二、公司的分类

### (一)无限公司、两合公司、股份有限公司、股份两合公司和有限责任公司

以公司股东的责任形式划分,公司可分为无限公司、两合公司、股份有限合同、股份两合公司、有限责任公司。

**1. 无限公司**

无限公司,又称为无限责任公司,是指由两个或者两个以上的股东组成,股东对公司债务承担无限连带责任的公司。也就是说,当公司的财产不足以清偿公司债务的时候,股东应该以其出资以外的其他财产清偿公司债务。

**2. 两合公司**

两合公司,是指由一个以上的无限责任的股东与一个以上的有限责任的股东所组成的,其中无限责任股东对公司债务承担无限连带责任,有限责任股东对公司债务仅以其出资额为限承担有限责任的公司。

**3. 股份有限公司**

股份有限公司,又称股份公司,是指公司全部资本划分为等额股份,股东以其所认购的股份对公司承担责任,公司以其全部资产对公司债务承担责任的企业法人。

**4. 股份两合公司**

股份两合公司,是指由对公司债务负无限连带责任的无限责任股东和以其所认购的公司股份为限对公司负有限责任的有限责任股东共同组成的公司。也就是既有股东要承担有限责任,也有股东要承担无限连带责任。

**5. 有限责任公司**

有限责任公司,又称有限公司,是指按照《公司法》设立,股东以其出资额为限对公司承担责任,公司以其全部资产对公司债务承担责任的企业法人。

### (二)人合公司、资合公司、人合兼资合公司

以公司的信用基础划分,公司可分为人合公司、资合公司、人合兼资合公司。

**1. 人合公司**

人合公司,是指以股东个人的信用为公司信用基础的公司。意味着股东对公司债务要承担无限责任。人合公司往往具有家族性质与合伙性质,股东之间彼此信任,股东的结合必须深入了解,无限公司是典型的人合公司。

**2. 资合公司**

资合公司,是指其经营活动的基础在于公司的资本数额,以公司的资本为公司对外信

用基础的公司。股份有限公司就是典型的资合公司,公司股东之间无须相互了解,股东以出资相结合,以出资额为限承担有限责任,这类公司往往具有比较健全的法人治理结构。

**3. 人合兼资合公司**

人合兼资合公司,是指其经营活动兼具有人合性和资合性两方面特点的公司。两合公司、股份两合公司都属于人合兼资合公司。

### (三)母公司和子公司

以公司之间的控制或者从属关系来划分,公司可分为母公司和子公司。

母公司,是指拥有另一公司一定比例(一般要求半数)以上的股份,或通过协议方式能够对另一公司的经营管理实行实际控制的公司。母公司也称为控股公司。

子公司,是指与母公司相对应,其一定比例以上的资本或股份被另一公司所拥有或通过协议受到另一公司实际控制的公司。子公司虽然被母公司控制,根据《公司法》规定,公司可以设立子公司,子公司具有法人资格,依法独立承担民事责任。子公司仍是独立的法人,具有独立的法律人格,能够独立从事经营活动,对外独立承担法律责任。

### (四)总公司和分公司

以公司的内部管辖关系划分,公司可分为总公司和分公司。

总公司,又称本公司,是指依法设立并管辖公司全部组织的具有企业法人资格的总机构。受管辖公司的业务执行及资金调度均由本公司发号施令。

分公司,是指从业务、资金、人事等方面受本公司管辖而不具有法人资格的分支机构。设立分公司,应当向公司登记机关申请登记,领取营业执照。分公司不具有法人资格,其民事责任由总公司承担。分公司在法律上不具有独立的主体地位和法人资格,不能独立承担责任,其经营活动主要有赖于本公司的意志。分公司实际上并不是法律意义上的公司,而只是总公司的组成部分或业务活动机构。

## 三、公司法的概念和我国公司法的制定与修订

### (一)公司法的概念

公司法是调整公司在设立、变更和终止以及其他对内对外法律关系的法律规范的总称。狭义的公司法为法典意义上的公司法,如我国《公司法》。广义的公司法,也称为实质意义上的公司法,包括《公司法》《证券法》《商事登记法》等法律文件中所包含的公司法律规范。

### (二)我国公司法的制定与修订

我国第一部《公司法》于1993年12月29日颁布,自1994年7月1日起施行。1993年《公司法》共有11章230条,从法律上确定了我国现代企业制度的基本构架,建立了现代公司治理结构,标志着我国企业立法体系打破了传统模式。

1993年《公司法》出台之后,随着市场经济体制的逐步发展,《公司法》已落后于实践对公司制度的需求。1999年12月25日第九届全国人民代表大会常务委员会第十三次会议第一次修正,2004年8月28日第十届全国人民代表大会常务委员会第十一次会议第二次修正,2005年10月27日第十届全国人民代表大会常务委员会第十八次会议修

订,2006年1月1日起施行,2013年12月28日第十二届全国人民代表大会常务委员会第六次会议第三次修正,2018年10月26日第十三届全国人民代表大会常务委员会第六次会议第四次修正。

其中2005年《公司法》修订,是修改幅度最大的一次,在原来总共229个条文中,删除46条,增加41条,修改的条款达到了137条。2005年《公司法》完善了公司资本制度,"一人公司"写入法律,完善了公司法人治理结构和股东权利保护制度,增加了股东代表诉讼制度,增加了"揭开公司面纱"制度,规定中介机构弄虚作假将承担赔偿责任,该法立法条文更加简洁,增强了可操作性,推动了我国公司法理论的创新。

2013年《公司法》是为了及时落实国务院关于改革注册资本登记制度的部署,因此仅对公司资本制度与登记制度作出了修订,公司注册资本由分期认缴改为认缴制,原则上取消了法定注册资本最低限额,取消了货币出资比例限制,并简化了登记程序。

2018年《公司法》修改完善股份回购规定、资本制度的规定,赋予公司更多的自主权,进一步夯实了资本市场的法律制度,促进公司建立长效奖励机制、提升上市公司质量、完善公司治理、推动资本市场稳定健康的发展。

## 第二节 公司设立

### 一、公司设立的概念、方式、条件和程序

#### (一)公司设立与公司成立

**1. 公司设立的概念**

公司设立,是指公司设立人为促成公司成立并取得法人资格,依照法律规定的条件和程序所进行的一系列法律行为的总称。设立公司的过程包含许多法律行为,比如确定发起人、制定公司章程、筹集公司资本、确定公司组织机构、办理公司注册登记等。

**2. 公司成立的概念**

公司成立,是公司经过设立程序,具备法定条件,经政府主管机关核准登记,发给营业执照,依法取得法人资格的一种法律事实。公司成立不同于公司设立,两者不能划等号。公司设立是公司成立的必要前提,公司成立是公司设立的结果。

**3. 公司设立与公司成立的区别**

(1)发生阶段不同

公司设立和公司成立是公司取得法人主体资格过程中一系列连续行为的两个不同的阶段,公司设立发生于营业执照签发之前;公司成立发生于公司被核准登记并签发营业执照之时。因此,公司设立是过程,公司成立是结果,但不是公司设立的必然结果。

(2)法律效力不同

公司设立是一种法律行为,而公司成立是公司设立成功以后的法律后果,是公司取得法人资格的一种事实状态。公司设立成功使得公司成立,设立失败则公司不能成立。

(3)承担责任不同

公司成立后,公司取得法人主体资格,能够以公司的名义进行法律行为,由此产生的

债权债务由公司承担。公司设立阶段,公司尚不具有法人资格,称为"设立中的公司",属于一种非法人组织,还不能以公司的名义进行营业活动,只能进行与设立有关的活动。

### (二)公司设立的方式

公司设立的方式主要有发起设立和募集设立两种。股份有限公司设立比较复杂,既可以采取发起设立,也可以采取募集设立。

(1)发起设立,是指由发起人认购公司应发行的全部股份而设立公司。公司资本或公司发行的全部股份不向社会公开募集,而由全体发起人出资或在全体发起人范围内认购全部股份。设立公司时的发起人是未来公司的全部股东。发起设立不仅适合于股份有限公司,也适合于有限责任公司。

(2)募集设立,是指由发起人认购公司应发行股份的一部分,其余股份向社会公开募集或者向特定对象募集而设立公司。募集设立只适合于股份有限公司。根据《公司法》规定,以募集设立方式设立股份有限公司的,发起人认购的股份不得少于公司股份总数的百分之三十五;但是,法律、行政法规另有规定的,从其规定。

### (三)公司设立的条件

我国《公司法》对设立有限责任公司和股份有限公司的条件分别做了规定,公司的设立条件因公司的性质不同而有所不同。

**1. 有限责任公司设立的条件**

根据《公司法》,设立有限责任公司,应当具备下列条件:(1)股东符合法定人数。有限责任公司由50个以下股东出资设立。我国《公司法》已承认一人有限公司,对有限责任公司股东没有设置最低人数限制,法律设置了最高股东人数限制。有限责任公司的股东资格要求不同于无限公司,除国有独资公司外,有限责任公司的股东既可以是自然人,也可以是法人。(2)有符合公司章程规定的全体股东认缴的出资额。2014年《公司法》修正后,取消了有限责任公司的最低资本要求,即取消了有限责任公司最低注册资本三万元、一人有限责任公司最低注册资本十万元,取消了一人有限公司股东应一次足额缴纳出资的规定。公司可以根据公司章程任意设定注册资本,而且注册资本无须限期缴纳,可以由公司决定缴纳注册资本的时间和期限,并可以分期缴纳。(3)股东共同制定公司章程;(4)有公司名称,建立符合有限责任公司要求的组织机构;(5)有公司住所。

**2. 股份有限公司设立的条件**

根据《公司法》,设立股份有限公司,应当具备下列条件:(1)发起人符合法定人数;设立股份有限公司,应当有二人以上二百人以下为发起人,其中须有半数以上的发起人在中国境内有住所。股份有限公司的设立需要有初始的投资者作为发起人,依法筹办股份有限公司的设立事务。我国《公司法》对股份有限公司发起人的数额不仅规定了最高人数限制,还规定了最低人数限制,同时还对发起人的住所提出要求,半数以上的发起人在中国境内有住所,并不意味着法律要求半数以上是中国人,两者是有差异的。

(2)有符合公司章程规定的全体发起人认购的股本总额或者募集的实收股本总额。股份有限公司采取发起设立方式设立的,注册资本为在公司登记机关登记的全体发起人认购的股本总额。在发起人认购的股份缴足前,不得向他人募集股份。股份有限公司采取募集方式设立的,注册资本为在公司登记机关登记的实收股本总额。法律、行政法规以及国务院决定对股份有限公司注册资本实缴、注册资本最低限额另有规定的,从其规定。

(3)股份发行、筹办事项符合法律规定。发起人向社会公开募集股份,必须公告招股说明书,并制作认股书。认股书,由认股人填写认购股数、金额、住所,并签名、盖章。认股人按照所认购股数缴纳股款。发起人向社会公开募集股份,应当由依法设立的证券公司承销,并签订承销协议。

(4)发起人制定公司章程,采用募集方式设立的经创立大会通过。

(5)有公司名称,建立符合股份有限公司要求的组织机构。

(6)有公司住所。

### (四)公司设立的程序

**1. 有限责任公司的设立程序**

订立发起人协议、申请名称预先核准、订立公司章程、报经有关部门审批、缴纳出资、申请设立登记、登记发照、公示。

**2. 股份有限公司的设立程序**

签订发起人协议、报经有关部门批准、申请名称预先核准、制定公司章程、认购股份、建立公司组织机构和申请设立登记、公示。

## 二、发起人

为设立公司而签署公司章程、向公司认购出资或者股份并履行公司设立职责的人,应当认定为公司的发起人,包括有限责任公司设立时的股东。因此,发起人,也称为公司设立人、公司创办人,是指为设立公司而签署公司章程、向公司出资或者认购股份并履行公司设立职责的人。就内部关系而言,发起人之间是一种合伙关系。

有限责任公司的发起事宜直接由将来的股东承办,而股份有限公司因为人数众多,法律通常对发起人予以特别的规定。

由于设立中的公司尚无法律上的人格,因此发起人代表设立中的公司进行公司筹办事务,发起行为的后果待公司成立以后由公司承担。发起人在设立公司的过程中拥有以下权利:报酬请求权和特别利益请求权。例如,优先认股权、公司终止时优先分配剩余财产权等;非货币出资的权利;选举和被选举为第一届公司机关成员的权利;由发起人协议规定的其他权利。

## 三、公司章程

### (一)公司章程的概念和法律特征

**1. 公司章程的概念**

公司章程,是指由公司股东或者发起人共同制定的关于公司组织和行为的自治规则,是公司必备的以书面形式固定下来的反映全体股东共同意思的基本法律文件。

**2. 公司章程的法律特征**

(1)法定性。

公司章程的法律地位、内容、形式、修改程序以及效力均由《公司法》予以明确规定。

第一,法律地位的法定性。公司章程是《公司法》强制要求的设立公司所不可或缺的法律文件。在我国,公司章程对公司、股东、董事、监事、高管均具有约束力,相当于公司内部的宪法。

第二,内容的法定性。我国《公司法》第二十五条、第八十一条分别规定了有限责任公司和股份有限公司章程应当载明的事项。

第三,公司章程形式的法定性。公司章程作为具有特殊地位与效力的法律文件,须采用书面形式并履行法定备案或者审批手续。

第四,公司章程修改程序的法定性。公司章程经过修改变更内容以后,还必须办理相应的变更登记手续。

第五,公司章程效力的法定性。设立公司必须依法制定公司章程,公司章程对公司、股东、董事、监事、高级管理人员具有约束力。

(2)公开性

公司章程的内容不仅要对包括股东在内的广大投资者公开,还要对包括债权人在内的社会公众公开。公司章程的公开,是股东知情权的体现,有利于股东知悉公司的基本状况,从而进行经营监督;有利于维护公司交易相对人的利益;同时也有利于社会公众了解公司的内部情况,为其是否进行投资提供可靠的决策参考。例如,公众通过公司章程的内容来决定是否购买该公司的股票。

(3)自治性

公司章程是由股东或者发起人共同制定的,是全体股东共同意思的表示,只要其内容不违背法律的强制性规定,均具有法律约束力。公司章程是公司依法自行制定的,由公司自行执行,其效力仅及于公司和相关当事人,而不具有普遍约束力,例如,公司章程对于债权人无约束力。

### (二)公司章程的效力

公司章程的效力主要包括两个方面,即时间效力和对人效力。

**1. 时间效力**

(1)生效时间,对内效力,即对公司、股东、董事、监事、高级管理人员(包括发起人)的效力,自全体发起人签章后生效。变更章程自股东(大)会决议通过后生效;对外效力,一般以公司成立时间为效力产生时间。

(2)失效时间,公司章程的效力终止时间应以公司终止为准。

**2. 对人效力**

公司章程对公司、股东、董事、监事、高级管理人员具有约束力。

### (三)公司章程的内容

公司章程的内容,即公司章程记载的事项。依据其效力不同,可分为绝对必要记载事项、相对必要记载事项和任意记载事项。

**1. 绝对必要记载事项**

绝对必要记载事项,是指法律所列举并规定在公司章程中必须记载的事项。如果缺少其中的一项或者其中一项不合法,将会导致整个章程无效。《公司法》规定,有限责任公司章程应当载明下列事项：公司名称和住所；公司经营范围；公司注册资本；股东的姓名或者名称；股东的出资方式、出资额和出资时间；公司的机构及其产生办法、职权、议事规则；公司法定代表人。股份有限公司章程应当载明下列事项：公司名称和住所；公司经营范围；公司设立方式；公司股份总数、每股金额和注册资本；发起人的姓名或者名称、认购的股份数、出资方式和出资时间；董事会的组成、职权和议事规则；公司法定代表人；监事会的组成、职权和议事规则；公司利润分配办法；公司的解散事由与清算办法；公司的通知和公告办法。

**2. 相对必要记载事项**

相对必要记载事项，是指法律所列举的，但公司章程可以记载，也可以不记载的事项。如果予以记载，则发生法律效力，如果不记载，则不影响整个章程的效力。如果所记载的事项不合法，则该部分无效，并不导致整个章程无效。我国《公司法》仅笼统地规定了公司章程"应当载明的事项"，将相对必要记载事项包含其中并未作区分。

**3. 任意记载事项**

任意记载事项是指法律未列举，在不违反法律、行政法规和社会公共利益的前提下，由公司章程的制定人根据实际情况需要而自行决定载入公司章程的事项。我国《公司法》规定"股东认为需要规定的其他事项"与"股东大会认为需要规定的其他事项"就是任意性的规定。例如，公司的对外通知和公告办法、公司内部的议事规则等。

### 四、公司名称与住所

#### （一）公司名称

**1. 公司名称的概念**

公司名称，是指公司用以与其他民事主体相区别的人格特定化的文字性标记。公司名称是公司章程绝对必要记载事项之一，是公司设立、登记开展经营活动的必要条件。根据各国法律规定，任何公司都必须有自己的名称，以保证公司生产经营活动的顺利进行，维护社会经济秩序。

**2. 公司名称的意义**

（1）公司名称是公司成为独立民事主体的重要标志之一，是法人人格的表现。

（2）公司可以其名称区别于其他民事主体。2020年12月14日国务院第118次常委会通过了《企业名称登记管理规定》的修订，于2021年3月1日起实施。新《企业名称登记管理规定》充分尊重企业自主选择企业名称的权利，简化企业名称登记流程。《企业名称登记管理规定》规定，企业只能登记一个企业名称，企业名称受法律保护。

（3）公司名称也是公司商誉的主要组成部分，是一种无形资产。具有一定的经济价值。公司名称可以作为资本直接用于投资。

（4）公司名称是公司章程中必要记载事项之一。公司章程如果欠缺记载公司名称这一项，将导致公司章程无效。

（5）公司名称须向登记机构登记，受法律保护。《中华人民共和国公司登记管理条例》规定，公司名称应当符合国家有关规定。经公司登记机关核准登记的公司名称受法律保护。

### (二)公司名称的选用

#### 1. 公司名称选用原则

(1)真实原则:公司名称应当正确反映公司的行业性质、经营特点、组织形式。必须在公司名称中标明股份有限公司或者有限责任公司,必须标明行业,例如电器。

(2)禁止误导原则:公司选定的名称,应当能够避免人们将其与其他公司或者其他单位、机构混淆,或者对其存在错误认识。根据《企业名称登记管理规定》,公司名称中禁止出现以下内容:损害国家尊严或者利益;损害社会公共利益或者妨碍社会公共秩序;使用或者变相使用政党、党政军机关、群团组织名称及其简称、特定称谓和部队番号;使用外国国家(地区)、国际组织名称及其通用简称、特定称谓;含有淫秽、色情、赌博、迷信、恐怖、暴力的内容;含有民族、种族、宗教、性别歧视的内容;违背公序良俗或者可能有其他不良影响;可能使公众受骗或者产生误解;法律、行政法规以及国家规定禁止的其他情形。

(3)字号(商号)选定自由原则:公司名称中的字号(商号)的选定,原则上由公司自愿选择,法律一般不做限制。

#### 2. 我国公司名称的选用规则

我国公司名称的选用依据《企业名称登记管理规定》及其实施办法的规定。

(1)一般名称构成

一般名称构成为四段式,即行政区划+字号+行业+公司形式。例如,深圳发展银行股份有限公司,"深圳"为行政区划,"发展"为字号,"银行"为行业,"股份有限公司"为公司形式。

(2)企业集团的名称构成

企业集团的名称构成的排列为行政区划+字号+行业+集团。例如,中国移动通信集团公司。

#### 3. 公司名称预核准制度

(1)公司名称预核准制度的概念

公司名称预核准制度,是指在公司成立前先将拟设立的公司名称提请主管机关核准的制度。为了防止拟注册的公司名称被抢注,提高公司登记效率,许多国家和地区都实行公司名称预核准制度。我国《公司登记管理条例》确认了这一制度,并将其作为一项强制性制度。法律、行政法规或者国务院决定规定设立公司必须报经批准,或者公司经营范围中属于法律、行政法规或者国务院决定规定在登记前须经批准的项目的,应当在报送批准前办理公司名称预先核准,并以公司登记机关核准的公司名称报送批准。

(2)公司名称预先核准的法定程序

第一,申请预先核准。设立有限责任公司,应当由全体股东指定的代表或者共同委托的代理人向公司登记机关申请名称预先核准;设立股份有限公司,应当由全体发起人指定的代表或者共同委托的代理人向公司登记机关申请名称预先核准。

第二,提交文件。提交文件包括有限责任公司的全体股东或者股份有限公司的全体发起人签署的公司名称预先核准申请书;股东或者发起人的法人资格证明或者自然人的身份证明;公司登记机关要求提交的其他文件。

第三,核准。公司登记机关应当自收到上列申请文件之日起十日内作出核准或者驳回的决定。公司登记机关决定核准的,应当发给企业名称预先核准通知书。

预先核准的公司名称保留期为六个月。由于此时公司并未创立,而且公司是否一定能够成立也不确定,因此,预先核准的公司名称在保留期内,不得用于从事经营活动,也不得转让。公司未能依法成立时,预先核准的名称自然失效。公司名称由主管机关核定,公司名称只有经核准登记注册后方可使用,在规定的范围内享有专用权。

### (三)公司住所

**1. 公司住所的概念**

公司住所,即公司的主要办事机构所在地。我国《公司法》规定:"公司以其主要办事机构所在地为住所"。主要办事机构所在地,是指公司开展业务活动,决定和处理公司事务的公司机构所在地。

**2. 我国法律对公司住所的规定**

(1)公司必须有住所,不允许设立无住所的公司。公司的住所应当位于其公司登记机关辖区内。在申请公司成立登记时,申请人必须向登记机关出具住所证明。

(2)公司住所必须在公司章程中载明。公司住所是公司章程的必要记载事项之一。

(3)登记的公司住所只能有一个,且须在登记机关辖区内。设有分支机构的,以总公司的所在地为住所。

(4)公司住所的确定和变更以登记为要件。不经登记的公司住所,不得对抗第三人。

**3. 公司住所的意义**

(1)公司经营需要。便于公司开展正常的生产经营活动。

(2)行政管理需要。工商管理、税务管理,都需要公司明确住所。我国《企业名称登记管理规定》第二条规定,县级以上人民政府市场监督管理部门负责中国境内设立企业的企业名称登记管理。国务院市场监督管理部门主管全国企业名称登记管理工作,负责制定企业名称登记管理的具体规范。省、自治区、直辖市人民政府市场监督管理部门负责建立本行政区域统一的企业名称申报系统和企业名称数据库,并向社会开放。

(3)法律适用需要。第一,可以据此确定诉讼管辖地。作为重要的民事主体,其经济活动可能会与其他经济组织发生各种纠纷。根据《中华人民共和国民事诉讼法》的规定,对法人或者其他组织提起的民事诉讼,由被告住所地人民法院管辖。因此,确定公司的住所地,对于解决纠纷,保障当事人的合法权益,具有重要意义。第二,可以据此确定债务履行地,如合同履行,在合同中如果当事人没有明确债务履行地,则公司住所则是确定其履行地的重要因素。第三,在涉外民事法律关系中,公司的住所往往是确认适用哪国法律的依据之一,有助于解决法律冲突。

## 第三节　股东与股权

### 一、股东

#### (一)股东的概念

**1. 有限责任公司股东**

有限责任公司股东是指在公司成立时向认缴公司资本或者在公司存续期间继受取得

股权而享有权利和义务的人。

#### 2. 股份有限公司股东
股份有限公司股东是指在公司设立时或者在公司成立后合法取得公司股份并对公司享有权利和承担义务的人。

### (二)股东的分类
根据不同的标准,股东可以分为以下几类:

#### 1. 原始股东与继受股东
根据股东资格取得的时间和方式不同,股东可以分为原始股东与继受股东。原始股东,可基于公司的设立,或者在公司增资、发行新股时,取得股东资格。

继受股东,是指在公司存续期间,依法因受让、受赠或者继承等而依法继受取得股东权利的人。例如,有限责任公司甲股东把股权转让给乙股东,或者甲股东把股权赠予乙股东。

#### 2. 法人股东、自然人股东和非法人组织股东
根据股东主体性质不同,股份可以分为法人股东、自然人股东和非法人组织股东。法人股东如公司,非法人组织股东如合伙企业、独资企业。在我国,国家也可以成为公司的股东,如国有独资公司。

### (三)股东资格的丧失
正常情况下,股东资格一直保留。但出现下列情形之一的,股东将丧失其资格:

(1)所持有的股权已经合法转让的。

(2)未依法律或者公司章程约定履行股东义务,而受到除名处置的。有限责任公司的股东未履行出资义务或者抽逃全部出资,经公司催告缴纳或者返还,其在合理期限内仍未缴纳或者返还出资,公司以股东会决议解除该股东的股东资格,该股东请求确认该解除行为无效的,人民法院不予支持。

(3)因违法受到政府处罚而被剥夺股权的,如没收财产。

(4)公司终止或者公司注销股份。公司解散或者被宣告破产后,公司经过清算程序,公司予以终止,公司人格予以消灭,股东丧失股东资格。公司注销股份,股东也丧失股东地位。

(5)法律规定的其他事由。

### (四)股东名册
股东名册,是指由公司依照法律置备的,记载股东个人信息和股权信息的法定簿册。

股东名册是表明股东资格的唯一依据。有限责任公司应当置备股东名册,记载下列事项:股东的姓名或者名称及住所;股东的出资额;出资证明书编号。记载于股东名册的股东,可以依股东名册主张行使股东权利。

有限责任公司的股东名册是有限责任公司确定股东的依据,股东名册上记载的股东,有权查阅、复制公司章程、股东会会议记录、董事会会议决议、监事会会议决议和财务会计报告。

出资证明并不是权利证明,出资证明的转让并不是股权转移,唯有有限责任公司的股东名册才是股东身份的法定文件。公司应当将股东的姓名或者名称向公司登记机关登记;登

记事项发生变更的,应当办理变更登记。未经登记或者变更登记的,不得对抗第三人。

## 二、股东的权利和义务

### (一)股东的权利

股东的权利,也称为股东权或股权,是指股东基于其出资在法律上对公司所享有的权利。公司股东依法享有资产收益、参与重大决策和选择管理者等权利。这是《公司法》对公司股东权利的概括性规定,股东权利的其他相关规定散见于《公司法》的条文中。

《公司法》对股东权利,特别是对中小股东权利作出了完善的规定,股东权利具体包括以下几点:

**1. 知情权**

知情权,是股东的基本权利,即股东获取公司信息、了解公司情况的权利。有限责任公司股东有权查阅、复制公司章程、股东会会议记录、董事会会议决议、监事会会议决议和财务会计报告;股份有限公司股东有权查阅公司章程、股东名册、公司债券存根、股东大会会议记录、董事会会议决议、监事会会议决议、财务会计报告,对公司的经营提出建议或者质询。

股东,特别是中小股东,要参与公司重大事项的决策,需要通过知情权,获悉公司的经营管理状况,以便作出相应决策。

**2. 可以要求查阅公司会计账簿**

股东要求查阅公司会计账簿的,应当向公司提出书面请求,说明目的。公司有合理根据认为股东查阅会计账簿有不正当目的,可能损害公司合法利益的,可以拒绝提供查阅,并应当自股东提出书面请求之日起十五日内书面答复股东并说明理由。公司拒绝提供查阅的,股东可以请求人民法院要求公司提供查阅。

股东查阅公司会计账簿的权利,属于有限责任公司独有,有限责任公司具有人合性,股东人数最高不超过五十人,而股份有限公司、上市公司的股东人数众多,所以法律没有规定股份有限公司的股东拥有查账权,如果允许股份有限公司股东查账,会泄露商业秘密,因此股份有限公司没有查账权,只能查阅财务报告。

**3. 投资收益权**

股东按照实缴的出资比例分取红利;公司新增资本时,股东有权优先按照实缴的出资比例认缴出资。但是,全体股东约定不按照出资比例分取红利或者不按照出资比例优先认缴出资的除外。公司弥补亏损和提取公积金后所余税后利润,股份有限公司按照股东持有的股份比例分配,但股份有限公司章程规定不按持股比例分配的除外。

**4. 强制解散公司的权利**

公司经营管理发生严重困难,继续存续会使股东利益受到重大损失,通过其他途径不能解决的,持有公司全部股东表决权百分之十以上的股东,可以请求人民法院解散公司。

**5. 代位诉权**

董事、监事、高级管理人员执行公司职务时违反法律、行政法规或者公司章程的规定,给公司造成损失的,有限责任公司的股东、股份有限公司连续一百八十日以上单独或者合计持有公司百分之一以上股份的股东,可以书面请求监事会或者不设监事会的有限责任公司的监事向人民法院提起诉讼;监事执行公司职务时违反法律、行政法规或者公司章程的规定,给公司造成损失的,前述股东可以书面请求董事会或者不设董事会的有限责任公司的执行董事向人民法院提起诉讼。监事会、不设监事会的有限责任公司的监事,或者董事会、执行董事收到前款规定的股东书面请求后拒绝提起诉讼,或者自收到请求之日起三十日内未提起诉讼,或者情况紧急、不立即提起诉讼将会使公司利益受到难以弥补的损害的,前款规定的股东有权为了公司的利益以自己的名义直接向人民法院提起诉讼。他人侵犯公司合法权益,给公司造成损失的,前述股东可以依照前两款的规定向人民法院提起诉讼。

董事、高级管理人员违反法律、行政法规或者公司章程的规定,损害股东利益的,股东可以向人民法院提起诉讼。

股东会或者股东大会、董事会的会议召集程序、表决方式违反法律、行政法规或者公司章程,或者决议内容违反公司章程的,股东可以自决议作出之日起六十日内,请求人民法院撤销。股东依照前款规定提起诉讼的,人民法院可以应公司的请求,要求股东提供相应担保。公司根据股东会或者股东大会、董事会决议已办理变更登记的,人民法院宣告该决议无效或者撤销该决议后,公司应当向公司登记机关申请撤销变更登记。

股东诉权,是为了保护股东的权利,特别是中小股东的权益,当董事、监事、高级管理人员对公司应负责任,而公司未予以追究责任时,可以由股东为公司提起诉讼。

**6. 股权买回请求权**

股权买回请求权,也称为退股权,在公司合并、分立等经营状况发生重大改变的情形下,对该决定持有异议的股东有要求公司以公平的价格回购股份,而退出公司的权利。股权买回请求权,仅适用于对公司决议投反对票的股东。

**7. 临时股东会的召集权与主持权**

临时股东会的召集权与主持权,包括决定股东会会议召开的时间、地点、向股东的通知和相关公告、负责相关议案的提交、主持决议的进行、记录会议相关情况等一系列工作。

董事会或者执行董事不能履行或者不履行召集股东会会议职责的,由监事会或者不设监事会的公司的监事召集和主持;监事会或者监事不召集和主持的,代表十分之一以上表决权的股东可以自行召集和主持。

董事会不能履行或者不履行召集股东大会会议职责的,监事会应当及时召集和主持;监事会不召集和主持的,连续九十日以上单独或者合计持有公司百分之十以上股份的股东可以自行召集和主持。

**8. 出席股东(大)会行使表决权**

股东会会议由股东按照出资比例行使表决权;但是,公司章程另有规定的除外。

股东出席股东(大)会会议,所持每一股份有一表决权。但是,公司持有的本公司股份没有表决权。股东大会作出决议,必须经出席会议的股东所持表决权过半数通过。股东大会作出修改公司章程、增加或者减少注册资本的决议,以及公司合并、分立、解散或者变更公司形式的决议,必须经出席会议的股东所持表决权的三分之二以上通过。

**9. 选举权与被选举权**

股东大会选举董事、监事,可以依照公司章程的规定或者股东大会的决议,实行累积投票制。累积投票制,是指股东大会选举董事或者监事时,每一股份拥有与应选董事或者监事人数相同的表决权,股东拥有的表决权可以集中使用。

### (二)股东的义务

权利与义务总是相对的,股东享有权利,也要承担义务。股东应承担以下主要义务:

#### 1. 遵守公司章程

公司章程对股东有约束力,股东依照公司章程的规定享有权利和承担义务。

#### 2. 出资义务

股东认购出资或股份后,就负有缴纳股款的义务。股东认购出资或股份后,不履行缴纳股款的义务给公司造成损失的,应当承担赔偿责任。

#### 3. 对公司所负债务承担有限责任

有限责任公司及股份有限公司的股东,对公司的债务仅以其出资额或认缴的股款为限承担有限责任,此外,不负其他财产责任。

#### 4. 不得抽回出资

公司成立后,股东不得抽回出资。

#### 5. 填补出资

若股东因为某种原因不能缴纳出资时,公司设立时的其他股东对该股东不能缴纳的部分负连带填补责任。

## 三、有限公司的股权转让

### (一)股权转让的概念

股权转让,是指有限责任公司的股东依照法律或者公司章程的规定,将股权转移给受让人,受让人取得股权的法律行为。

股权转让是一种股权买卖行为,股权的转让具有整体性和不可分割性,股权转让是基于双方当事人之间的合意达成。

### (二)股权转让的方式

#### 1. 内部转让

有限责任公司的股东之间可以相互转让其全部或者部分股权。对内转让不影响人合性,因不涉及第三方利益,所以有限责任公司股东之间的转让,不需要通知其他股东。

#### 2. 对外转让

股东向股东以外的人转让股权,应当经其他股东过半数同意。股东应就其股权转让事项书面通知其他股东并征求同意,其他股东自接到书面通知之日起满三十日未答复的,视为同意转让。其他股东半数以上不同意转让的,不同意的股东应当购买该转让的股权;不购买的,视为同意转让。

经股东同意转让的股权,在同等条件下,其他股东有优先购买权。两名及两名以上股东主张行使优先购买权的,协商确定各自的购买比例;协商不成的,按照转让时各自的出资比例行使优先购买权。

股东股权的对外转让，首先还是要经过其他过半数股东同意，如果不同意，按照法律规定的程序予以书面通知，最终，还是能够有方法转让股权，股东对外转让还是自由的。

### 3. 强制转让

人民法院依照法律规定的强制执行程序转让股东的股权时，应当通知公司及全体股东，其他股东在同等条件下有优先购买权。其他股东自人民法院通知之日起满二十日不行使优先购买权的，视为放弃优先购买权。

### 4. 股权继承

自然人股东死亡后，其合法继承人可以继承股东资格；但是，公司章程另有规定的除外。股权继承，仅限于自然人股东，而且，继承人也不一定要求为完全民事行为能力的人。

## 四、股份有限公司的股份发行和转让

### （一）股份的发行

#### 1. 股份的概念

股份有限公司的资本划分为股份，每一股的金额相等。股份是股份有限公司股东持有的、均分公司全部资本的基本构成单位，是股份有限公司资本构成的最小单位。

#### 2. 股份的特征

（1）不可分性。股份是公司资本构成的最小单位，具有不可分性。

（2）金额性。股份有限公司每一股的金额相等。

（3）平等性。每份股份所代表的金额相等；每份股份所代表的股权相等。股东权利义务的大小，取决于其拥有股份数额的多少。

（4）可转让性。股份表现为有价证券，具有可自由转让性。股票是代表股份的一种有价证券。

### （二）股票

股份的表现形式是股票。公司的股份采取股票的形式。股票是公司签发的证明股东所持股份的凭证。

股票采用纸面形式或者国务院证券管理部门规定的其他形式，并应当载明《公司法》要求的记载事项。股票是可以公开发行并自由转让的，即可以在社会上自由流通。股票是一种永久性证券，没有固定期限，同时股票也是一种风险证券，购买股票具有一定的风险性。

### （三）股份的转让

#### 1. 股份转让的概念

股份的转让，是指股份有限公司的股东依照一定的程序将自己的股份让与受让人，由受让人取得股份成为公司的股东。

#### 2. 股份转让的限制

（1）对股份转让场所的限制。股东转让其股份，应当在依法设立的证券交易场所进行或者按照国务院规定的其他方式进行。

(2)对发起人所持股份的转让限制。发起人持有的本公司股份,自公司成立之日起一年内不得转让。

(3)对公司董事、监事、经理所持股份的转让限制。公司董事、监事、经理应当向公司申报所持有的本公司的股份及其变动情况,在任职期间每年转让的股份不得超过其所持有本公司股份总数的百分之二十五;所持本公司股份自公司股票上市交易之日起一年内不得转让。上述人员离职后半年内,不得转让其所持有的本公司股份。公司章程可以对公司董事、监事、高级管理人员转让其所持有的本公司股份作出其他限制性规定。

(4)对公司收购自身股份的限制。公司不得收购本公司股份。但是,有下列情形之一的除外:减少公司注册资本;与持有本公司股份的其他公司合并;用于员工持股计划或者股权激励;股东因股东大会作出的公司合并、分立决议持异议,要求公司收购其股份;将股份用于转换上市公司发行的可转换为股票的公司债券;上市公司为维护公司价值及股东权益所必需。

### 3. 股份转让的方式

股份有限公司的股份转让方式因记名股票和不记名股票而不同。

(1)记名股票的转让

记名股票,由股东以背书方式或者法律、行政法规规定的其他方式转让;转让后由公司将受让人的姓名或者名称及住所记载于股东名册。

(2)不记名股票的转让

不记名股票的转让,由股东将该股票交付给受让人后即发生转让的效力。不记名股的转让,只要交付便发生法律效力,不需要背书,也无须过户。

## 第四节 公司治理结构

### 一、股东会

#### (一)股东会的概念与特征

**1. 股东会的概念**

股东会,是指依法由公司全体股东组成的公司最高权力机关,是股东在公司内部行使股东权的法定组织。在我国《公司法》中,有限责任公司称为股东会,股份有限公司称为股东大会。

**2. 股东会的特征**

(1)股东会须由全体股东组成,具有全员性。有限责任公司股东会由全体股东组成。股份有限公司股东大会由全体股东组成。

(2)股东会是公司的意思形成机构和最高权力机构。股东会有权选举和罢免董事、监事,有权修改公司章程,也有权决定公司的经营方针和投资计划等。董事会和监事会都须对股东会负责。

(3)股东会是公司依法必设的机构。股东会的设立,由《公司法》予以规定,同时《公司法》规定了例外情形,如我国国有独资公司、一人公司,可不设股东会。

### (二)股东会会议的种类

股东会会议一般分为定期会议和临时会议两类。

**1. 定期会议**

定期会议,是指依据法律和公司章程的规定在一定时间内必须召开的股东会议。定期会议主要是为了选举董事和决定公司其他重大事项。我国《公司法》规定,有限责任公司的定期会议应当按照公司章程的规定按时召开,股份有限公司股东大会应当每年召开一次年会。

**2. 临时会议**

临时会议,是指除定期会议以外,由于发生法定事由或者根据法定人员、机构的提议而召开的股东会议。

有限责任公司,代表十分之一以上表决权的股东,三分之一以上的董事,监事会或者不设监事会的公司的监事提议召开临时会议的,应当召开临时会议。

股份有限公司,发生以下情形,应当在两个月内召开临时股东大会:董事人数不足《公司法》规定人数或者公司章程所定人数的三分之二时;公司未弥补的亏损达实收股本总额三分之一时;单独或者合计持有公司百分之十以上股份的股东请求时;董事会认为必要时;监事会提议召开时;公司章程规定的其他情形。

### (三)股东会的职权

股东会作为公司最高权力机构和公司最高的决策机构,一般公司的重大事项均由股东会行使职权。

有限责任公司股东会、股份有限公司股东大会行使下列职权:决定公司的经营方针和投资计划;选举和更换非由职工代表担任的董事、监事,决定有关董事、监事的报酬事项;审议批准董事会的报告;审议批准监事会或者监事的报告;审议批准公司的年度财务预算方案、决算方案;审议批准公司的利润分配方案和弥补亏损方案;对公司增加或者减少注册资本作出决议;对发行公司债券作出决议;对公司合并、分立、解散、清算或者变更公司形式作出决议;修改公司章程;公司章程规定的其他职权。

有限责任公司股东会,对前款所列事项股东以书面形式一致表示同意的,可以不召开股东会会议,直接作出决定,并由全体股东在决定文件上签名、盖章。

### (四)股东会的召开

有限责任公司设立董事会的,股东会会议由董事会召集,董事长主持;董事长不能履行职务或者不履行职务的,由副董事长主持;副董事长不能履行职务或者不履行职务的,由半数以上董事共同推举一名董事主持。有限责任公司不设董事会的,股东会会议由执行董事召集和主持。有限责任公司召开股东会会议,应当于会议召开十五日前通知全体股东;但是,公司章程另有规定或者全体股东另有约定的除外。

股份有限公司股东大会会议由董事会召集,董事长主持;董事长不能履行职务或者不履行职务的,由副董事长主持;副董事长不能履行职务或者不履行职务的,由半数以上董事共同推举一名董事主持。董事会不能履行或者不履行召集股东大会会议职责的,监事会应当及时召集和主持;监事会不召集和主持的,连续九十日以上单独或者合计持有公司

10％以上股份的股东可以自行召集和主持。股份有限公司召开股东大会会议,应当将会议召开的时间、地点和审议的事项于会议召开前通知各股东;临时股东大会应当于会议召开前通知各股东;发行不记名股票的,应当于会议召开三十日前公告会议召开的时间、地点和审议事项。

我国《公司法》规定有限责任公司首次股东会会议由出资最多的股东召集和主持。股份有限公司的发起人应当在股款缴足后三十日内主持召开由发起人、认股人组成的公司创立大会;公司成立后股东大会会议亦由董事会负责召集。

### (五)股东会的决议

#### 1. 普通决议

有限责任公司股东会会议由股东按照出资比例行使表决权;但是,公司章程另有规定的除外。股份有限公司股东出席股东大会会议,所持每一股份有一表决权。但是,公司持有的本公司股份没有表决权。股东大会作出决议,必须经出席会议的股东所持表决权过半数通过。

股份有限公司股东会会议经合法召集,且经出席会议的代表二分之一以上表决权的股东通过即为有效的决议。

#### 2. 特别决议

有限责任公司股东会会议作出修改公司章程、增加或者减少注册资本的决议,以及公司合并、分立、解散或者变更公司形式的决议,必须经代表三分之二以上表决权的股东通过。

股份有限公司股东出席股东大会会议,股东大会作出修改公司章程、增加或者减少注册资本的决议,以及公司合并、分立、解散或者变更公司形式的决议,必须经出席会议的股东所持表决权的三分之二以上通过。

我国《公司法》规定适用特别决议的事项主要有:修改公司章程;增加或减少注册资本;公司的分立、合并或者变更公司形式;公司的解散。有限责任公司股东会是须经代表三分之二以上有表决权的股东通过,而股份有限公司必须经出席会议的股东所持表决权的三分之二以上通过。

## 二、董事会

### (一)董事会的概念和特征

#### 1. 董事会的概念

董事会,是指依法由股东会选举产生的董事组成,代表公司并行使经营决策权和业务执行权的公司常设机关。

#### 2. 董事会的特征

(1)董事会成员是由股东会选举产生的,董事会对股东会负责,执行股东会的决议。

(2)董事会是公司法定的常设机关和必设机关。股东人数较少或者规模较小的有限责任公司可以不设董事会,由一名执行董事行使董事会的职权。

(3)董事会是公司的对外代表机关。董事会的活动具有对外效力,公司的法定代表人可以是董事长、执行董事或者经理。

(4)董事会是公司的经营决策机关。董事会有独立业务执行权和日常经营决策权,在法律和章程规定的范围内对公司的经营管理行使决策权,任命经理执行公司的日常经营事务。

(5)董事会的组成

有限责任公司设董事会,其成员为三人至十三人,股东人数较少或者规模较小的有限责任公司,可以设一名执行董事,不设董事会。执行董事可以兼任公司经理。执行董事的职权由公司章程规定。股份有限公司设董事会,其成员为五人至十九人。董事会成员中可以有公司职工代表。董事会中的职工代表由公司职工通过职工代表大会、职工大会或者其他形式民主选举产生。

### (二)董事会的任期

董事会的任期由公司章程规定,但每届任期不得超过三年。董事会任期届满,连选可以连任。董事会的任期届满未及时改选,或者董事在任期内辞职导致董事会成员低于法定人数的,在改选出的董事就任前,原董事仍应当依照法律、行政法规和公司章程的规定,履行董事职务。

### (三)董事会的职权

董事会对股东会负责,有限责任公司与股份有限公司董事会职权相同,董事会行使以下职权:(1)召集股东会会议,并向股东会报告工作;(2)执行股东会的决议;(3)决定公司的经营计划和投资方案;(4)制订公司的年度财务预算方案、决算方案;(5)制订公司的利润分配方案和弥补亏损方案;(6)制订公司增加或者减少注册资本以及发行公司债券的方案;(7)制订公司合并、分立、解散或者变更公司形式的方案;(8)决定公司内部管理机构的设置;(9)决定聘任或者解聘公司经理及其报酬事项,并根据经理的提名决定聘任或者解聘公司副经理、财务负责人及其报酬事项;(10)制定公司的基本管理制度;(11)公司章程规定的其他职权。

### (四)董事会会议

董事会会议分为定期会议和临时会议,我国《公司法》没有对有限责任公司定期会议的召开次数和临时董事会的召开条件予以规定,而是由公司章程予以规定,这也体现了有限责任公司更具有人合性,以及法律对于公司内部经营留有更大的空间。

股份有限公司董事会每年度至少召开两次会议,每次会议应当于会议召开十日前通知全体董事和监事。代表十分之一以上表决权的股东、三分之一以上董事或者监事会,可以提议召开董事会临时会议。董事长应当自接到提议后十日内,召集和主持董事会会议。董事会召开临时会议,可以另定召集董事会的通知方式和通知时限。

### (五)经理

**1. 经理的概念**

经理,是由董事会聘任的、负责组织日常经营管理活动的公司常设业务执行机关。经理可担任公司的法定代表人。我国《公司法》规定,经理由董事会聘任或者解聘。经理列席董事会会议。

**2. 经理的职权**

有限责任公司、股份有限公司的经理职权相同,经理对董事会负责,行使下列职权:(1)主持公司的生产经营管理工作,组织实施董事会决议;(2)组织实施公司年度经营计划和投资方案;(3)拟订公司内部管理机构设置方案;(4)拟订公司的基本管理制度;(5)制定公司的具体规章;(6)提请聘任或者解聘公司副经理、财务负责人;(7)决定聘任或者解聘除应由董事会决定聘任或者解聘以外的负责管理人员;(8)董事会授予的其他职权。公司章程对经理职权另有规定的,从其规定。

### 三、监事会

**(一)监事会的概念**

监事会,是依法产生,对公司的经营管理行为进行监督的常设机构。监事会是股东会授权对董事会和高级管理人员的行为予以监督,保护全体股东的权益,保障股东会决议的执行机构。

**(二)监事会的组成**

我国《公司法》规定监事会由股东代表和适当比例的公司职工代表组成,具体比例由公司章程规定。监事会中的职工代表由公司职工民主选举产生。监事会设主席一人,由全体监事过半数选举产生。董事、高级管理人员不得兼任监事。

有限责任公司,经营规模较大的,设立监事会,其成员不得少于三人;股东人数较少和规模较小的,可以设一至两名监事。股份有限公司设监事会,其成员不得少于三人。

**(三)监事会的职权**

监事会或者监事行使下列职权:(1)检查公司财务;(2)对董事、高级管理人员执行公司职务的行为进行监督,对违反法律、法规、公司章程或者股东会决议的董事、高级管理人员提出罢免的建议;(3)当董事和高级管理人员的行为损害公司的利益时,要求董事和高级管理人员予以纠正;(4)提议召开临时股东会会议,在董事会不履行本法规定的召集和主持股东会会议职责时召集和主持股东会会议;(5)向股东会会议提出提案;(6)对董事、高级管理人员提起诉讼;(7)公司章程规定的其他职权。

监事有权列席董事会会议,并对董事会决议事项提出质询或者建议,监事会、不设监事会的公司的监事发现公司经营情况异常,可以进行调查。必要时,可以聘请会计师事务所等协助其工作,费用由公司承担。关于有限责任公司监事会职权的规定,适用于股份有限公司监事会。监事会行使职权所必需的费用,由公司承担。

### 四、公司董事、监事、高级管理人员

**(一)高级管理人员的概念**

高级管理人员,是指公司的经理、副经理、财务负责人,上市公司董事会秘书和公司章

程规定的其他人员。

### (二)公司董事、监事、高级管理人员的任职资格

根据《公司法》规定,有下列情形之一的,不得担任公司的董事、监事、高级管理人员:(1)无民事行为能力或者限制民事行为能力;(2)因贪污、贿赂、侵占财产、挪用财产或者破坏社会主义市场经济秩序,被判处刑罚,执行期满未逾五年,或者因犯罪被剥夺政治权利,执行期满未逾五年;(3)担任破产清算的公司、企业的董事或者厂长、经理,对该公司、企业的破产负有个人责任的,自该公司、企业破产清算完结之日起未逾三年;(4)担任因违法被吊销营业执照、责令关闭的公司、企业的法定代表人,并负有个人责任的,自该公司、企业被吊销营业执照之日起未逾三年;(5)个人所负数额较大的债务到期未清偿。

公司违反上述规定选举、委派董事、监事或者聘任高级管理人员的,该选举、委派或者聘任无效。董事、监事、高级管理人员在任职期间成为无民事行为能力或者限制民事行为能力的人,公司应当解除其职务。我国《公司法》对于公司董事、监事、高级管理人员的条件没有作出明确的规定,而是作出了限制性的规定,即消极资格。

### (三)公司董事、监事、高级管理人员的义务

董事、监事、高级管理人员应当遵守法律、行政法规和公司章程,对公司负有忠实义务和勤勉义务。董事、监事、高级管理人员不得利用职权收受贿赂或者其他非法收入,不得侵占公司的财产。

#### 1. 忠实义务

忠实义务,是指公司董事在处理公司事务时,必须全心为公司利益行事,不得图谋个人私利,在董事的个人利益与其任职的公司利益发生冲突时,公司利益高于董事个人利益。

董事、高级管理人员不得有下列行为:(1)挪用公司资金;(2)将公司资金以其个人名义或者以其他个人名义开立账户存储;(3)违反公司章程的规定,未经股东会、股东大会或者董事会同意,将公司资金借贷给他人或者以公司财产为他人提供担保;(4)违反公司章程的规定或者未经股东会、股东大会同意,与本公司订立合同或者进行交易;(5)未经股东会或者股东大会同意,利用职务便利为自己或者他人谋取属于公司的商业机会,自营或者为他人经营与所任职公司同类的业务;(6)接受他人与公司交易的佣金归为己有;(7)擅自披露公司秘密;(8)违反对公司忠实义务的其他行为。

#### 2. 勤勉义务

董事的勤勉义务,也可以称为董事的注意义务,董事注意义务是从英美法系普通法判决中引申出来的法律原则。董事的勤勉义务是指董事在管理公司事务过程中必须持有普通人处理个人事务时所应具有的善意和谨慎。

董事勤勉义务具体如下:董事必须定期参加董事会会议;董事应该在法律、公司章程允许的公司目的范围之内和其应有的权限内行事;董事应当熟悉公司的业务;董事应该保证有足够的时间和精力履行其应尽的职责;董事应积极参加有关培训,以了解作为董事的权利、义务和责任,熟悉有关法律法规,掌握作为董事应具备的相关知识;董事应具备合理的专业结构,应具备履行职务所必需的知识、技能和素质等。

## 第五节　特殊公司形式

### 一、一人有限责任公司

#### (一)一人有限责任公司的概念

一人有限责任公司,也称一人公司,是指只有一个自然人股东或者一个法人股东的有限责任公司。

#### (二)我国《公司法》对一人公司的承认

我国1993年的《公司法》并没有承认一人公司,而是2005年《公司法》修订,将一人公司写入了法律,确认了一人有限责任公司。

一人公司并非我国独创,历史上,许多国家的立法早已承认一人公司,我国《公司法》对一人公司予以系统的完整的规定,也是一大特色。

一人公司存在的前提是公司人格的所有权与控制权分离,公司的人格基础并不是以社团性为前提的。我国一人公司的确立,也是顺应世界承认一人公司的立法潮流,承认一人公司利大于弊。承认一人公司,有利于降低投资者的经营风险,鼓励投资创业,便于公司设立。

#### (三)我国《公司法》对一人公司的特别规定

根据我国《公司法》的规定,对一人公司有些特别规制措施:

**1. 投资人的限制**

一个自然人只能投资设立一个一人有限责任公司。该一人有限责任公司不能投资设立新的一人有限责任公司。但是此限制不适用于法人投资设立的一人公司。

**2. 公示**

一人有限责任公司应当在公司登记中注明自然人独资或者法人独资,并在公司营业执照中载明。

**3. 财务监督**

一人有限责任公司应当在每一会计年度终了时编制财务会计报告,并经会计师事务所审计。

一人有限责任公司,为了保障公司财产的独立性,具有年度的财务强制审计义务。

**4. 组织机构**

一人有限责任公司不设股东会。股东应采用书面形式作决定,并由其签名后置备于公司。

《公司法》对一人公司规定了更简易的管理方式,鉴于一人公司仅一个股东,一人有限责任公司章程由股东制定。

**5. 公司法人人格否认**

一人有限责任公司的股东不能证明公司财产独立于股东自己的财产的,应对公司债务承担连带责任。

公司人格独立是公司法的基本原则,否认公司独立人格只是例外情形。《公司法》规定,公司股东滥用公司法人独立地位和股东有限责任,逃避债务,严重损害公司债权人利益的,应当对公司债务承担连带责任。

公司法人人格否认,也被称为"揭开公司面纱"制度,是2005年修订《公司法》新增的一项重要制度。

## 二、国有独资公司

### (一)国有独资公司的概念

国有独资公司,是指国家单独出资、由国务院或者地方人民政府授权本级人民政府国有资产监督管理机构履行出资人职责的有限责任公司。

### (二)国有独资公司的设立方式

国有独资公司设立的主体有明确的要求,不能由普通的公民或者法人设立,而是由国家单独出资、由国务院或者地方人民政府授权本级人民政府国有资产监督管理机构履行出资人职责。

国有独资公司的设立有两种方式:

(1)新建设立:国有资产监督管理机构单独出资设立国有独资的有限公司。

(2)改建设立:原有国有企业,符合《公司法》设立有限公司条件,并为单一投资主体的,可以依照《公司法》的设立条件和程序改建为国有独资公司。

### (三)国有独资公司的特征

**1. 国有独资公司是特殊的一人公司**

首先,国有独资公司是一人公司。国有独资公司的投资主体只有一个。

其次,国有独资公司是特殊的一人公司,其特殊性在于其股东的特定性,股东只能是国家,并且由国有资产监督管理机构履行出资人或者股东的职责。

**2. 国有独资公司是特殊的有限责任公司**

首先,国有独资公司是有限责任公司。国有独资公司,承担的是有限责任,股东以出资额为限对公司承担责任,公司以全部财产为限对公司债务承担责任。

其次,国有独资公司是特殊的有限公司。国有独资公司是有限公司,但股东人数、股东的身份、公司的组织制度、股权的行使等方面,与一般的有限公司有区别。国有独资公司,股东只有一个,为国家,股东的身份具有特殊性,并不设股东会。

**3. 国有独资公司是不同于一般国有企业的公司企业**

国有独资公司依据《公司法》设立,受《公司法》调整,由国有资产监督管理机构履行出资人职责,设立董事会。而一般国有企业,则是依照全民所有制工业企业法设立,企业享有的则是经营管理权,实行厂长负责制。

### (四)国有独资公司的章程

国有独资公司的章程由国有资产监督管理机构制定,或者由董事会制定报国有资产监督管理机构批准。

### (五)国有独资公司的组织机构

**1. 股东会**

国有独资公司,不设股东会,由国有资产监督管理机构行使股东会职权。

国有资产监督管理机构以授权公司董事会行使股东会的部分职权,决定公司的重大事项。

股东对特殊职权的保留必须由国有资产监督管理机构决定:

(1)公司的合并、分立、解散。

(2)增加或者减少注册资本。

(3)发行公司债券。

其中,重要的国有独资公司合并、分立、解散、申请破产的,应当由国有资产监督管理机构审核后,报本级人民政府批准。重要的国有独资公司,按照国务院的规定确定。

**2. 董事会**

(1)董事的产生

董事会成员中应当有公司职工代表。董事会成员由国有资产监督管理机构委派;董事会成员中的职工代表由公司职工代表大会选举产生。

国有独资公司董事会由三至十三名董事组成,每届任期三年。董事会设董事长一人,可以设副董事长,都由国有资产监督管理机构从董事会成员中指定。

(2)国有独资公司设经理

国有独资公司经理由董事会聘任或者解聘。经国有资产监督管理机构同意,董事会成员可以兼任经理。

(3)兼职禁止义务

国有独资公司的董事长、副董事长、董事、高级管理人员,未经国有资产监督管理机构同意,不得在其他公司或者其他经济组织兼职。

**3. 监事会**

国有独资公司监事会成员不得少于五人,其中职工代表的比例不得低于三分之一,具体比例由公司章程规定。

监事会成员由国有资产监督管理机构委派;监事会成员中的职工代表由公司职工代表大会选举产生。监事会主席由国有资产监督管理机构从监事会成员中指定。

## 三、上市公司

### (一)上市公司的概念

上市公司,是指其股票经国务院或者国务院授权证券管理部门批准在证券交易所上市交易的股份有限公司。

公司上市,可以增强公司融资功能,提高股东的投资收益,提高公司的商誉,提高公司高管的管理水平,规范公司行为等。上市公司作为各国证券市场的主导力,有着广泛的影响力。

## (二)上市公司的特征

### 1. 上市公司是股份有限公司的一种

股份有限公司根据是否获准上市,分为两类,上市公司与非上市公司。上市公司是股份有限公司的其中一种,本质上仍然是股份有限公司,但因其股票上市而具备了更强的公开性。

### 2. 上市公司的股票上市必须符合法定条件并由证券交易所依法审核通过

《中华人民共和国证券法》对证券上市的条件和程序作出了具体的规定,股票需经国务院或者国务院授权证券管理部门批准在证券交易所上市交易,才能成为上市公司。

### 3. 上市公司的股票在证券交易所上市交易

与一般的非上市的股份有限公司不同,上市公司的股票在特定场所即证券交易所上市交易。在证券交易所进行的交易也称为挂牌交易。

## (三)独立董事

### 1. 独立董事的概念

上市公司独立董事是指不在公司担任除董事外的其他职务,并与其所受聘的上市公司及其主要股东不存在可能妨碍其进行独立客观判断的关系的董事。

### 2. 独立董事的任职条件

(1)根据法律、行政法规及其他有关规定,具备担任上市公司董事的资格;
(2)具有独立性;
(3)具备上市公司运作的基本知识,熟悉相关法律、行政法规、规章及规则;
(4)具有五年以上法律、经济或者其他履行独立董事职责所必需的工作经验;
(5)公司章程规定的其他条件。

### 3. 独立董事任职资格的限制

(1)在上市公司或者其附属企业任职的人员及其直系亲属、主要社会关系(直系亲属是指配偶、父母、子女等;主要社会关系是指兄弟姐妹、岳父母、儿媳女婿、兄弟姐妹的配偶、配偶的兄弟姐妹等);
(2)直接或间接持有上市公司已发行股份1%以上或者是上市公司前十名股东中的自然人股东及其直系亲属;
(3)在直接或间接持有上市公司已发行股份5%以上的股东单位或者在上市公司前五名股东单位任职的人员及其直系亲属;
(4)最近一年内曾经具有前三项所列举情形的人员;
(5)为上市公司或者其附属企业提供财务、法律、咨询等服务的人员;
(6)公司章程规定的其他人员;
(7)中国证监会认定的其他人员。

## (四)董事会秘书

上市公司设董事会秘书,负责公司股东大会和董事会会议的筹备、文件保管以及公司股东资料的管理,办理信息披露事务等事宜。

上市公司董事会秘书,是公司高级管理人员,任职条件需要符合公司董事、监事、高级管理人员的任职资格。

## 第六节　公司财务与会计制度

公司应当依照法律、行政法规和国务院财政部门的规定建立本公司的财务、会计制度。

公司财务与会计制度的建立,有利于保护股东、债权人、职工的权益,也有利于保护社会公众的利益,提高企业的经营管理水平,有利于政府实施监督。

《公司法》规定的公司财务、会计制度主要包括,财务、会计管理,财务、会计报告,公积金制度,利润分配制度,内部审计制度,会计账簿,聘用、解聘会计师事务所等。

除《公司法》以外,《会计法》《会计注册法》《证券法》《企业财务会计报告条例》和《企业会计制度》等,均对公司的财务、会计制度作出了相应的规定。

### 一、公司的财务会计报告

#### (一)公司财务会计报告的概念

公司财务会计报告,是指公司对外提供的全面反映公司财务状况、会计信息和经营成果的一系列法律文件。

公司应当在每一会计年度终了时编制财务会计报告,并依法经会计师事务所审计。财务会计报告应当依照法律、行政法规和国务院财政部门的规定制作。

#### (二)公司财务会计报告的内容

**1. 资产负债表**

资产负债表是反映公司在某一特定日期的财务状况的报表,包括全部资产、负债和所有者权益收益情况。资产负债表,反映的是静态的财务状况,便于预测公司未来的财务状况。

**2. 损益表**

损益表是反映公司一定时期的经营成果及其分配的报表,包括主营业务收入、主营业务利润、营业利润、利润总额、净利润。与资产负债表不同,损益表提供的是一定时期内动态的公司盈亏状况。

**3. 财务状况变动表**

财务状况变动表是综合反映公司一定时期内营运资金来源、运用和变动的报表。财务状况变动表,能够反映公司在会计期间内动态的财务状况,说明资金变化的原因和结果,是连接资产负债表和损益表的桥梁。

**4. 财务情况说明书**

财务情况说明书是对财务会计报表反映的一定时期的公司财务状况作出进一步说明、分析、总结和补充的书面情况说明。

**5. 利润分配表**

利润分配表是损益表的附属明细表。

有限责任公司应当依照公司章程规定的期限将财务会计报告送交各股东。股份有限公司的财务会计报告应当在召开股东大会年会的二十日前置备于本公司,供股东查阅;公开发行股票的股份有限公司必须公告其财务会计报告。

## 二、公司的收益分配制度

### (一)公司收益分配顺序

依照我国《公司法》的相关规定,公司当年税后利润分配的顺序为:弥补亏损、提取法定公积金、提取任意公积金和支付股利。

股东会、股东大会或者董事会违反规定,在公司弥补亏损和提取法定公积金之前向股东分配利润的,股东必须将违反规定分配的利润退还公司。公司持有的本公司股份不得分配利润。

公司的税后利润的分配,需要从全局出发,兼顾各方的利益主体。

### (二)股利分配的标准

在股利分配上,一般采用的"无盈不分"的原则。在具体股利分配上,有限责任公司与股份有限公司,有一些差异。

**1. 有限责任公司股东股利分配**

《公司法》规定,公司弥补亏损和提取公积金后所余税后利润,股东按照实缴的出资比例分取红利;公司新增资本时,股东有权优先按照实缴的出资比例认缴出资。但是,全体股东约定不按照出资比例分取红利或者不按照出资比例优先认缴出资的除外。

可见,有限责任公司股东,可以按照实缴的出资比例分配红利,也可以全体股东根据约定,不按照出资比例分取红利,而按照约定分配红利。该全体股东的约定,具有法律效力。

**2. 股份有限公司股东股利分配**

股份有限公司按照股东持有的股份比例分配,但股份有限公司章程规定不按持股比例分配的除外。

原则上,有限责任公司股东是按照实缴出资比例分配红利,而股份有限公司的股东是按照持有的股份比例分配红利。

公司法也确定了股份有限公司股东可以约定股利分配。但需注意,该约定不能违反公司法对于股利分配的强制性规定,例如,不得在未弥补亏损之前分配股利。

## 三、公积金制度

### (一)公积金的概念

公积金,是指公司为了弥补亏损,增加公司资本,扩大生产经营和预防意外亏损,依照法律和公司章程的规定,以及股东会决议,从公司税后利润中提取的累积资金。

公司经营,需要有公积金作为储备基金,用于弥补公司的亏损、扩大公司生产经营或者转为增加公司资本。公积金,对于公司,有着重大的意义。

《公司法》规定,资本公积金不得用于弥补公司的亏损。法定公积金转为资本时,所留存的该项公积金不得少于转增前公司注册资本的百分之二十五。

### (二)公积金的种类

**1. 法定公积金**

法定公积金,是指《公司法》规定必须从税后利润中提取的公积金。公司分配当年税后利润时,应当提取利润的百分之十列入公司法定公积金。公司法定公积金累计额为公司注册资本的百分之五十以上的,可以不再提取。公司不能以其公司章程或者股东会决议取消法定公积金,也不得减少法定公积金的提取比例。

当公司的法定公积金不足以弥补以前年度亏损时,在依照规定提取法定公积金之前,应当先用当年利润弥补亏损。

**2. 任意公积金**

任意公积金,是指公司从税后利润中提取法定公积金后,依照公司章程或者股东会决议,还可以从税后利润中提取的公积金。

任意公积金与法定公积金一样来源于税后利润,但是《公司法》没有对任意公积金的比例作出具体的要求。《公司法》规定,公司从税后利润中提取法定公积金后,经股东会或者股东大会决议,还可以从税后利润中提取任意公积金。

**3. 资本公积金**

资本公积金,是指依照法律的规定,将特定的公司资本或者项目等非营业活动产生的收益,纳入资本公积金账户的公积金。

《公司法》规定,股份有限公司以超过股票票面金额的发行价格发行股份所得的溢价款以及国务院财政部门规定列入资本公积金的其他收入,应当列为公司资本公积金。

资本公积金的主要来源有:公司以超过股票票面金额的发行价格发行股份所得的溢价款;处置公司资产所得的收入;接受赠与财产等。

资本公积金的主要用途,不包括弥补公司亏损,主要用途为,扩大公司生产经营和转赠公司资本。

### 四、会计师事务所的聘用制度

公司聘用、解聘承办公司审计业务的会计师事务所,依照公司章程的规定,由股东会、股东大会或者董事会决定。公司股东会、股东大会或者董事会就解聘会计师事务所进行表决时,应当允许会计师事务所陈述意见。

为确保财务会计报告的真实性,《公司法》对公司提供的原始会计凭证有了进一步规定,需真实提供会计资料。

公司应当向聘用的会计师事务所提供真实、完整的会计凭证、会计账簿、财务会计报告及其他会计资料,不得拒绝、隐匿、谎报。

## 第七节　公司债券制度

### 一、公司债与公司债券

#### （一）公司债

公司债，是指公司为筹集资金，依照法定程序向社会公众公开发行债券，从而形成的一种金钱债务。

#### （二）公司债券

公司债券，是指公司依照法定程序发行的、约定在一定期限还本付息的有价证券。有价证券，就是记载和反映一定财产权利的证券。

公司债券是公司债的表现形式，而公司债是公司债券的实质内容。

### 二、公司债券与公司股票

#### （一）公司债券与公司股票的联系

**1. 筹措资金的重要方式**

就公司而言，公司债券与公司股票都是筹措资金的重要方式。公司通过发行股票和债券，可以获得所需要的资金。

**2. 投资工具**

就投资者而言，公司债券与公司股票都是投资工具。投资者通过购买公司债券和股票，可以获得实现经济利益的机会。

#### （二）公司债券与公司股票的区别

**1. 公司债券与公司股票的性质不同**

公司债券表示的是一种债权。公司债券持有人作为公司债的债权人享有的是债权，无权参与公司经营管理。公司股票代表的是股权，公司股票持有人作为股份有限公司的股东，可以出席股东会，通过这种形式参与公司经营管理。

**2. 公司债券与公司股票所表彰的受益权不同**

（1）利益分配不同，公司债券所表彰的是债券持有人即债权人对公司的还本付息的请求权，所受领的是利息和债券到期所归还的本金。公司股票所表彰的是利润分配权，所受领的是股息。

（2）两者对公司经营的依赖程度不同。

公司债券持有人几乎对公司经营没有依赖。当债券到期时，不论是营利还是亏损，公司都应将本金和利息还给债券所有人。公司债券的利息一般都是固定的。

公司股票的持有人与股份有限公司经营好坏有直接的联系。公司经营好，有利润，才能请求公司支付股息。如果公司经营不善或者破产，不仅损失股息，还有股本。股息是不固定的。

### 3. 风险程度不同

公司债券持有人购买债券是一种出借行为,清偿期限届满时,公司必须还本付息。即使公司解散或者破产,公司债券持有人也有权要求公司清偿。公司股票持有人认购股票是一种出资行为,不能退股,也无权要求股份有限公司返还出资。当公司破产或者解散时,债权是优于股权的。

## 三、公司债券种类

### (一)记名公司债券和不记名公司债券

记名公司债券,是指债券票面记载持券人姓名或者名称的公司债券。

不记名公司债券,是指债券票面不记载持券人姓名或者名称的公司债券。

不记名公司债券的转让,以交付为准。而记名公司债券除了交付以外,还必须将受让人的有关事项记载于公司债券存根簿上,其转让才会发生法律效力。记名公司债券灭失可以通过公示催告程序向法院申请宣告债券无效,再由公司补发债券。不记名公司债券则没有这种保护。

### (二)担保公司债券和无担保公司债券

担保公司债券,是指公司在发行债券时以特定财产或第三人作出担保的公司债券。

无担保公司债券,是指既无特定财产作抵押,也无第三人作保证,仅以公司的信用为基础所发行的公司债券。

### (三)可转换公司债券和不可转换公司债券

可转换公司债券,是指公司债的债权人在一定条件之下,可将其持有的公司债券转换成公司股票的公司债券。

不可转换公司债券,是指债券发行人未给予债券持有人选择权,不能转换为公司股票的公司债券。

# 第八节 公司合并、分立与组织变更

## 一、公司合并

### (一)公司合并的概念和形式

#### 1. 公司合并的概念

公司合并,是指两个或两个以上的公司,通过协商一致订立合并合同,依照法定条件和程序,无须经过清算程序,归并为一个公司的法律行为。

公司合并的当事人是公司本身,而非公司股东,是基于公司之间的合并协议进行的。合并公司后,被合并的公司予以解散,其法人资格消灭;其财产和债权债务为合并公司总括承受;被合并公司的股东成为合并公司的股东。

**2. 公司合并的形式**

(1)吸收合并

吸收合并,是指公司接纳其他公司加入本公司,接纳方继续存在,加入方解散。

(2)新设合并

新设合并,是指两个或两个以上公司合并设立一个新的公司,合并各方解散。原合并各方解散,主体资格均归于消灭,同时创设一个新的公司。

### (二)公司合并的程序

(1)董事会或执行董事拟订公司合并方案。

(2)股东会对合并方案的通过。其中异议股东具有股份回购请求权。

(3)签订公司合并协议。参加合并的各方在平等协商的基础上,就合并的有关事项达成合并协议。公司合并协议应包括下列主要内容:①合并协议各方的名称、住所、法定代表人;②合并后公司的名称、住所、法定代表人;③合并后公司的投资总额和注册资本;④合并形式;⑤合并协议各方债权、债务的继承方案;⑥职工安置办法;⑦违约责任;⑧解决争议的方式;⑨签约日期、地点;⑩合并协议各方认为需要规定的其他事项。

(4)编制资产负债表及财产清单,以供债权人查询。

(5)通知债权人及发布公告。公司应当自作出合并决议之日起十日内通知债权人,并于三十日内在报纸上公告。债权人自接到通知书之日起三十日内,未接到通知书的自公告之日起四十五日内,可以要求公司清偿债务或者提供相应的担保。

(6)实施合并行为,进行资本的合并以及财产的转移。如果合并后的公司是股份有限公司,参加合并的有限责任公司就要将资本分解为股份。

(7)办理公司变更或设立登记。

①因合并而存续的公司,须进行变更登记。

②因合并而消灭的公司,须进行注销登记。

③因合并而设立的公司,须进行设立登记。

## 二、公司分立

### (一)公司分立的概念和形式

**1. 公司分立的概念**

公司分立,是指一个公司通过签订协议,依据有关法律、法规规定分为两个或两个以上公司的法律行为。

**2. 公司分立的形式**

(1)派生分立,也称存续分立,是指一个公司将一部分财产或营业依法分出,成立两个或两个以上公司的行为。原公司继续存在,应依法办理变更登记,派生的公司则应办理设立登记。

(2)新设分立,也称解散分立,是指一个公司将其全部资产分解为两个或两个以上公司的行为。原公司法人资格消灭,新设立公司符合《公司法》规定的设立条件,并办理设立登记。

### (二)公司分立的程序

(1)董事会或者执行董事拟订公司分立方案。
(2)股东会通过公司分立方案。
(3)签订公司分立协议。公司分立协议应包括下列主要内容:①分立协议各方拟定的名称、住所、法定代表人;②分立后公司的投资总额和注册资本;③分立形式;④分立协议各方对拟分立公司财产的分割方案;⑤分立协议各方对拟分立公司债权、债务的继承方案;⑥职工安置办法;⑦违约责任;⑧解决争议的方式;⑨签约日期、地点;⑩分立协议各方认为需要规定的其他事项。
(4)编制资产负债表和财产清单。
(5)履行债权人保护程序,即通知或公告债权人。公司应当自作出分立决议之日起十日内通知债权人,并于三十日内在报纸上公告。
(6)实施分立行为,进行资本的分离和资产的转移。
(7)办理公司变更或设立登记。

### (三)公司分立的效力

**1. 公司的新设、消灭和变更**

派生分立中,原公司存续,但因资本、股东等发生变化而发生变更,需要进行变更登记。新设分立中,原公司予以解散,人格消灭,新设的公司需要办理设立登记。

**2. 财产和营业的分割**

公司分立,新设立的公司需要资金运转,所以原公司需要把财产和营业进行分割。

**3. 债权、债务的承受**

公司分立前的债务由分立后的公司承担连带责任。但是,公司在分立前与债权人就债务清偿达成书面协议另有约定的除外。当然,债权人认可协议的,效力及于债权人。事实上分立不影响债权人。

## 三、公司组织变更

### (一)公司组织变更的概念

公司组织变更,又称公司的形式变更,是指公司以保持公司法人资格为前提,依法定程序将公司由一种法定形式转变为另一种法定形式的行为。

我国《公司法》规定,股份有限公司与有限责任公司之间可以相互变更。有限责任公司变更为股份有限公司,应当符合《公司法》规定的股份有限公司的条件。股份有限公司变更为有限责任公司,应当符合《公司法》规定的有限责任公司的条件。有限责任公司变更为股份有限公司的,或者股份有限公司变更为有限责任公司的,公司变更前的债权、债务由变更后的公司继承。

### (二)公司组织变更的程序

**1. 有限责任公司变更为股份有限公司的程序**

(1)有限责任公司股东会会议作出同意变更公司组织形式的决议。股东会会议作出公司合并、分立、解散或者变更公司形式的决议,必须经代表三分之二以上表决权的股东通过。

(2)有限责任公司的股东签订《股东协议书》,约定有关设立股份有限公司的事项及股东的权利义务等。

(3)股份有限公司名称预先核准,申请股份有限公司新名称。

(4)聘请中介机构,包括审计、律师等。

(5)筹备并召开股份有限公司第一次股东大会。

(6)办理工商注册登记手续。

**2. 股份有限公司变更为有限责任公司的程序**

股份有限公司变更为有限责任公司,也是在股份有限公司股东大会作出同意变更公司组织形式的决议后,按照有限责任公司的一般设立程序进行设立登记。

### (三)《公司法》关于公司组织变更的具体要求

有限责任公司变更为股份有限公司时,折合的实收股本总额不得高于公司净资产额。有限责任公司变更为股份有限公司,为增加资本公开发行股份时,应当依法办理。

## 第九节 公司解散与公司清算

### 一、公司解散

#### (一)公司解散的概念

公司解散,是指已成立的公司,因发生法律或者公司章程规定的解散事由而停止营业活动,开始处理未了结事务,并逐步终止其法人资格的法律行为。

当公司出现解散事由时,公司法人资格仍然存在。公司解散既是一种行为,也是一种程序。

#### (二)公司解散的事由

**1. 自愿解散事由**

自愿解散,又称为任意解散,即公司基于自己的意思而解散,公司解散取决于公司股东的意志。

(1)公司章程规定的公司存续期间届满或者章程规定的其他解散事由出现,或者公司的目的宗旨已经实现或者根本无法实现。

(2)股东会或者股东大会决议解散。一般为特别决议,有限责任公司须经持有三分之二以上表决权的股东通过,股份有限公司须经出席股东大会会议的股东所持表决权的三分之二以上通过。

(3)公司合并、分立而解散。当公司吸收合并时,被吸收方解散,当公司新设合并时,合并各方均解散;当公司新设分立中,原公司予以解散。

**2. 强制解散事由**

(1)命令解散。公司成立以后,在进行生产经营活动的过程中,如果违反了国家法律、法规,可依法被吊销营业执照、责令关闭或者被撤销。虚报注册资本、提交虚假材料或者采取其他欺诈手段隐瞒重要事实取得公司登记的,由公司登记机关责令改正,对虚报注册资本的公司,处以虚报注册资本金额百分之五以上百分之十五以下的罚款;对提交虚假材料或者采取其他欺诈手段隐瞒重要事实的公司,处以五万元以上五十万元以下的罚款;情节严重的,撤销公司登记或者吊销营业执照。

(2)判决解散。公司经营管理发生严重困难,继续存续会使股东利益受到重大损害,通过其他途径不能解决的,持有公司全部股东表决权百分之十以上的股东,可以请求人民法院解散公司。

(3)宣告破产。

### (三)公司解散的法律后果

(1)进入清算程序,成立清算组织。解散将导致清算,除了公司合并和分立。

(2)限制权利能力,停止营业活动。清算期间,公司存续,但不得开展与清算无关的经营活动。公司财产在未依照前款规定清偿前,不得分配给股东。

## 二、公司清算

### (一)公司清算的概念

公司清算,是指公司解散后,依照法定程序清理公司债权债务,处理公司剩余财产,待了结公司各种法律关系后,向公司登记机关申请注销登记,使公司法人资格消灭的行为。

公司解散并不意味着公司法人资格立即消灭。公司在清算期间,法人的地位仍然存在,公司存续,但行为能力受到限制,只能从事与清算有关的业务,不能开展与清算无关的经营活动。

### (二)公司清算的分类

**1. 普通清算和特别清算**

(1)普通清算

普通清算是指由公司自行组织清算机构依法进行的清算。普通清算一般适用于自愿解散且公司资产能够抵偿其债务的情况。

(2)特别清算

特别清算是指公司解散时不能自行组织清算,或者在普通清算过程中发生显著困难,由政府有关部门或者法院介入进行的清算。特别清算一般适用于强制解散的情况。

**2. 任意清算和法定清算**

(1)任意清算

任意清算是指按照公司章程的规定或者由全体股东确定的清算方法进行的清算。

(2)法定清算

法定清算是指按照法律规定的清算程序进行的清算。

**3. 破产清算和非破产清算**

(1)破产清算

破产清算是指公司被依法宣告破产后,依照破产程序进行的清算。

(2)非破产清算

非破产清算是指公司因破产以外的原因终止时依法进行的清算。

### (三)公司清算的程序

#### 1.成立清算组

清算组,是指在公司清算期间负责清算事务执行的法定机构。

(1)清算组的成立

公司应当在解散事由出现之日起十五日内成立解散组,开始清算。

(2)清算组成员的组成

有限责任公司应当由股东组成清算组。股份有限公司的清算组由董事会成员或者股东大会确定的人员组成。

逾期不成立清算组进行清算的,债权人可以申请人民法院指定有关人员组成清算组。法院根据解散公司的具体情形可以指定公司的股东、董事、监事等当事人及利害关系人或其代表组成清算组,也可选派其工作人员作为清算组。

清算组是负责公司清算事务,在公司清算过程中依法成立,并对外代表清算中的公司。

(3)清算组的职权

清算组在清算期间行使下列职权:清理公司财产,分别编制资产负债表和财产清单;通知、公告债权人;处理与清算有关的公司未了结的业务;清缴所欠税款以及清算过程中产生的税款;清理债权、债务;处理公司清偿债务后的剩余财产;代表公司参与民事诉讼活动。

#### 2.通知或者公告债权人及债权人申报债权

清算组应当自成立之日起十日内通知债权人,并于六十日内在报纸上至少公告三次。债权人应当自接到通知书之日起三十日内,未接到通知书的自第一次公告之日起四十五日内,向清算组申报债权。债权人申报债权,应当说明债权的有关事项,并提供证明材料。清算组应当对债权进行登记。在申报债权期间,清算组不得对债权人进行清偿。

#### 3.制订清算方案和处分公司财产

清算组在清理公司财产、编制资产负债表和财产清单后,应当制订清算方案,并报股东会、股东大会或者人民法院确认。清算组发现财产不足清偿时,应立即停止清算,向法院申请破产。

公司财产在分别支付清算费用、职工工资、社会保险费用和法定补偿金、缴纳所欠税款、清偿公司债务后的剩余财产,有限责任公司按照股东的出资比例,股份有限公司按照股东持有的股份比例分配。

#### 4.清算终结

清算结束,清算组将清算报告报送公司登记机关,申请注销登记,公告公司终止。

### (四)清算组成员的基本义务与责任

清算组成员应当忠于职守,依法履行清算义务。清算组成员不得利用职权收受贿赂或者其他非法收入,不得侵占公司财产。清算组成员因故意或者重大过失给公司或者债权人造成损失的,应当承担赔偿责任。

## 第四章 公司法律制度

### 复习思考题

1. 比较有限责任公司与股份有限公司的区别与联系，并阐述两种公司形式的优缺点。
2. 论述子公司与分公司的区别与联系。
3. 论述母公司与子公司的区别与联系。
4. 论述发起人的权利、义务和职责。
5. 论述公司的公积金制度的分类。
6. 论述独立董事的任职条件以及任职资格的限制。
7. 论述公司的收益分配制度。
8. 我国《公司法》对一人公司的特别规定有哪些。
9. 论述公司解散的概念和事由。
10. 论述公司清算的程序。
11. 论述公司股票与公司债券的区别与联系。

### 案例分析题

1. 2015年，甲、乙、丙、丁拟共同投资设立 A 有限责任公司，注册资本 600 万元，股东的出资比例分别为 40%、30%、20%、10%，公司章程规定公司设立时各股东须缴纳 30% 的出资，其余在两年内缴足；公司不设立董事会与监事会，甲担任董事长，乙担任总经理兼任监事。各股东均已按公司章程实际缴纳首批出资。

2017 年，公司通过股东会决议，将注册资本减少至 500 万元，各股东的出资额等比减少，同时将剩余出资的缴纳期限延至 2033 年 12 月。公司随后依法在登记机关办理了注册资本的变更登记。

2018 年，甲与乙发生严重冲突，甲解聘了乙的总经理职务，而乙又以监事身份罢免甲的董事长职位。从此，A 公司再没有召开股东会。

2019 年，乙厌倦与甲争斗，要求甲或者 A 公司买下自己的股权，自己退出公司，但甲拒绝，其他股东既无购买意愿，也无购买能力。乙起诉 A 公司与甲，要求公司回购自己的股权，若公司不购买，则要求甲购买。后，法院判决，乙败诉。

2021 年，乙再以解散公司为由提起诉讼，虽甲以公司一直盈利而且运行正常为由反对，但法院仍然作出了公司解散的判决。判决作出，各方既未上诉，也未按照规定成立清算组，也没有进行注销登记。

请根据以上情况回答下列问题：

(1) A 公司的组织机构设置是否符合公司法的规定？为什么？
(2) A 公司减少注册资本依法应包括哪些步骤？
(3) 甲解聘乙的总经理职务，以及乙以监事身份来罢免甲董事长职位是否合法？为什么？
(4) 法院判决不支持"乙要求公司与甲回购自己的股权的诉讼请求"是否合理？为什么？
(5) 法院作出解散公司的判决是否合理？为什么？

2. 2021年，张某、李某、王某共同投资设立了甲有限责任公司。他们约定，不按照出资比例分配红利，由董事会直接决定公司的对外投资事宜，并不按照出资比例行使表决权，并写入公司章程。

该公司的章程同时规定，金额超过10万元的合同，由董事会批准。公司董事高某，因公司业务需要车辆，将自己的小汽车出租给了甲公司，并约定年租金15万元。后来，高某要求公司支付租金，张某、李某、王某知晓后，一致认为租金太高，不同意支付。

公司成立两年以后，三位股东决定增加注册资本，并分期缴纳。

三位股东召开股东会，经公司股东会批准通过以下事项：董事钱某的年薪、董事责任保险费；公司职工代表监事赵某的差旅费和社会保险费。

请根据以上情况回答下列问题：

(1) 该公司的三位股东，约定的内容是否合法？

(2) 该公司是否有权不同意支付租金？

(3) 总经理高某有无违反忠实勤勉义务？

(4) 三位股东决定增加注册资本，并分期缴纳，是否合法？

(5) 公司董事钱某的年薪、董事责任保险费，和公司职工代表监事赵某的差旅费和社会保险费，是否需要经公司股东会批准？

# 第五章 证券法律制度

## 本章学习目的与要求

通过本章学习,全面理解我国股票、公司债券和证券投资基金的发行和交易制度,掌握股票和公司债券的发行与交易条件,并能够处理相关的实际案例。

## 课程思政

通过对中国证券市场发展的历程及证券市场的介绍,使学生增强"四个意识",坚定"四个自信",深刻体会《中华人民共和国证券法》对投资者保护的重视程度,证券市场和资本市场的发展和进步是整个中国经济社会不断前进的缩影,从而坚定中国共产党的领导和中国特色社会主义发展道路。

## 第一节 证券法律制度概述

### 一、证券概述

#### (一)证券的概念

证券是多种经济权益凭证的统称,是用来证明票券持有人享有的某种特定权益的法律凭证。《中华人民共和国证券法》(以下简称《证券法》)规定的证券包括股票、公司债券和国务院依法认定的其他证券。其他证券主要是指证券投资基金和证券衍生品种等。本章将主要介绍股票、公司债券和证券投资基金的相关法律制度。

#### (二)证券的特征

证券实质上是具有财产属性的民事权利,证券的特点在于把民事权利表现在证券上,使权利与证券相结合;权利体现为证券,即权利的证券化。

证券必须与某种特定的表现形式相联系。在证券的发展过程中,最早表示证券权利的基本方式是纸张,在专用的纸单上借助文字或图形来表示特定化的权利。因此证券也被称为"书据""书证"。随着经济的快速发展,尤其是电子技术和信息网络的发展,现代社会出现了证券的"无纸化",证券投资者已几乎不再拥有任何实物形态的证券,其所持有的证券数量或者证券权利均相应地记载于投资者账户中。"证券有纸化"向"证券无纸化"的发展过程,揭示了现代证券概念与传统证券概念的巨大差异。

证券是表明一定民事权利的书面凭证,具有以下几个基本特征:

**1. 证券是财产性权利凭证**

证券表示的是具有财产价值的权利凭证。在现代社会,人们已经不满足于对财富形态的直接占有、使用、收益和处分,而是更重视对财富的终极支配和控制,证券这一新型财产形态应运而生。持有证券,意味着持有人对该证券所代表的财产拥有控制权,但该控制权不是直接控制权,而是间接控制权。

**2. 证券是流通性权利凭证**

证券的活力就在于证券的流通性。传统的民事权利始终面临转让上的诸多障碍,就民事财产权利而言,由于并不涉及人格及身份,其转让在性质上并非不可能,但其转让是个复杂的民事行为。证券可多次转让构成了流通,通过变现为货币还可实现其规避风险的功能。证券的流通性是证券制度顺利发展的基础。

**3. 证券是收益性权利凭证**

证券持有人的最终目的是获得收益,这是证券持有人投资证券的直接动因。一方面,证券本身是一种财产性权利,反映了特定的财产权,证券持有人可通过行使该项财产权而获得收益,如取得股息收入(股票)或者取得利息收入(债券);另一方面,证券持有人可以通过转让证券获得收益,如二级市场上的低价买入、高价卖出,证券持有人可通过差价而获得收益,尤其是投机收益。

**4. 证券是风险性权利凭证**

证券的风险性,表现为由于证券市场的变化或发行人的原因,使投资者不能获得预期收益,甚至发生损失的可能性。证券投资的风险和收益是相联系的。在实际的市场中,任何证券投资活动都存在着风险,完全规避风险的投资是不存在的。

## 二、证券市场概述

证券市场 1

证券市场 2

### (一)证券市场的概念

证券市场,是指证券发行与交易的场所,是股票、债券、商品期货、股票期货、期权、利率期货等证券产品发行和交易的场所。证券是多种经济权益凭证的统称,因此,广义上的证券市场指的是所有证券发行和交易的场所,狭义上,也是最活跃的证券市场指的是资本证券市场、货币证券市场和商品证券市场。

证券市场是市场经济发展到一定阶段的产物,是为解决资本供求矛盾和流动性而产生的市场。证券市场以证券发行和交易的方式实现了筹资与投资的对接,有效地化解了资本的供求矛盾和资本结构调整的难题。

### (二)证券市场的特征

**1. 证券市场是价值直接交换的场所**

有价证券是价值的直接代表,其本质上只是价值的一种直接表现形式。虽然证券交易的对象是各种各样的有价证券,但由于它们是价值的直接表现形式,所以证券市场本质上是价值的直接交换场所。

**2. 证券市场是财产权利直接交换的场所**

证券市场上的交易对象是作为经济权益凭证的股票、债券、投资基金等有价证券,它们本身仅是一定量财产权利的代表,所以,代表着对一定数额财产的所有权或债权以及相关的收益权。因此,证券市场实际上是财产权利直接交换的场所。

**3. 证券市场是风险直接交换的场所**

有价证券既是一定收益权利的代表,同时也是一定风险的代表。有价证券的交换在转让出一定收益权的同时,也把该有价证券所特有的风险转让出去。所以,从风险的角度分析,证券市场也是风险直接交换的场所。

### (三)证券市场的主体

证券市场的主体是指参与证券市场的各类法律主体,包括证券发行人、投资者、中介机构、交易场所以及自律性组织和监管机构等。我国证券市场的主体可以分为证券发行人和证券投资者。证券发行人是指为筹措资金而发行债券和股票的政府及其机构、金融机构、公司和企业。证券发行人可以分为债券发行人和股票发行人。证券投资者是证券市场的资金供给者,众多证券投资者的存在保证了证券发行的完成,同时,也活跃了证券市场的交易。

## 三、证券法概述

证券法是规范证券发行与交易的法律。证券法的概念有狭义和广义之分。狭义的证券法是指《证券法》,是指调整和规范证券种类、证券发行关系、证券交易关系、证券市场监督管理关系以及其他相关法律规范的总称。广义的证券法是指一切与证券相关的法律规范的总称。广义的证券法除《证券法》外,还包括其他法律中有关证券管理的规定,国务院颁发的有关证券管理的行政法规、证券管理部门发布的部门规章、地方立法部门颁布的有关证券管理的地方性法规和规章等。证券交易所等有关证券自律性组织依法制定的业务规则和行业活动准则等对我国证券市场的规范运作也起到重要调整作用。

2019年12月28日,第十三届全国人民代表大会常务委员会第十五次会议全体会议审议通过了第二次修订的《证券法》,于2020年3月1日起施行。

《证券法》于1998年12月通过、自1999年7月1日起施行;2004年8月通过第一次修正并施行;2005年10月通过第一次修订,并自2006年1月1日起施行。此后,《证券法》又分别于2013年6月、2014年8月通过了第二、三次修正并施行。修正是指法定机关对法律的部分条款进行的修改,是局部的或者个别的修改,而修订则是对法律进行全面的修改,是整体的修改。

2015年4月,全国人民代表大会常务委员会对《证券法修订草案》进行了初次审议,证券法第二次修订启动。2017年4月、2019年4月,《证券法修订草案》还分别进行了二审和三审。

此次修订是证券法颁布实施以来的第二次全面大修,其变化主要在于全面推进注册制、强化信息披露要求、强化投资者保护、大幅提高违法违规成本等方面,其出台有助于证券市场运行效率和监管力度进一步提升,推动市场长期健康发展,进而更好地服务于实体经济。

《证券法》的调整范围,是在中华人民共和国境内股票、公司债券和国务院依法认定的其他证券的发行和交易。《证券法》未规定的,适用《中华人民共和国公司法》和其他法律、行政法规的规定。政府债券、证券投资基金份额的上市交易适用《证券法》,其他法律、行政法规有特别规定的,从其规定。证券衍生品种发行、交易的管理办法,由国务院依照《证券法》的原则规定。

## 第二节　证券发行制度

证券发行,是指证券发行人以筹集资金为目的,在证券发行市场依法向投资者以同一条件出售证券的行为。证券发行分为公开发行和非公开发行。公开发行证券,必须符合法律、行政法规规定的条件,并依法报经国务院证券监督管理机构或者国务院授权的部门核准;未经依法核准,任何单位和个人不得公开发行证券。

《证券法》规定,有下列情形之一的,视为公开发行:(1)向不特定对象发行证券;(2)向累计超过二百人的特定对象发行证券,但依法实施员工持股计划的员工人数不计算在内;(3)法律、行政法规规定的其他发行行为。

非公开发行证券,是指上市公司采用非公开方式,向特定对象发行股票的行为。非公开发行证券,不得采用广告、公开劝诱和变相公开方式。

《证券法》根据证券的种类的不同,规定了不同的发行制度。

### 一、股票的发行

#### (一)股票发行的概念

股票发行是指符合条件的发行人以筹资或实施股利分配为目的,按照法定的程序,向投资者或原股东发行股份或无偿提供股份的行为。股票发行一般可以分为公开发行和非公开发行。

#### (二)股票的公开发行和非公开发行

**1. 股票的公开发行**

公开发行是指没有特定的发行对象,面向广大投资者分开推销的发行方式,发行人通过中介机构向不特定的社会公众广泛地发售证券。在公募发行情况下,所有合法的社会投资者都可以参与认购。公开发行的股票不一定要求上市,但是上市必须要求公开发行股票。

股票的公开发行是指发行人通过证券经营机构向发行人以外的社会公众就发行人的股票发出的要约邀请或者销售行为。

**2. 股票的非公开发行**

上市公司非公开发行新股,应当符合经国务院批准的国务院证券监督管理机构规定的条件,并报国务院证券监督管理机构核准。

股票的非公开发行是指发行人依法向特定人(不超过二百人)发行本次发行的全部股票的行为。

#### (三)股票公开发行的方式

股票公开发行具体可以分为网上定价发行方式和网下定价发行方式。

**1. 网上定价发行方式**

网上定价发行方式,是指利用证券交易所的交易系统,投资者在指定的时间内,按照确定的发行价格,向作为股票唯一"卖方"的主承销商买入股票而进行申购的发行方式。此种发行方式需要注意以下几点内容:

(1)申购资金由证券交易所全部冻结(三个工作日),冻结的资金利息全部缴存到证券交易所开立的存储专户作为证券投资者保护基金的来源之一。

(2)发行人及其主承销商应当根据发行规模和市场情况,合理设定单一网上申购账户的申购上限,原则上不超过本次网上发行股数的千分之一。

(3)单个投资者只能使用一个合格账户申购新股。

(4)网下网上申购参与对象分开。

**2. 网下定价发行方式**

网下定价发行方式也叫向询价对象配售股票的发行方式,是指中国证监会核准发行人的发行申请后,发行人应公告招股意向书,开始进行推介和询价,发行人及其保荐人向参与累计投标询价的对象按照规定配售股票。此种发行方式需要注意几点内容:

(1)累计投标询价完成后,发行人及其保荐人将其余股票按照发行公告规定的程序向社会公众投资者公开发行。

(2)向询价对象配售和向一般投资者上网发行作为同一次发行,发行价格相同。

(3)向询价对象配售的股票,在约定的期间内不得上市流通。

### (四)股票发行的核准

国务院证券监督管理机构设发行审核委员会,依法审核股票发行申请。

## 二、公司债券的发行

### (一)公司债券发行的概念与种类

公司债券发行是债券发行的一种。债券发行是指发行人以借贷资金为目的,依照法定程序向投资者发行代表一定债权和兑付条件债券的行为。公司债券发行的原则有:(1)必须合法;(2)必须报经中国证券监督管理委员会核准;(3)必须披露相关信息;(4)必须诚实信用。

公司债券发行可以分为一般公司债券发行和可转换公司债发行。

一般公司债券发行,是指发行人依照法定程序,向投资者发行的约定在一年以上期限内还本付息有价证券的行为。

可转换公司债发行,是指发行人依照法定程序,向投资者发行的在一定期间内依据约定的条件可以转换成股份的公司债券的行为。

### (二)公司债券发行的条件

发行债券是公司募集资金的一个重要渠道,对公司的经营将产生重大影响,而且涉及社会公共利益,必须依法发行。公开发行公司债券,应当符合下列条件:(1)股份有限公司的净资产不低于人民币三千万元,有限责任公司的净资产不低于人民币六千万元;(2)本次发行后累计公司债券余额不超过最近一期末净资产额的百分之四十;(3)公司的生产经营符合法律、行政法规和公司章程的规定,募集的资金投向符合国家产业政策;(4)最近三个会计年度实现的年均可分配利润不少于公司债券一年的利息;(5)债券的利率不超过国务院限定的利率水平;(6)公司内部控制制度健全,内部控制制度的完整性、合理性、有效性不存在重大缺陷;(7)经资信评级机构评级,债券信用级别良好。

公开发行公司债券募集的资金,必须用于核准的用途,不得用于弥补亏损和非生产性支出。有下列情形之一的,不得再次公开发行公司债券:(1)前一次公开发行的公司债券尚未募足;(2)对已发行的公司债券或者其他债务有违约或者延迟支付本息的事实,仍处于继续状态;(3)违反规定,改变公开发行公司债券所募资金的用途;(4)最近三十六个月内公司财务会计文件存在虚假记载,或公司存在其他重大违法行为;(5)本次发行申请文件存在虚假记载、误导性陈述或者重大遗漏;(6)严重损害投资者合法权益和社会公共利益的其他情形。

### 三、证券投资基金的发行

#### (一)证券投资基金的概念和特征

证券投资基金是一种利益共享、风险共担的集合证券投资方式,即通过发行基金单位,集中投资者的资金,由基金托管人托管,由基金管理人管理和运作,从事股票、债券等金融工具投资的方式。

根据证券投资基金的含义,我们可以看出证券投资基金的特征主要体现在以下几个方面:

**1. 证券投资基金是一种集合投资制度**

证券投资基金是一种积少成多的整体组合投资方式,它从广大的投资者那里聚集巨额资金,组建投资管理公司进行专业化管理和经营。在这种制度下,资金的运作受到多重监督。

**2. 证券投资基金是一种信托投资方式**

证券投资基金与一般金融信托关系一样,主要有委托人、受托人、受益人三个关系人,其中受托人与委托人之间订有信托契约。但证券投资基金作为金融信托业务的一种形式,又有自己的特点。如从事有价证券投资的主要当事人中还有一个不可缺少的托管机构,它不能与受托人(基金管理公司)由同一机构担任,而且基金托管人一般是法人;基金管理人并不对每个投资者的资金都分别加以运用,而是将其集合起来,形成一笔巨额资金再加以运作。

**3. 证券投资基金是一种金融中介机构**

证券投资基金存在于投资者与投资对象之间,起着把投资者的资金转换成金融资产,通过专门机构在金融市场上再投资,从而使货币资产得以增值的作用。证券投资基金的管理者对投资者所投入的资金负有经营、管理的职责,而且必须按照合同(或契约)的要求确定资金投向,保证投资者的资金安全和收益最大化。

**4. 证券投资基金是一种证券投资工具**

证券投资基金发行的凭证即基金券(或受益凭证、基金单位、基金股份)与股票、债券一起构成有价证券的三大品种。投资者通过购买基金券完成投资行为,并凭之分享证券投资基金的投资收益,承担证券投资基金的投资风险。

#### (二)证券投资基金的设立程序

我国基金事业的发展尚处初级阶段,而基金的设立又是基金运作的第一步,因此,为了保证基金成立后能够规范正常地管理、运作,需要严把基金设立关,实行严格的"核准制"。证券投资基金的设立程序包括以下四个主要步骤:

**1. 确定基金性质**

按组织形态不同,基金有公司型和契约型之分;按基金券可否赎回,又可分为开放型和封闭型两种,基金发起人首先应对此进行选择。

**2. 选择共同发起人、基金管理人与托管人,制定各项申报文件**

根据有关对基金发起人资格的规定慎重选择共同发起人,签订"合作发起设立证券投资基金协议书",选择基金保管人,制定各种文件,规定基金管理人、托管人和投资人的责、权、利关系。

**3. 向主管机关提交规定的报批文件**

与此同时,积极进行人员培训工作,为基金成立做好各项准备。

**4. 发表基金招募说明书,发售基金券**

一旦招募的资金达到有关法规规定的数额或百分比,基金即告成立,否则,基金发起便告失败。

## 第三节 证券交易制度

### 一、证券交易的一般规则

证券交易是指证券的买卖与转让。《证券法》规定,在证券交易中,应遵守以下一般规则。

#### (一)证券交易的标的与主体必须合法

首先,证券交易当事人依法买卖的证券,必须是依法发行并交付的证券。非依法发行的证券,不得买卖。证券交易当事人买卖的证券可以采用纸面形式或者国务院证券监督管理机构规定的其他形式。其次,依法发行的股票、公司债券及其他证券品种,法律对其转让期限有限制性规定的,在限定的期限内不得买卖。为了防止出现内幕交易、操纵市场等证券欺诈行为,维护证券市场的秩序,依法对有关内幕人员持有、买卖股票作出限制。《证券法》规定,证券交易所、证券公司和证券登记结算机构的从业人员、证券监督管理机构的工作人员以及法律、行政法规禁止参与股票交易的其他人员,在任期或者法定限期内,不得直接或者以化名、借他人名义持有、买卖股票,也不得收受他人赠送的股票。任何人在成为前款所列人员时,其原已持有的股票,必须依法转让。

#### (二)在合法的证券交易场所交易

我国的证券交易所有上海证券交易所和深圳证券交易所。《证券法》规定,公开发行的证券应当在依法设立的证券交易所上市交易或者在国务院批准的其他全国性证券交易场所交易。非公开发行的证券可以在证券交易所、国务院批准的其他全国性证券交易场所、按照国务院规定设立的区域性股权市场转让。发行人发行证券可以上市交易,即在证券交易所交易;也可以不上市交易,即在国务院批准的其他证券交易场所转让。

#### (三)以合法方式交易

证券交易有现货交易和期货交易两种情况。《证券法》规定,证券交易以现货和国务院规定的其他方式进行交易,从而为发展证券期货交易留有法律空间。现中国证监会正在筹备和推动证券期货交易的事宜。

《证券法》规定,证券在证券交易所上市交易,应当采用公开的集中交易方式或者国务院证券监督管理机构批准的其他方式。这一规定为证券在证券交易所以公开的集中竞价交易以外的其他方式交易留下了发展余地。

### (四) 规范证券交易服务

首先,证券交易场所、证券公司、证券登记结算机构、证券服务机构及其工作人员应当依法为投资者的信息保密,不得非法买卖、提供或者公开投资者的信息。证券交易场所、证券公司、证券登记结算机构、证券服务机构及其工作人员不得泄露所知悉的商业秘密。除法律和行政法规另有规定外,证券交易所、证券公司、证券登记结算等机构不得向任何人提供客户开立账户的情况,否则将承担相应的法律责任。

其次,证券交易的收费必须合理,并公开收费项目、收费标准和收费办法。证券交易的收费项目、收费标准和管理办法由国务院有关主管部门统一规定。

## 二、股票上市交易

股票上市交易是指已经发行的股票经证券交易所批准后,在交易所公开挂牌交易的法律行为,股票上市是连接股票发行和股票交易的桥梁。在我国,股票公开发行后即获得上市资格。

### (一) 股票上市交易的条件

股份有限公司申请股票上市,应符合下列条件:
(1) 股票经国务院证券监督管理机构核准已公开发行;
(2) 公司股本总额不少于人民币 3 000 万元;
(3) 公开发行的股份达到公司股份总数的 25% 以上;
(4) 公司股本总额超过人民币 4 亿元的,公开发行股份的比例为 10% 以上。

### (二) 股票上市交易的程序

股份有限公司申请股票上市,必须经过一定的程序。按照《股票发行与交易管理暂行条例》与《中华人民共和国公司法》的规定,股票上市的程序如下:

**1. 股票上市申请与审查批准**

发行人在股票发行完毕,召开股东大会,完成公司注册登记后,向证券交易所提出上市申请。《股票发行与交易管理暂行条例》规定,符合公开发行股票条件的股份有限公司,申请其股票在证券交易所交易,应当向证券交易所的上市委员会提出申请;上市委员会应当自收到申请之日起二十个工作日内作出审批,确定上市时间,审批文件报证监会备案,并抄报证券委。股份有限公司申请其股票上市交易,应当报经国务院或者国务院授权证券管理部门批准,依照有关法律、行政法规的规定报送有关文件。国务院或者国务院授权证券管理部门对符合本法规定条件的股票上市交易申请,予以批准;对不符合本法规定条件的,不予批准。

**2. 申请股票上市应当报送的文件**

股份公司向交易所的上市委员会提出上市申请。申请时应报送下列文件:(1) 申请书;(2) 公司登记文件;(3) 股票公开发行的批准文件;(4) 经会计师事务所审计的公司近三年或成立以来的财务报告和由两名以上的注册会计师及所在事务所签字盖章的审计报告;(5)证券交易所会员的推荐书;(6)最近一次招股说明书;(7)其他交易所要求的文件。

### 3. 订立上市协议书

股份有限公司被批准股票上市后,即成为上市公司。在上市公司股票上市前,还要与证券交易所订立上市协议,确定上市的具体日期,明确双方的权利与义务并向证券交易所缴纳上市费。

### 4. 发表上市公告

根据《中华人民共和国公司法》的规定,股票上市交易申请经批准后,被批准的上市公司必须公告其股票上市报告,并将其申请文件存放在指定地点供公众查阅。

上市公司的上市公告一般要刊登在证监会指定的、全国性的证券报刊上。

上市公告的内容,除了应当包括招股说明书的主要内容外,还应当包括下列事项:
(1)股票获准在证券交易所交易的日期和批准文号;
(2)股票发行情况,股权结构和最大的十名股东的名单及持股数;
(3)公司创立大会或股东大会同意公司股票在证券交易所交易的决议;
(4)董事、监事、高级管理人员简历及持有本公司证券的情况;
(5)公司近三年或者开业以来的经营业绩和财务状况以及下一年盈利预测文件;
(6)证券交易所要求载明的其他情况。

## (三)股票的暂停交易与终止交易

### 1. 股票的暂停交易

股票的暂停交易,又叫暂停上市,是证券交易所依法对股票作出的暂时停止上市交易的措施,是防范市场风险的具体措施之一。上市公司丧失《中华人民共和国公司法》规定的上市条件的,其股票依法暂停上市或者终止上市。

上市公司有下列情形之一的,由证券交易所决定暂停其股票上市交易:(1)公司股本总额、股权分布等发生变化不再具备上市条件;(2)公司不按照规定公开其财务状况,或者对财务会计报告作虚假记载,可能误导投资者;(3)公司有重大违法行为;(4)公司最近三年连续亏损;(5)证券交易所上市规则规定的其他情形。

### 2. 股票的终止交易

股票的终止交易,又称终止上市,是指股票丧失了在证券交易所继续挂牌交易的资格,由证券交易所依法核准其股票终止上市。

上市公司有下列情形之一的,由证券交易所决定终止其股票上市交易:(1)公司股本总额、股权分布等发生变化不再具备上市条件,在证券交易所规定的期限内仍不能达到上市条件;(2)公司不按照规定公开其财务状况,或者对财务会计报告作虚假记载,且拒绝纠正;(3)公司最近三年连续亏损,在其后一个年度内未能恢复盈利;(4)公司解散或者被宣告破产;(5)证券交易所上市规则规定的其他情形。

# 三、公司债券上市交易

## (一)公司债券上市交易的条件

公司债券上市交易,是指证券交易所承认并接纳某种债券在交易所市场上交易,债券上市必须符合证券交易所和政府有关部门制定的上市制度。与股票不同,企业债券有一个固定的存续期限,而且发行人必须按照约定的条件还本付息,因此,债券上市的条件与股票有所差异。为了保护投资者的权益,保证债券交易的流动性,证券交易所在接到发行人的上市申请后,一般要从以下几个方面来对企业债券的上市资格进行审查。

111

(1)债券的发行量必须达到一定的规模。这是因为,如果上市债券流通量少,就会影响交易的活跃性,而且价格也容易被人操纵。

(2)债券发行人的经营业绩必须符合一定条件。如果发行人的财务状况恶化,就会使发行人的偿债能力受到影响,从而可能发生债券到期不能兑付的情况,使投资者的利益受到损害。

(3)债券持有者的人数应该达到一定数量。如果持有者人数过少,分布范围很小,那么即使债券的发行量大,其交易量也不会太大,从而影响债券的市场表现。

### (二)公司债券上市交易的程序

#### 1. 报经国务院证券监督管理机构核准

公司申请其债券上市交易,应当报经国务院证券监督管理机构核准,并提交下列文件:(1)上市报告书;(2)申请上市的董事会决议;(3)公司章程;(4)公司营业执照;(5)公司债券募集办法;(6)公司债券的实际发行数额。

#### 2. 提请证券交易所安排上市

公司债券上市交易申请经国务院证券监督管理机构核准后,其发行人应当向证券交易所提交核准文件和向国务院证券监督管理机构提出申请时提交的文件。证券交易所应当自接到该债券发行人提交的有关文件之日起三个月内,安排该债券上市交易。

#### 3. 上市公告

公司债券上市交易申请经证券交易所审核同意后,签订上市协议的公司应当在规定的期限内公告公司债券上市文件及有关文件,并将其申请文件置备于指定场所供公众查阅。

### (三)公司债券的暂停和终止条件

#### 1. 暂停条件

公司债券上市交易后,公司出现下列情形之一的,由证券交易所决定暂停其公司债券上市交易:(1)公司有重大违法行为;(2)公司情况发生重大变化不符合公司债券上市条件;(3)公司债券所募集资金不按照核准的用途使用;(4)未按照公司债券募集办法履行义务;(5)公司最近两年连续亏损。

#### 2. 终止条件

公司债券终止上市有下列三种情况:(1)公司有重大违法行为或未按照公司债券募集办法履行义务,经查实后果严重的;(2)公司情况发生重大变化不符合公司债券上市条件,或者公司债券所募集资金不按照核准的用途使用,或者公司最近两年连续亏损三种情形之一,在限期内未消除;(3)公司解散、依法被责令关闭或者被宣告破产。在这些情形下,应由证券交易所终止债券上市,并由相关各方办理善后事宜。

## 四、证券投资基金上市交易

封闭式基金的基金份额,经基金管理人申请,国务院证券监督管理机构核准,可以在证券交易所上市交易。国务院证券监督管理机构可以授权证券交易所依照法定条件和程序核准基金份额上市交易。

基金份额上市交易,应当符合下列条件:(1)基金的募集符合证券投资基金法的规定;(2)基金合同期限为五年以上;(3)基金募集金额不低于人民币二亿元;(4)基金份额持有人不少于一千人;(5)基金份额上市交易规则规定的其他条件。

基金份额上市交易规则由证券交易所制定,报国务院证券监督管理机构核准。

开放式基金在销售机构的营业场所销售及赎回,不上市交易。开放式基金的基金份额的申购、赎回和登记,由基金管理人负责办理;基金管理人可以委托经国务院证券监督管理机构认定的其他机构代为办理。基金管理人应当在每个工作日办理基金份额的申购、赎回业务;基金合同另有约定的,从其约定。

## 第四节 上市公司收购制度

### 一、上市公司收购概述

#### (一)上市公司收购的概念

上市公司收购,是指收购人通过在证券交易所的股份转让活动持有一个上市公司的股份达到一定比例或通过证券交易所股份转让活动以外的其他合法方式控制一个上市公司的股份达到一定程度,导致其获得或者可能获得对该公司的实际控制权的行为。

(1)上市公司收购的投资者的目的在于获得对上市公司的实际控制权,不以达到对上市公司实际控制权而受让上市公司股票的行为,不能称之为收购。这里所说的实际控制是指:

①投资者为上市公司持股百分之五十以上的控股股东;②投资者可以实际支配上市公司股份表决权超过百分之三十;③投资者通过实际支配上市公司股份表决权能够决定公司董事会半数以上成员选任;④投资者依其可实际支配的上市公司股份表决权足以对公司股东大会的决议产生重大影响;⑤中国证监会认定的其他情形。

(2)收购人可以通过取得股份的方式成为一个上市公司的控股股东,可以通过投资关系、协议、其他安排的途径成为一个上市公司的实际控制人,也可以同时采取上述方式和途径取得上市公司控制权。

#### (二)上市公司收购人

上市公司收购人是指意图通过取得股份的方式成为一个上市公司的控股股东,或者通过投资关系、协议、其他安排的途径成为一个上市公司的实际控制人的投资者及其一致行动人。收购人包括投资者及与其一致行动的他人。所谓一致行动,是指投资者通过协议、其他安排,与其他投资者共同扩大其所能够支配的一个上市公司股份表决权数量的行为或者事实。在上市公司的收购及相关股份权益变动活动中有一致行动情形的投资者,互为一致行动人。

#### (三)上市公司收购中有关当事人的义务

**1. 收购人的义务**

(1)报告义务。实施要约收购的收购人必须事先向中国证监会报送上市公司收购报告书。在收购过程中要约收购完成后,收购人应当在十五日内将收购情况报告中国证监会和证券交易所。

(2) 禁售义务。收购人在要约收购期内,不得卖出被收购公司的股票。

(3) 锁定义务。收购人持有的被收购的上市公司的股票,在收购行为完成后的十二个月内不得转让。

**2. 被收购公司的控股股东或者实际控制人的义务**

被收购公司的控股股东或者实际控制人不得滥用股东权利损害被收购公司或者其他股东的合法权益。

**3. 被收购公司的董事、监事、高级管理人员的义务**

被收购公司董事会不得滥用职权对收购设置不适当的障碍,不得利用公司资源向收购人提供任何形式的财务资助,不得损害公司及其股东的合法权益。

### (四)上市公司收购的支付方式

上市公司收购可以采用现金、依法可以转让的证券以及法律、行政法规规定的其他支付方式进行。

## 二、要约收购

### (一)要约收购的概念

投资者自愿选择以要约方式收购上市公司股份的,可以向被收购公司的所有股东发出收购其所持有的全部股份要约的,称之为全面要约(以终止被收购公司上市地位为目的);投资者也可以选择向被收购公司所有股东发出收购其所持有的部分股份要约,称之为部分要约(以实际控制被收购公司为目的)。

投资者持有或通过协议、其他安排与他人共同持有一个上市公司的股份达到该公司已发行股份的百分之三十时,继续增持该公司股份的,应当采取向被收购公司的股东发出收购要约的方式进行收购。要约收购需要注意的是:

(1) 要约收购是一种公开收购行为,即向被收购公司的全体股东发出公开要约,并披露有关信息。

(2) 要约收购的要约是收购人的单方意思表示,被收购公司的股东是否出售所持股票,由其自己决定,可以出售,也可不出售。

(3) 要约收购的相对人是被收购公司的全体股东,而不是部分股东,即使发出的是部分要约收购,也不能仅向部分股东发出要约。

### (二)要约收购的适用条件

(1) 要约收购是投资者的自愿行为,但是,如果投资者通过要约收购所持有的上市公司的股份达到一定比例(根据上市交易条件,股本总额低于人民币四亿元的,该比例为百分之七十五以上;如果股本总额超过人民币四亿元的,该比例为百分之九十以上),导致上市公司的股票终止上市时,《证券法》以及有关规定强制收购人以同等的条件,收购被收购公司其余股东剩余的股票。(必须发出全面要约)

(2) 以要约方式收购一个上市公司股份的,其预定收购的股份比例不得低于该上市公司已发行股份的百分之五。收购人应当公平对待被收购公司的所有股东。持有同一种类股份的股东应当得到同等对待。

### 三、协议收购

#### (一)协议收购的概念

协议收购,是指收购人在证券交易所之外,通过与被收购公司的股东协商一致达成协议,受让其持有的上市公司的股份而进行的收购。协议收购需要注意的是:

(1)协议收购的股份转让方是特定的股东。

(2)协议收购的收购人收购或者通过协议、其他安排与他人共同收购一个上市公司已发行的股份达到百分之三十时,继续进行收购的,应当向该上市公司所有股东发出收购上市公司全部或者部分股份的要约,转化为要约收购,但是,经国务院证券监督管理机构免除发出要约的除外。

#### (二)协议收购的程序

协议收购的程序可以分为以下四个步骤:

(1)拟订收购协议。

(2)获得批准。收购协议的各方应当获得相应的内部批准(如股东(大)会、董事会等),收购协议达成后,收购人必须在三日内将该收购协议向国务院证券监督管理机构及证券交易所作出书面报告,并予公告,在公告前不得履行收购协议。

(3)委托中介机构保存股票与存放资金。协议收购的双方可以临时委托证券登记结算机构保管协议转让的股票,并将用于支付的现金存放于证券登记结算机构指定的银行账户。

(4)过户。

### 四、上市公司收购的法律后果

收购期限届满,被收购公司股权分布不符合上市条件的,该上市公司的股票应当由证券交易所依法终止上市交易;其余仍持有被收购公司股票的股东,有权向收购人以收购要约的同等条件出售其股票,收购人应当收购。收购行为完成后,被收购公司不再具备股份有限公司条件的,应当依法变更企业形式。

在上市公司收购中,收购人持有的被收购的上市公司的股票,在收购行为完成后的十二个月内不得转让。

收购行为完成后,收购人与被收购公司合并,并将该公司解散的,被解散公司的原有股票由收购人依法更换。

收购行为完成后,收购人应当在十五日内将收购情况报告国务院证券监督管理机构和证券交易所,并予以公告。

## 第五节 证券违法行为的法律责任

法律责任是指行为人违反法律义务时所应承担的法律后果。根据证券违法行为的性质、轻重程度,法律责任分为刑事责任、行政责任、民事责任。

## 一、证券违法行为的刑事责任

在证券发行、交易及其相关活动中,违反证券法律规定的行为,给社会秩序、证券市场造成严重危害,给社会公众造成严重损害,构成犯罪的,应当依法追究刑事责任。

应依法追究刑事责任的典型的情况主要有:

### (一)证券发行中的刑事违法犯罪行为

世界各国对证券发行都依法进行控制和管理。有的实行公开原则的注册制,有的实行实质管理原则的核准制。这些法律规定必须遵守并切实执行,不得违反。我国采取实质管理原则的核准制,为了有效地控制证券的发行,维护证券市场的正常秩序和证券交易安全,《证券法》规定,证券发行人、证券承销商未经核准擅自发行证券的,应予以取缔,没收非法所得,构成犯罪的,应依法追究其刑事责任。

### (二)证券发行和交易中弄虚作假,进行欺诈的刑事犯罪行为

在证券发行申请书、招股说明书、上市公告书、财务报告书等法律文书中,弄虚作假,进行欺诈,违反信息披露真实、准确、完整的法律规定的行为,严重破坏证券市场信誉、危害市场秩序、损害社会公众利益,构成犯罪的,应依法追究其刑事责任。

### (三)操纵证券市场行情,从中牟取不正当利益或转嫁风险的违法犯罪行为

行为者不管是单独,还是与他人联手共谋,凡是制造虚假价格、证券交易量、虚构供求关系,设置投资陷阱,诱骗一般投资者盲目跟风等,都是操纵市场的违法行为,会造成市场的剧烈震荡和混乱,严重危害证券市场秩序,构成犯罪的,应依法追究其刑事责任。

### (四)证券内幕交易,违反证券法"三公"原则的行为

内幕交易是行为者利用职务、职权从事法律明示禁止的证券交易行为,既破坏证券市场的公开、公平、公正的基本原则,又是一种腐败、欺诈违法行为,会给社会造成严重危害,损害公众利益,构成犯罪的,应依法追究刑事责任。证券监管机构工作人员进行内幕交易的,应从重处罚。证券监管机构工作人员,不依法履行职责,而徇私舞弊、玩忽职守,故意刁难当事人的,轻者依法给予行政处分,构成犯罪的,应依法追究其刑事责任。

## 二、证券违法行为的行政责任

在证券发行、交易、监督、管理及其他相关活动中,违反证券法律、法规的规定,但未构成犯罪的,一般应当追究行政责任,给予行政处罚。

构成证券行政违法行为,承担行政责任的主要有:

(1)法律、行政法规规定禁止参与股票交易的人员,违反法规从事股票买卖。《证券法》和行政法规规定,证券交易所、证券公司、证券登记结算机构从业人员、证券监管机构工作人员、国家机关一定级别的公务员,禁止参与股票买卖。这是维护证券市场"三公"原则,防止政治腐败、管理腐败,消除时弊,建立良好市场秩序和形象所必需的措施。行为者违反上述法规规定,应追究其行政责任,给予行政处罚。

(2)法人以个人名义买卖证券,对其主管人员和直接责任人的违法行为,应依法追究

行政责任。《证券法》规定,法人不得以个人名义设立账户买卖证券。违反法律规定,对其直接负责的主管人员和直接责任人员,应依法追究行政责任,给予行政处罚。

(3)国家工作人员故意提供虚假资料,伪造、变造或者销毁交易记录或者信息误导等违法行为,未构成犯罪的,应追究其行政责任,给予停业、吊销营业执照、资格证书等行政处分。

(4)证券经营机构,不严格履行法定职责,应依法追究其行政责任。在证券发行、交易中,证券中介服务机构必须严格履行法定职能,对其审查、签署的法律文书、报告的真实性、准确性和完整性负有法律责任,不严格履行法定职责,属于违法行为,构成犯罪的,追究刑事责任,未构成犯罪的一般要追究行政责任。

### 三、证券违法行为的民事责任

在证券发行、交易及其相关证券活动中,行为主体的违法行为,直接给他人造成损失的,应负民事责任。

(1)在证券发行、交易中,证券发行人、承销的证券公司弄虚作假进行欺骗,给投资者造成损失的违法行为,应承担民事赔偿责任。证券发行人、承销的证券公司在公开的有关法律文书:招股说明书、公司债券募集办法、财务会计报告、上市报告文件、年度报告、中期报告、临时报告,存在虚假记载、误导性陈述或者有重大遗漏,致使投资者在证券交易中遭受损失的,发行人、承销的证券公司应当承担赔偿责任。发行人、承销的证券公司的董事、监事、经理应当承担连带赔偿责任。

(2)证券公司违背客户意愿买卖证券,造成损失的,应承担民事赔偿责任。证券公司违背客户的委托买卖证券、办理交易事项,以及其他违背客户真实意思表示,办理交易以外的其他事项,给客户造成损失的,应依法承担赔偿责任。这是因为,作为证券经纪人的证券公司,从业人员的基本职责是代客买卖证券,为客户提供最好的代理买卖证券的服务,核心问题是根据客户指令行事,证券从业人员对客户的指令要及时、准确、完整地执行,不得违背。违背客户真实意愿的证券交易活动,造成损失的,违法者要承担赔偿责任。

(3)证券违法赔偿案件中民事赔偿责任不能免除。在证券发行、交易及其相关证券活动中,违反证券法律法规,应承担民事赔偿责任和缴纳罚款、罚金,其财产不足以同时支付时,先承担民事赔偿责任,即民事赔偿责任优先,或民事赔偿责任不得免除。

加大对证券违法行为的处罚力度是众望所归,是市场、监管、学界等各方的共同呼声。接下来公司法和刑法的联动修改,还有望继续加大证券违法的处罚力度。根据我国法律,证券类别的犯罪行为和其他的犯罪行为的处罚都由刑法规范。原则上讲,证券法的修订并不必然导致证券犯罪方面的刑度增加。接下来,在刑法、公司法的修订中,加大证券违法的处罚力度应当与证券法修订一同形成联动效应。

证券法显著提高对证券违法违规的处罚标准是市场的进步,在提高罚额的同时,还要加强刑事诉讼,以及对控股股东的处罚。证券法是我国证券市场的"基本大法",高质量的证券市场需要与之相适应的高质量的法律基础。证券法事关证券市场的长期健康运行,决定着未来证券市场的长期发展方向,是一系列证券市场改革举措的根本遵循,也是服务实体经济与防范化解重大风险的重要保障。

《证券法》修订前后违法违规成本对比见表 5-1。

表 5-1　《证券法》修订前后违法违规成本对比

| | 修订前 | 修订后 |
|---|---|---|
| 擅自公开或者变相公开发行证券 | 对发行人罚款非法募集金额的 1%～5%，对责任人罚款 3 万～30 万元 | 对发行人罚款非法募集金额的 5%～50%，对责任人罚款 50 万～500 万元 |
| 发行文件虚假披露 | 对发行人，尚未发行的罚款 30 万～60 万元。已发行的罚款非法募集金额的 1%～5%；对直接责任人，罚款 3 万～30 万元；对控股股东同前款 | 对发行人，尚未发行的罚款 200 万～2000 万元。已发行的罚款非法募集金额的 10%～100%；对直接责任人，罚款 100 万～1 000 万元；对控股股东，罚款违法所得 10%～100%，不足 2 000 万元的罚款 200 万～2 000 万元 |
| 保荐人虚假披露 | 对保荐人，罚款业务收入的 1～5 倍；对直接责任人，罚款 3 万～30 万元 | 对保荐人，罚款业务收入的 1～10 倍。收入不足 100 万元的罚款 100 万～1 000 万元；对直接责任人，罚款 50 万～500 万元 |
| 擅自改变募资用途 | 对直接责任人，罚款 3 万～30 万元；对控股股东，罚款 30 万～60 万元 | 对发行人，罚款 50 万～500 万元；对直接责任人，罚款 10 万～100 万元；对控股股东，罚款 50 万～500 万元 |
| 未履行信息披露义务 | 对被露义务人，罚款 30 万～60 万元；对直接责任人，罚款 3 万～30 万元；对控股股东，罚款 3 万～30 万元 | 对披露义务人，罚款 50 万～500 万元；对直接责任人，罚数 20 万～200 万元；对控股股东，50 万～500 万元 |
| 未履行信息披露义务 | 对披露义务人，罚款 30 万～60 万元；对直接责任人，罚款 3 万～30 万元；对控股股东，罚款 3 万～30 万元 | 对披露义务人，罚款 100 万～1 000 万元；对直接责任人，罚款 50 万～500 万元；对控股股东、罚款 100 万～1 000 万元 |
| 违规减持 | 罚款 3 万～30 万元 | 罚款买卖证券等值以下金额 |
| 短线交易 | 罚款 3 万～10 万元 | 罚款 10 万～100 万元 |
| 内幕交易 | 罚款违法所得的 1～5 倍，违法所得不足 3 万元的罚款 3 万～60 万元 | 罚款违法所得的 1～10 倍，违法所得不足 50 万的罚款 50 万～500 万元 |
| 操纵市场 | 罚款违法所得的 1～5 倍，违法所得不足 30 万元的罚款 30 万～300 万元 | 罚款违法所得的 1～10 倍，违法所得不足 100 万元的罚款 100 万～1 000 万元 |
| 控制权收购违规 | 对收购人，罚款 10 万～30 万元；对直接责任人，罚款 3～30 万元 | 对收购人，罚款 50 万～500 万元；对直接责任人，罚款 20 万～200 万元 |
| 证券公司承销或销售擅自公开发行的证券 | 罚款违法所得的 1～5 倍，直接责任人罚款 3 万～30 万元 | 罚款违法所得的 1～10 倍。直接责任人罚款 50 万～500 万元 |
| 证券公司承销证券违反规定 | 对证券公司罚款 30 万～60 万元；对直接责任人罚款 3 万～30 万元 | 对证券公司罚款 50 万～500 万元；对直接责任人罚款 20 万～200 万元，情节严重的罚款 50 万～500 万元 |

资料来源：证监会，全国人民代表大会常务委员会。

## 复习思考题

1. 简述证券的概念和特征。
2. 简述股票的概念和特征。
3. 股份有限公司公开发行股票的条件有哪些？
4. 简述公司债券的概念和特征。
5. 发行公司债券的条件有哪些？
6. 简述证券投资基金的概念和特征。
7. 我国证券交易的一般规则有哪些？
8. 公司债券上市的条件有哪些？
9. 证券投资基金上市的条件有哪些？
10. 简述要约收购规则。

## 案例分析题

1. A公司于2016年6月在上海证券交易所上市。2020年4月，A公司聘请B证券公司作为向不特定对象公开募集股份（以下简称"增发"）的保荐人。B证券公司就本次增发编制的发行文件有关要点如下：

（1）A公司最近3年的有关财务数据见表5-2：

表5-2　　　　　　　　A公司最近3年的有关财务数据　　　　　　　（单位：万元）

| 年度 \ 类别 | 2017年度 | 2018年度 | 2019年度 |
| --- | --- | --- | --- |
| 总资产 | 156,655 | 176,655 | 186,655 |
| 净资产 | 78,600 | 83,088 | 85,476 |
| 净利润 | 4,288 | 4,488 | 5,260 |

A公司于2017年度以资本公积转赠股本，每10股转赠2股，转赠资本公积7 200万元；2018年度每10股分配利润0.5元（含税），共分配利润1 900万元；2019年度以利润送红股，每10股送1股，共分配利润5 184万元（含税）。

（2）A公司于2018年10月为股东C公司违规提供担保而被有关监管部门责令改正；2019年1月，在经过A公司董事会全体董事同意并作出决定后，A公司为信誉良好和业务往来密切的D公司向银行一次借款1亿元提供了担保。

（3）A公司于2017年6月将所属5 000万元委托E证券公司进行理财，直到2019年11月，E证券公司才将该委托理财资金全额返还A公司，A公司亏损财务费80万元。

（4）本次增发的发行价格拟按公告招股意向书前20个交易日公司股票均价的90%确定。

要求：

根据上述内容，分别回答下列问题：

(1)A公司的盈利能力和已分配利润的情况是否符合增发的条件？并分别说明理由。

(2)A公司的净资产收益率是否符合增发的条件？并说明理由。

(3)A公司为C公司违规提供担保的事项是否构成本次增发的障碍？并说明理由。

(4)A公司的委托理财事项是否构成本次增发的障碍？并说明理由。

(5)A公司本次增发的发行价格的确定方式是否符合有关规定？并说明理由。

2.某股份有限公司（下称公司）于2018年6月在上海证券交易所上市。2019年以来，公司发生了下列事项：

(1)2019年5月，董事赵某将所持公司股份20万股中的2万股卖出；2020年3月，董事钱某将所持公司股份10万股中的25 000股卖出；董事孙某因出国定居，于2019年7月辞去董事职务，并于2020年3月将其所持公司股份5万股全部卖出。

(2)监事李某于2019年4月9日以均价每股8元价格购买5万股公司股票，并于2019年9月10日以均价每股16元价格将上述股票全部卖出。

(3)2019年5月12日，公司发布年度报告。为该公司年报出具审计报告的注册会计师周某于同年5月20日购买该公司股票1万股。

(4)公司股东大会于2019年5月8日通过决议，由公司收购本公司股票900万股，即公司已发行股份总额的3%，用于奖励本公司职工。同年6月，公司从资本公积金中出资收购上述股票，并将其中的600万股转让给公司职工，剩余的300万股拟在2020年10月转让给即将被吸收合并于该公司的另一企业的职工。

(5)2020年7月，公司决定拟以定向发行的方式引进外国战略投资者。双方签订的意向协议约定：第一，本次定向发行完成后，外国战略投资者首次投资取得公司已发行股份的8%；第二，外国战略投资者本次定向认购的股份在2年内不得转让。

要求：根据本题所述内容，分别回答下列问题：

(1)赵某、钱某和孙某卖出所持公司股票的行为是否符合法律规定？并分别说明理由。

(2)李某买卖公司股票的行为是否符合法律规定？并说明理由。

(3)周某买入公司股票的行为是否符合法律规定？并说明理由。

(4)公司收购用于奖励职工的本公司股票数额是否符合法律规定？并说明理由。公司从资本公积金中出资收购用于奖励职工的本公司股票的行为是否符合法律规定？并说明理由。公司预留300万股股票拟在2020年10月转让其他职工的行为是否符合法律规定？并说明理由。

(5)公司与外国战略投资者签订的意向协议约定的内容是否符合法律规定？并说明理由。

# 第六章 企业破产法律制度

## 本章学习目的与要求

通过本章学习,掌握破产的概念和法律特征;了解《中华人民共和国企业破产法》的立法过程和立法宗旨;掌握破产原因、破产申请的提出和破产申请的受理;掌握法院受理破产案件的法律效力;掌握管理人的概念、管理人的选任及更换、管理人的任职资格;掌握破产和解与破产重整的区别与联系;了解破产宣告的概念和人民法院宣告债务人破产的情况;掌握破产财产的清偿顺序。

## 课程思政

通过企业破产法律制度的学习,培养学生善于用法治的思维来思考、理解社会主义市场经济生活中的企业破产行为,了解"自由、平等、公正、法治"的社会主义核心价值观的深刻内涵,自觉维护社会主义市场经济秩序,努力打造市场化、法治化、国际化营商环境,以法治的力量推动高质量发展。

## 第一节 企业破产法律制度概述

### 一、破产的概念与法律特征

#### (一)破产的概念

破产,是指当债务人的全部资产不足以清偿到期债务时,债权人通过一定程序将债务人的全部资产供其平均受偿,从而使债务人免除不能清偿的其他债务,并由法院宣告破产解散的一种特定的法律程序。

破产有广义和狭义之分,狭义上的破产是指破产清算程序,但在谈及企业破产法律制度时,我们通常指的是广义的破产,广义的破产不仅包括破产清算制度,而且包括以挽救债务人、避免其破产为目的的重整以及和解法律制度。

破产是商品经济发展到一定阶段必然出现的法律现象,是债务人在经济上发生困难,无法以其清偿能力对全部债权人的债权清偿时,利用法律上的方法执行的一种法律程序。

#### (二)破产的法律特征

**1. 破产是在特定情况下所采用的偿债手段**

债务人出现"全部资产不足以清偿到期债务时",这里的债务是指到期债务,债务人缺乏清偿全部债务的能力,并且其全部债务超过全部资产的情形下,才能采用破产的方式。

**2. 破产的主要目的是公平地清偿债务**

破产的目的是将破产企业的财产按一定比例分配给债权人，使债权人得到公平的补偿。破产清算制度的基本功能和主要目的，在于使债权人公平受偿。债务人破产时，常常不能同时满足全部债权人的清偿要求，需要合理的分配破产企业的财产，当破产程序启动后，各个债权人只能按照法律规定的申报方式申报债权。

**3. 破产是一种特殊的审判程序**

如果债务人以全部资产清偿全部债务，没有通过法院，则不具有法律意义上的破产性质。破产涉及法院、债权人、债务人、清算组等。破产是在法院的指挥和监督下，在特定机构或人员的参与和辅助下实施的一种债务清理程序。整个破产程序是一种特殊的司法审判程序。

## 二、企业破产法

### (一)《企业破产法》的立法过程

1986年，我国推出了第一部企业破产法，即《中华人民共和国企业破产法(试行)》，但这部法律只适用于全民所有制企业，而且冠以"试行"二字。这一"试行"，一直沿用了20年。

2006年8月27日，第十届全国人大常委会第23次会议通过了《中华人民共和国企业破产法》(以下简称《企业破产法》)，自2007年6月1日起施行。新《企业破产法》的适用范围扩大到所有的企业法人，新《企业破产法》引入国际通行的破产管理人制度，规定管理人主要由律师事务所、会计师事务所、破产清算事务所等社会中介机构担任，按照市场化方式进行运作，引入重整制度，不对无偿付能力债务人的财产立即进行清算，而是在法院的主持下由债务人与债权人达成协议，制订重整计划，规定在一定的期限内，债务人按一定的方式全部或部分清偿债务，同时债务人可以继续经营其业务。

2007年《中华人民共和国民事诉讼法》修改，删除原法第十九章"企业法人破产还债程序"，我国所有企业的破产统一由《企业破产法》调整。

为保障新企业破产法得以更好实施，最高人民法院分别于2011年9月9日发布了《最高人民法院关于〈中华人民共和国企业破产法〉若干问题的规定(一)》，自2011年9月26日起施行；2013年9月5日发布了《最高人民法院关于〈中华人民共和国企业破产法〉若干问题的规定(二)》，自2013年9月16日起施行；2019年2月25日由最高人民法院审判委员会第1762次会议通过，《最高人民法院关于适用〈中华人民共和国企业破产法〉若干问题的规定(三)》，并予以公布，自2019年3月28日起施行。

### (二)《企业破产法》的立法宗旨

《企业破产法》的立法宗旨，是规范企业破产程序，公平清理债权债务，保护债权人和债务人的合法权益，维护社会主义市场经济秩序。

《企业破产法》对所有企业破产的程序作出了统一的规定，破产程序合理规范，更好地维护了各方当事人的合法权益。公平是《企业破产法》的第一理念，保护债权人的合法权益是《企业破产法》的重要目标。进入破产程序，债务人仍享有一定的权利，例如和解与重整申请权，法律也需要进一步保护债务人的合法权益。新《企业破产法》的实施，扩大了原有《企业破产法》的适用范围,赋予非法人组织以破产能力,统一破产原因,平等对待不同破产主体,增设了重整制度,实行和解程序、重整程序与清算程序的分离,引入了破产管理人制度,实行债权人自治,维护了社会主义市场经济秩序。

## 第二节 破产申请与受理

### 一、破产原因

破产原因,也称破产界限,是指法院据以对债务人开始破产程序或者宣告债务人破产的依据,是破产程序适用所依据的法律事实。

《企业破产法》规定,破产原因是企业法人不能清偿到期债务,并且资产不足以清偿全部债务或者明显缺乏清偿能力。

#### (一)不能清偿到期债务的含义

(1)债务人客观上缺乏清偿能力,而不是债务人主观上不愿意支付,或者主观上恶意拒绝支付。债务人客观上不能清偿,是指债务人的履行期届满,而债务人没有按时履行的客观事实,是客观上缺乏还清债务的能力。

(2)债务人不能清偿的是到期债务。债务人如有债务,是未来某个时间履行债务,不是到期债务,则不构成《企业破产法》中的不能清偿债务。

(3)债务人不能清偿到期债务处于一种持续状态。债务人的债务不是因为资金周转等原因暂时延期支付,而是可预见的长期内持续不能清偿。

#### (二)资产不足以清偿全部债务的含义

资产不足以清偿全部债务,简称资不抵债,又称为债务超过,是指债务人负债数额超过实有资产,其着眼点是资债比例关系,考察债务人的偿还能力以实有资产为限,强调以财产作为债务偿还的实际保障。资不抵债,需要与不能清偿到期债务相结合,才能构成《企业破产法》中破产的原因,如果仅仅是资不抵债,而没有不能清偿到期债务,则不构成破产。很多小公司刚刚建立的时候,也许就处于资不抵债的状态,但是债务是能够清偿的,或者债务不是到期债务,这个时候就不构成破产的原因。

破产申请 1

#### (三)明显缺乏清偿能力的含义

明显缺乏清偿能力,是指企业不能以任何方法清偿债务,穷尽了清偿债务的一切可能性。清偿能力不仅包括财产,而且包括信誉、技术等其他因素。

### 二、破产申请的提出

破产申请的提出是人民法院受理破产案件的前提,也是破产程序开始的依据。破产申请是破产申请人请求人民法院受理破产案件的意思表示。

#### (一)破产申请人

债务人、债权人和负有清算责任的人均可以提出破产申请。

破产申请 2

123

#### 1. 债务人

债务人可以向人民法院提出重整、和解或者破产清算申请。债务人不能清偿到期债务，并且资产不足以清偿全部债务或者明显缺乏清偿能力的，可以向人民法院提出重整、和解或者破产清算申请。

#### 2. 债权人

债务人不能清偿到期债务，债权人可以向人民法院提出对债务人进行重整或者破产清算的申请。债权人申请不具有集体诉讼的性质，提出破产申请的债权人仅行使自己的破产请求权。

#### 3. 负有清算责任的人

企业法人已解散但未清算或者未清算完毕，资产不足以清偿债务的，依法负有清算责任的人应当向人民法院申请破产清算。

### (二)破产申请的形式要件

破产申请的形式要件是指破产申请应遵循《企业破产法》所规定的程序要求，提交符合法律要求的申请书和材料。债权人与债务人均有权申请债务人破产，破产申请应当采用书面形式。

破产申请书应当载明下列事项：(1)申请人、被申请人的基本情况；(2)申请目的；(3)申请的事实和理由；(4)人民法院认为应当载明的其他事项。

债务人提出申请的，还应当向人民法院提交财产状况说明、债务清册、债权清册、有关财务会计报告、职工安置预案以及职工工资的支付和社会保险费用的缴纳情况。

### (三)破产案件的管辖

企业破产案件由债务人住所地人民法院管辖。债务人住所地是指债务人的主要办事机构所在地。债务人无办事机构的，由其注册地人民法院管辖。当事人的破产申请应向破产案件有管辖权的人民法院提出。

## 三、破产申请的受理

### (一)人民法院对破产申请的审查

#### 1. 审查形式要件

人民法院对破产申请程序的合法性进行审查，主要审查申请人是否合格、申请的形式要件是否符合，是否属于接受的人民法院管辖等。

#### 2. 审查实质要件

审查实质要件即对债务人是否具有破产能力、有无破产障碍、破产界限存在与否等进行审查。经审查后，对于符合条件的予以受理，反之则裁定不予受理。

人民法院受理破产申请前，申请人可以请求撤回申请。

### (二)人民法院对破产申请的受理期限

债权人提出破产申请的，人民法院应当自收到申请之日起五日内通知债务人。债务人对申请有异议的，应当自收到人民法院的通知之日起七日内向人民法院提出。人民法院应当自异议期满之日起十日内裁定是否受理。除上述规定的情形外,人民法院应当自收到破产申请之日起十五日内裁定是否受理。有特殊情况需要延长前面规定的裁定受理期限的,经上一级人民法院批准,可以延长十五日。

### (三)人民法院对破产申请的送达

人民法院受理破产申请的,应当自裁定作出之日起五日内送达申请人。债权人提出申请的,人民法院应当自裁定作出之日起五日内送达债务人。债务人应当自裁定送达之日起十五日内,向人民法院提交财产状况说明、债务清册、债权清册、有关财务会计报告以及职工工资的支付和社会保险费用的缴纳情况。

人民法院裁定不予受理破产申请的,应当自裁定作出之日起五日内送达申请人并说明理由。申请人对裁定不服的,可以自裁定送达之日起十日内向上一级人民法院提起上诉。

人民法院受理破产申请后至破产宣告前,经审查发现债务人不符合本法规定情形的,可以裁定驳回申请。申请人对裁定不服的,可以自裁定送达之日起十日内向上一级人民法院提起上诉。

### (四)人民法院受理破产申请的通知和公告

人民法院裁定受理破产申请的,应当同时指定管理人。人民法院应当自受理破产申请之日起二十五日内通知已知债权人,并予以公告。

通知和公告应当载明下列事项:(1)申请人、被申请人的名称或者姓名;(2)人民法院受理破产申请的时间;(3)申报债权的期限、地点和注意事项;(4)管理人的名称或者姓名及其处理事务的地址;(5)债务人的债务人或者财产持有人应当向管理人清偿债务或者交付财产的要求;(6)第一次债权人会议召开的时间和地点;(7)人民法院认为应当通知和公告的其他事项。

## 四、债务人企业有关人员的破产义务

《企业破产法》规定,自人民法院受理破产申请的裁定送达债务人之日起至破产程序终结之日,债务人的有关人员承担下列义务:(1)妥善保管其占有和管理的财产、印章和账簿、文书等资料;(2)根据人民法院、管理人的要求进行工作,并如实回答询问;(3)列席债权人会议并如实回答债权人的询问;(4)未经人民法院许可,不得离开住所地;(5)不得新任其他企业的董事、监事、高级管理人员。

有关人员,是指拟破产企业的法定代表人;经人民法院决定,还可以包括企业的财务管理人员和其他经营管理人员。

## 五、法院受理破产案件的法律效力

### (一)破产受理对债务人的效力

人民法院受理破产申请后,债务人的财产处分权即受到限制。人民法院受理破产申请后,债务人对个别债权人的债务清偿无效。人民法院受理破产申请后,债务人的债务人或者财产持有人应当向管理人清偿债务或者交付财产。债务人的债务人或者财产持有人故意违反规定向债务人清偿债务或者交付财产,使债权人受到损失的,不免除其清偿债务或者交付财产的义务。

### (二)破产受理对债权人的效力

人民法院受理破产申请时,对债务人享有债权的债权人应当依法申报债权,该债权包括一切合法事由产生的债权。人民法院受理破产案件后,债权人不得单独向债务人行使债权,有财产担保的债权人,在破产申请受理至破产宣告期间,未经法院许可,不得就担保财产行使优先受偿权。

### (三)破产受理对有关债务人的诉讼、仲裁、财产的保全措施和执行程序的效力

人民法院受理破产申请后,有关债务人财产的保全措施应当解除,执行程序应当中止。

### (四)破产受理对第三人的效力

人民法院受理破产申请后,管理人对破产申请受理前成立而债务人和对方当事人均未履行完毕的合同有权决定解除或者继续履行,并通知对方当事人。管理人自破产申请受理之日起二个月内未通知对方当事人,或者自收到对方当事人催告之日起三十日内未答复的,视为解除合同。管理人决定继续履行合同的,对方当事人应当履行;但是,对方当事人有权要求管理人提供担保。管理人不提供担保的,视为解除合同。管理人决定解除或者继续履行合同,应当以保障债权人权益最大化为原则。

## 六、管理人

### (一)管理人的概念与法律特征

#### 1. 管理人的概念

管理人,是指在破产案件中受人民法院指定,在企业重整、和解或破产清算程序中负责债务人的财产管理和破产财产的处分,以及破产方案拟定和执行等破产事务的专门机构。

#### 2. 管理人的法律特征

(1)相对独立性

管理人的相对独立性,是指管理人具有独立的法律地位,有自己独立的财产,对外能够独立承担责任;管理人不隶属于法院领导管理,与债权人、债务人保持一定程度的独立性,在破产案件中,能够按照自己的意思独立地实施处理破产事务的行为。

(2)中立性

管理人的中立性包括两个方面:一方面是指管理人与破产程序中的各利益主体没有利益关联关系;另一方面是指管理人职权来源上的法定性,即管理人处理破产事务时所享有的职权,只能基于法律的规定,不对法院或者其他当事人负责,若管理人违反法律而给债权人、债务人或者第三人造成损失,则必须承担相应的法律责任。

(3)专业化

管理人的专业化要求,是指管理人必须具备专业的知识能力和经验,具体包括以下几方面:要通晓法律知识;要熟悉会计业务,具有管理财产的能力;要熟悉商业交易规则等。一般管理人由律师事务所、会计师事务所、破产清算事务所等社会中介机构组成。

## (二)管理人的选任及更换

### 1. 管理人的选任

管理人由人民法院指定。管理人主要有两种：一是清算组。二是社会中介机构。另外，若债务人的债务规模较小、债权债务较为简单，法院在征求有关机构的意见后，也可指定符合条件的个人担任管理人。

人民法院根据债务人的实际情况，可以在征询有关社会中介机构的意见后，指定该机构具备相关专业知识并取得执业资格的人员担任管理人。管理人的指定有随机、竞争、接受推荐三种方式。

受理企业破产案件的人民法院指定管理人，一般应从本地管理人名册中指定。对于商业银行、证券公司、保险公司等金融机构以及在全国范围内有重大影响、法律关系复杂、债务人财产分散的企业破产案件，人民法院可以从所在地区高级人民法院编制的管理人名册列明的其他地区管理人或者异地人民法院编制的管理人名册中指定管理人。受理企业破产案件的人民法院，一般应指定管理人名册中的社会中介机构担任管理人。

对于商业银行、证券公司、保险公司等金融机构或者在全国范围有重大影响、法律关系复杂、债务人财产分散的企业破产案件，人民法院可以采取公告的方式，邀请编入各地人民法院管理人名册中的社会中介机构参与竞争，从参与竞争的社会中介机构中指定管理人。参与竞争的社会中介机构不得少于三家。采取竞争方式指定管理人的，人民法院应当组成专门的评审委员会。采取竞争方式指定管理人的，人民法院应当确定一至两名备选社会中介机构，作为需要更换管理人时的接替人选。评审委员会应当结合案件的特点，综合考量社会中介机构的专业水准、经验、机构规模、初步报价等因素，从参与竞争的社会中介机构中择优指定管理人。被指定为管理人的社会中介机构应经评审委员会成员二分之一以上通过。

### 2. 管理人的任职资格

管理人应该由具备专业知识的机构和个人来担任。管理人可以由有关部门、机构的人员组成的清算组或者依法设立的律师事务所、会计师事务所、破产清算事务所等社会中介机构担任。个人担任管理人的，应当参加执业责任保险。

有下列情形之一的，不得担任管理人：(1)因故意犯罪受过刑事处罚；(2)曾被吊销相关专业执业证书；(3)与本案有利害关系；(4)人民法院认为不宜担任管理人的其他情形。

### 3. 管理人的权利

(1)工作人员聘用权

管理人经人民法院许可，可以聘用必要的工作人员。

(2)获得报酬权

管理人的报酬由人民法院确定。债权人会议对管理人的报酬有异议的，有权向人民法院提出。

(3)请求人民法院行使撤销权

人民法院受理破产申请前一年内，涉及债务人财产的下列行为，管理人有权请求人民法院予以撤销：无偿转让财产的；以明显不合理的价格进行交易的；对没有财产担保的债务提供财产担保的；对未到期的债务提前清偿的；放弃债权的。

**4. 管理人的义务**

(1)勤勉义务、忠实义务

管理人应当勤勉尽责，忠实执行职务。

(2)无正当理由不得辞职

管理人没有正当理由不得辞去职务。管理人辞去职务应当经人民法院许可。

**5. 管理人的职责**

管理人应当履行下列职责：(1)接管债务人的财产、印章和账簿、文书等资料；(2)调查债务人财产状况，制作财产状况报告；(3)决定债务人的内部管理事务；(4)决定债务人的日常开支和其他必要开支；(5)在第一次债权人会议召开之前，决定继续或者停止债务人的营业；(6)管理和处分债务人的财产；(7)代表债务人参加诉讼、仲裁或者其他法律程序；(8)提议召开债权人会议；(9)人民法院认为管理人应当履行的其他职责。

## 第三节 债权人会议

### 一、债权人会议的概念

我国破产程序中的债权人会议，是在破产程序进行中，由所有依法申报债权的债权人组成的，以保障债权人共同利益为目的，在人民法院监督下，讨论决定有关破产事宜，表达债权人意志，统一债权人行为的破产议事机构。债权人会议，是全体债权人参与破产程序的意思表示机关，在破产程序中，债权人人数众多，很难单独行使权利，所以需要设立一个专门的机构，协调债权人意志，公平地保护全体债权人的利益。

在破产程序中，所有重大事项，均应由债权人会议集体决议，债权人会议仅代表全体债权人的一般利益，债权人会议是一种权力机关，不具有一般民事主体资格。

### 二、债权人会议的组成人员和不得行使表决权的债权人

#### (一)债权人会议的组成人员

债权人会议的组成人员包括无财产担保的债权人、有财产担保的债权人和代替债务人清偿债务后享有求偿权的人等。依法申报债权的债权人均为债权人会议的组成人员，有权参加债权人会议，享有表决权。

债权人有委托代理人参加债权人会议的权利。债权人会议应当由债务人的职工和工会的代表参加，对有关事项发表意见。债权人会议设主席一人，由人民法院从有表决权的债权人中指定，债权人会议主席主持债权人会议。

#### (二)债权人会议中不得行使表决权的债权人

(1)除人民法院能够为其行使表决权而临时确定债权额外，债权尚未确定的债权人不得行使表决权。

债权尚未确定主要有两种情况：债权已经发生，但具体数额尚未确定；债权为或然债权，是否发生尚难以确定，如附停止条件的债权、将来求偿权以及有争议或者诉讼未决的债权，因此很难计算其所代表的债权额，所以一般不能享有表决权。

（2）对债务人的特定财产享有担保权的债权人，未放弃优先受偿权利的，对通过和解协议、破产财产的分配方案不享有表决权。

### 三、债权人会议的召集、职权及决议

#### （一）债权人会议的召集

第一次债权人会议由人民法院召集，自债权申报期限届满之日起15日内召开。以后的债权人会议，在人民法院认为必要时，或者管理人、债权人委员会、占债权总额四分之一以上的债权人向债权人会议主席提议时召开。

#### （二）债权人会议的职权

债权人会议行使下列职权：

(1)核查债权；(2)申请人民法院更换管理人，审查管理人的费用和报酬；(3)监督管理人；(4)选任和更换债权人委员会成员；(5)决定继续或者停止债务人的营业；(6)通过重整计划；(7)通过和解协议；(8)通过债务人财产的管理方案；(9)通过破产财产的变价方案；(10)通过破产财产的分配方案；(11)人民法院认为应当由债权人会议行使的其他职权。

#### （三）债权人会议的决议规则及效力

债权人会议的决议，由出席会议的有表决权的债权人过半数通过，并且其所代表的债权额占无财产担保债权总额的1/2以上。但是，《企业破产法》另有规定的除外。

债权人认为债权人会议的决议违反法律规定，损害其利益的，可以自债权人会议作出决议之日起15日内，请求人民法院裁定撤销该决议，责令债权人会议依法重新作出决议。

债权人会议应当对所议事项的决议作成会议记录。债权人会议的决议，对于全体债权人均有约束力。

### 四、债权人委员会

#### （一）债权人委员会的概念

债权人会议可以决定设立债权人委员会。债权人委员会由债权人会议选任的债权人代表和一名债务人的职工代表或者工会代表组成。债权人委员会成员不得超过9人。债权人委员会成员应当经人民法院书面决定认可。

债权人委员会是债权人会议的代表机关，是为实现债权人的共同利益，代表债权人全体利益，确保破产程序的顺利进行而设立的常设机构。

#### （二）债权人委员会的职权

债权人委员会行使下列职权：(1)监督债务人财产的管理和处分；(2)监督破产财产分配；(3)提议召开债权人会议；(4)债权人会议委托的其他职权。

债权人委员会执行职务时，有权要求管理人、债务人的有关人员对其职权范围内的事务作出说明或者提供有关文件。

管理人、债务人的有关人员违反《企业破产法》规定拒绝接受监督的,债权人委员会有权就监督事项请求人民法院作出决定;人民法院应当在5日内作出决定。

### (三)管理人向债权人委员会报告制度

管理人实施下列行为,应当及时报告债权人委员会:(1)涉及土地、房屋等不动产权益的转让;(2)探矿权、采矿权、知识产权等财产权的转让;(3)全部库存或者营业的转让;(4)借款;(5)设定财产担保;(6)债权和有价证券的转让;(7)履行债务人和对方当事人均未履行完毕的合同;(8)放弃权利;(9)担保物的取回;(10)对债权人利益有重大影响的其他财产处分行为。

未设立债权人委员会的,管理人实施前款规定的行为应当及时报告人民法院。

## 第四节 破产重整与破产和解

### 一、破产重整制度

#### (一)破产重整的概念和特征

**1. 破产重整的概念**

破产重整,又称为破产整顿,是指由利害关系人申请,依照法律规定的程序,对可能或已经具备破产原因但又有挽救希望的法人企业,在法院的主持和利害关系人的参与下,进行营业重组与债务清理,以避免破产的破产预防制度。

破产重整,可以使债权人获得更多的清偿利益,能够预防企业破产,使企业能够重新经营,使破产企业摆脱困境。

**2. 破产重整的特征**

(1)破产重整的直接目的是挽救破产企业,使破产企业能够避免破产,使企业能够得以重建,也有利于保护债权人的利益。

(2)破产重整的时间发生于破产企业被解散或者被宣告破产之前,如果企业已经解散或者宣告破产,则没有破产重整的必要。

(3)破产重整优先原则。同时存在破产、和解与重整的情况下,破产重整优先。

(4)破产重整具有强制性。只要债权人会议通过了重整计划,并经人民法院批准,则破产重整对所有当事人均具有法律效力。

(5)债务人可执行重整计划。债务人自行管理财产和营业事务的,由债务人制作重整计划草案。

#### (二)重整申请

**1. 重整申请人**

(1)债务人

债务人可依法提出重整申请。债务人提出重整申请的情形有以下两种:一是债务人不能清偿到期债务并且资产不足以清偿全部债务或者明显缺乏清偿能力,或者有可能丧失清偿能力时,可以直接向人民法院申请重整;二是债权人提出破产申请且人民法院受理破产案件后破产宣告前,债务人或者出资额占债务人注册资本十分之一以上的出资人,可以向人民法院申请重整。

(2)债权人

当债务人不能清偿到期债务时,债权人可以向人民法院提出对债务人进行重整的申请。

**2. 重整期间**

(1)重整期间的起算和终止

自人民法院裁定债务人重整之日起至重整程序终止,为重整期间。我国《企业破产法》规定,在重整申请被人民法院裁定接受后开始,也就是重整期间的起算点。重整期间的结束时间,即重整期间的终结点,为重整程序终止的时间。

(2)重整程序终结的情形

在重整期间,债务人的经营状况和财产状况继续恶化、缺乏挽救的可能性或者债务人有欺诈、恶意减少企业财产、无理拖延或者其他显著不利于债权人的行为或者由于债务人的行为致使管理人无法执行职务的;债务人或管理人未按期提出重整计划草案的;人民法院裁定批准重整计划草案的;重整计划草案未获通过且没有得到人民法院批准的;人民法院经审查认为重整计划草案不符合法律要求的。

(3)重整期间对重整人的授权

重整期间的重整人又称为营业机构,是指由人民法院指定的在重整期间负责债务人财产的管理和营业事务以及拟订重整计划的机构。

在重整期间,债务人的财产管理和营业事务执行,可以由债务人或管理人负责。管理人负责管理财产和营业事务的,可以聘任债务人的经营管理人员负责营业事务。

(4)重整期间对担保权行使的限制

在重整期间,对债务人的特定财产享有的担保权暂停行使。但是,担保物有损坏或者价值明显减少的,足以危害担保权人权利的,担保权人可以向人民法院请求恢复行使担保权。在重整期间,债务人或者管理人为继续营业而借款的,可以为该借款设定担保。

(5)重整期间对财产取回权行使的限制

债务人合法占有的他人财产,该财产的权利人在重整期间要求取回的,应当符合事先约定的条件。

(6)重整期间对投资收益分配权和股权转让的限制

在重整期间,债务人的出资人不得请求投资收益分配。在重整期间,债务人的董事、监事、高级管理人员不得向第三人转让其持有的债务人的股权。但是,经人民法院同意的除外。

**(三)重整计划**

重整计划是由重整人或者其他利害关系人拟订的,就债务清偿和企业拯救作出的综合性协议,是重整程序中的法定文件。

**1. 重整计划的制订**

债务人自行管理财产和营业事务的,由债务人制作重整计划草案。管理人负责管理财产和营业事务的,由管理人制作重整计划草案。

重整计划草案应当包括下列内容：(1)债务人的经营方案；(2)债权分类；(3)债权调整方案；(4)债权受偿方案；(5)重整计划的执行期限；(6)重整计划执行的监督期限；(7)有利于债务人重整的其他方案。

债务人或者管理人应当自人民法院裁定债务人重整之日起六个月内，同时向人民法院和债权人会议提交重整计划草案。该期限届满，经债务人或者管理人请求，有正当理由的，人民法院可以裁定延期三个月。

#### 2. 重整计划草案表决的分组标准

债权人参加讨论重整计划草案的债权人会议，依照下列债权分类，分组对重整计划草案进行表决：(1)对债务人的特定财产享有担保权的债权；(2)债务人所欠职工的工资和医疗、伤残补助、抚恤费用，所欠的应当划入职工个人账户的基本养老保险、基本医疗保险费用，以及法律、行政法规规定应当支付给职工的补偿金；(3)债务人所欠税款；(4)普通债权。

#### 3. 重整计划的表决

人民法院在必要时可以决定在普通债权组中设小额债权组对重整计划草案进行表决。

人民法院应当自收到重整计划草案之日起三十日内召开债权人会议，对重整计划草案进行表决。出席会议的同一表决组的债权人过半数同意重整计划草案，并且其所代表的债权额占该组债权总额的三分之二以上的，即视为该组通过重整计划草案。债务人或者管理人应当向债权人会议就重整计划草案作出说明，并回答询问。

经人民法院裁定批准的重整计划，对债务人和全体债权人均有约束力，包括对债务人的特定财产享有担保权的债权人。

#### 4. 重整计划的执行

重整计划由债务人负责执行。人民法院裁定批准重整计划后，已接管财产和营业事务的管理人应当向债务人移交财产和营业事务。

#### 5. 重整计划执行的终止及其效力

(1)重整计划执行的终止

债务人不能执行或者不执行重整计划的，人民法院经管理人或者利害关系人请求，应当裁定终止重整计划的执行，并宣告债务人破产。

(2)终止重整计划执行的效力

人民法院裁定终止重整计划执行的，债权人在重整计划中作出的债权调整的承诺失去效力；债务人不能执行或者不执行重整计划的，人民法院经管理人或者利害关系人请求，应当裁定终止重整计划的执行，并宣告债务人破产的，为重整计划的执行提供的担保继续有效。

### 二、破产和解制度

#### (一)破产和解的概念

破产和解，是指在人民法院受理破产案件后，在破产程序终结前，债务人与债权人之间就债务清偿延期或者减免等事项达成协议，中止破产程序的一种破产预防程序。

破产和解是一种特殊的法律行为,这种法律行为不仅需要债权人与债务人意思表示一致,而且要经过人民法院的裁定认可,方能成立。

### (二)破产和解的目的

破产和解的目的在于预防和避免破产,并使债权人有可能从债务人处获得比通过破产程序更多的清偿。与破产清算程序相比,破产和解、破产重整都属于预防破产的法律制度范畴。

### (三)破产和解的程序

#### 1. 和解申请的提出

债务人可以直接向人民法院申请和解;也可以在人民法院受理破产申请后、宣告债务人破产前,向人民法院申请和解。只有债务人才享有提起和解申请的权利,债务人有和解的意图,和解才能顺利进行。

#### 2. 和解协议

和解协议草案,一般包括:债务人的财产状况说明;债务情况;债务清偿的方式与期限;确保执行和解协议的措施。

人民法院经审查认为和解申请符合规定的,应当裁定和解,予以公告,并召集债权人会议讨论和解协议草案。对债务人的特定财产享有担保权的权利人,自人民法院裁定和解之日起可以行使权利。

债权人会议通过和解协议的决议,由出席会议的有表决权的债权人过半数同意,并且其所代表的债权额占无财产担保债权总额的三分之二以上。

#### 3. 和解协议的效力

(1)和解协议的约束力

经人民法院裁定认可的和解协议,对债务人和全体和解债权人均有约束力。

和解债权人是指人民法院受理破产申请时对债务人享有无财产担保债权的人。

和解债权人未依照规定申报债权的,在和解协议执行期间不得行使权利;在和解协议执行完毕后,可以按照和解协议规定的清偿条件行使权利。

和解程序对就债务人特定财产享有担保权的权利人无约束力,自人民法院裁定和解之日起,有财产担保的债权人,可以请求变卖设有担保的财产,行使优先受偿权。

(2)和解协议的无效

因债务人的欺诈或者其他违法行为而成立的和解协议,人民法院应当裁定无效,并宣告债务人破产。有上述规定情形的,和解债权人因执行和解协议所受的清偿,在其他债权人所受清偿同等比例的范围内,不予返还。

(3)和解协议的终止执行

债权人会议通过和解协议的,由人民法院裁定认可,终止和解程序,并予以公告。管理人应当向债务人移交财产和营业事务,并向人民法院提交执行职务的报告。和解协议草案经债权人会议表决未获得通过,或者已经债权人会议通过的和解协议未获得人民法院认可的,人民法院应当裁定终止和解程序,并宣告债务人破产。

因债务人的欺诈或者其他违法行为而成立的和解协议,人民法院应当裁定无效,并宣告债务人破产。

债务人不能执行或者不执行和解协议的,人民法院经和解债权人请求,应当裁定终止和解协议的执行,并宣告债务人破产。人民法院裁定终止和解协议执行的,和解债权人在和解协议中作出的债权调整的承诺失去效力。和解债权人因执行和解协议所受的清偿仍然有效,和解债权未受清偿的部分作为破产债权。上述债权人,只有在其他债权人同自己所受的清偿达到同一比例时,才能继续接受分配。

## 第五节 破产清算

### 一、破产宣告

#### (一)破产宣告的概念

破产宣告,是指人民法院依据当事人的申请或法定职权对具备破产原因的债务人,经审查认定,裁定宣告其破产并清偿债务的法律行为。

破产宣告是破产清算开始的标志,是由法院裁定的审判行为作出,破产宣告既可以由债权人或者债务人或者其他法定人员提出,也可以由法院依照法定职权作出。

#### (二)宣告债务人破产的情形

人民法院宣告债务人破产的情形如下:

(1)债务人被申请破产,而且债务人不能清偿到期债务,并且资产不足以清偿全部债务或者明显缺乏清偿能力。

(2)在重整期间,有下列情形之一的,经管理人或者利害关系人请求,人民法院应当裁定终止重整程序,并宣告债务人破产:①债务人的经营状况和财产状况继续恶化,缺乏挽救的可能性;②债务人有欺诈、恶意减少债务人财产或者其他显著不利于债权人的行为;③由于债务人的行为致使管理人无法执行职务。

(3)债务人进入破产重整程序,但是债务人或者管理人未能在法定期间内提出重整计划草案。《企业破产法》规定,债务人或者管理人应当自人民法院裁定债务人重整之日起六个月内,同时向人民法院和债权人会议提交重整计划草案,上述规定的期限届满,经债务人或者管理人请求,有正当理由的,人民法院可以裁定延期三个月;债务人或者管理人未能在上述期限内提出重整计划草案,人民法院应当裁定终止重整程序,并宣告债务人破产。

(4)重整计划未获通过,并且人民法院没有强制批准重整计划。

(5)债务人不能执行或者不执行重整计划的,人民法院经管理人或者利害关系人请求,应当裁定终止重整计划的执行,并宣告债务人破产。

(6)和解协议草案经债权人会议表决未获通过,或者已经债权人会议通过的和解协议未获得人民法院认可的,人民法院应当裁定终止和解程序,并宣告债务人破产。

(7)因债务人的欺诈或者其他违法行为而成立的和解协议,人民法院应当裁定无效,并宣告债务人破产。

(8)债务人不能执行或者不执行和解协议的,人民法院经和解债权人请求,应当裁定终止和解协议的执行,并宣告债务人破产。

## 二、破产财产的分配方案

破产变价程序完成后,管理人应当及时拟订破产财产分配方案,提交债权人会议讨论。破产财产分配方案应当载明下列事项:(1)参加破产财产分配的债权人名称或者姓名、住所;(2)参加破产财产分配的债权额;(3)可供分配的破产财产数额;(4)破产财产分配的顺序、比例及数额;(5)实施破产财产分配的方法。债权人会议通过破产财产分配方案后,由管理人将该方案提请人民法院裁定认可。

## 三、破产财产的清偿顺序

破产财产分配是指将破产财产按照法律规定的债权清偿顺序和案件实际情况决定的受偿比例进行清偿的程序。破产财产的分配应当遵守法定的分配顺序和分配方法。

### (一)破产费用与共益债务

**1. 破产费用**

破产费用,是指破产程序开始和进行中,为破产程序顺利进行与全体债权人共同利益而支付的各项费用的总称。

人民法院受理破产申请后发生的下列费用,为破产费用:破产案件的诉讼费用;管理、变价和分配债务人财产的费用;管理人执行职务的费用、报酬和聘用工作人员的费用。

**2. 共益债务**

共益债务,是指在法院受理破产申请后的破产程序中发生的,为了全体债权人共同利益所发生的债务以及因债务人财产所发生的债务。

人民法院受理破产申请后发生的下列债务,为共益债务:(1)因管理人或者债务人请求对方当事人履行双方均未履行完毕的合同所产生的债务;(2)债务人财产受无因管理所产生的债务;(3)因债务人不当得利所产生的债务;(4)债务人继续营业而应支付的劳动报酬和社会保险费用以及由此产生的其他债务;(5)管理人或者相关人员执行职务致人损害所产生的债务;(6)债务人财产致人损害所产生的债务。

**3. 破产费用与共益债务的清偿**

破产费用与共益债务由债务人财产随时清偿。债务人财产不足以清偿所有破产费用和共益债务的,先行清偿破产费用。债务人财产不足以清偿所有破产费用或者共益债务的,按照比例清偿。债务人财产不足以清偿破产费用的,管理人应当提请人民法院终结破产程序。人民法院应当自收到请求之日起15日内裁定终结破产程序,并予以公告。

### (二)破产财产的清偿顺序

破产财产在优先清偿破产费用和共益债务后,依照下列顺序清偿:
(1)破产人所欠职工的工资和医疗、伤残补助、抚恤费用,所欠的应当划入职工个人账户的基本养老保险、基本医疗保险费用,以及法律、行政法规规定应当支付给职工的补偿金;(2)破产人所欠缴的社会保障费用和破产人所欠税款;(3)普通破产债权。

破产财产不足以清偿同一顺序的清偿要求的,按照比例分配。破产企业的董事、监事和高级管理人员的工资按照该企业职工的平均工资计算。破产财产的分配应当以货币分配方式进行。但是,债权人会议另有决议的除外。

### 四、破产程序的终结

#### （一）破产程序终结的原因

破产程序终结的原因有以下几个方面:(1)债务人财产不足以清偿破产费用的,管理人应当提请人民法院终结破产程序。人民法院应当自收到请求之日起十五日内裁定终结破产程序,并予以公告。(2)人民法院受理破产申请后,债务人与全体债权人就债权债务的处理自行达成协议的,可以请求人民法院裁定认可,并终结破产程序。(3)破产宣告前,第三人为债务人提供足额担保或者为债务人清偿全部到期债务的,或者债务人已清偿全部到期债务的,人民法院应当裁定终结破产程序,并予以公告。(4)破产人无财产可供分配的,管理人应当请求人民法院裁定终结破产程序。(5)管理人在最后分配完结后,应当及时向人民法院提交破产财产分配报告,并提请人民法院裁定终结破产程序。人民法院应当自收到管理人终结破产程序请求之日起十五日内作出是否终结破产程序的裁定。裁定终结的,应当予以公告。

#### （二）破产程序终结的法律效力

**1. 破产程序对破产人的法律效力**

管理人应当自破产程序终结之日起十日内,持人民法院终结破产程序的裁定,向破产人原登记机关办理注销登记。

**2. 破产程序对破产管理人的法律效力**

管理人于办理注销登记完毕的次日终止执行职务。但是,存在诉讼或者仲裁未决情况的除外。

**3. 破产程序对一般债权人的法律效力**

破产程序终结后,破产人的主体资格消灭,一般债权人未清偿的债权予以消灭。

**4. 破产程序对连带债务人的法律效力**

破产人的保证人和其他连带债务人,在破产程序终结后,对债权人依照破产清算程序未受清偿的债权,依法继续承担清偿责任。

## 复习思考题

1. 简述破产的概念与法律特征。
2. 简述不能清偿到期债务的含义。
3. 论述管理人的概念、法律特征和管理人的任职资格。
4. 论述法院受理破产案件的法律效力。
5. 论述管理人的权利、义务和职责。
6. 简述债权人委员会的概念和职权。
7. 论述破产重整的概念和特征。

8.论述破产和解协议的效力。
9.论述破产财产的分配访案和清偿顺序。
10.论述破产程序终结的原因。

## 案例分析题

1.法院受理了甲公司的破产申请,管理人发现,甲公司与乙公司之间的债权债务较为复杂。

甲、乙公司有一合同并未履行完毕。

乙公司的某一项债权有房产抵押。

乙公司曾经租给甲公司一套设备并被毁坏,侵权人之前向甲公司支付了赔偿金。

请回答以下问题:

(1)乙公司有抵押房产的债权,甲公司能否在破产案件受理后行使抵押权?

(2)甲、乙公司有一合同并未履行完毕,管理人能否解除合同?

(3)乙公司能否取得设备被毁坏的赔偿金?

2.2018年3月,中天有限责任公司因资不抵债进入破产重整程序,大地有限责任公司对中天公司享有100万元的到期债权,但大地公司因业务繁忙在债权申报期间并没有申报债权。

2019年3月,中天公司重整计划执行完毕,全体普通债权人的清偿比例是45%。

请回答以下问题:

(1)中天公司是否承担对大地公司的偿还义务?

(2)大地公司享有的债权,是否应该参考中天公司重整方案,按同性质债权比例清偿?

(3)针对大地公司享有的债权,重整方案是否对大地公司产生法律效力?

# 第七章

# 消费者权益保护法律制度

## 本章学习目的与要求

通过本章的学习,掌握消费者的概念、特征及消费者权益保护法的发展;掌握《中华人民共和国消费者权益保护法》的基本原则;熟悉消费者十项基本权利以及经营者的十一项基本义务;重点掌握消费者的安全权、知情权、选择权、受尊重权;掌握消费者权益的国家保护与社会保护;掌握消费争议的解决方式以及经营者应当承担的法律责任。

## 课程思政

通过消费者权益保护法律制度的学习,培养学生在日常生活中自觉践行社会主义核心价值观;从自我做起,遵守职业道德和社会公德,自觉维护消费者合法权益,学会适度、理性维权;维护社会主义经济秩序,促进社会主义市场经济健康发展。

## 第一节 消费者权益保护法律制度概述

### 一、消费者的概念及其法律特征

#### (一)消费者的概念

消费作为社会再生产的一个重要环节,是生产、交换、分配的目的与归属,是一切生产经营活动的起点和终点,消费包括生产消费和生活消费两大方面。《中华人民共和国消费者权益保护法》(以下简称《消费者权益保护法》)未对消费者的概念作出明确的界定,只是规定消费者为生活消费需要购买、使用商品或者接受服务,其权益受本法保护;本法未作规定的,受其他有关法律、法规保护。农民购买、使用直接用于农业生产的生产资料,参照本法执行。

根据《消费者权益保护法》的立法精神,消费者是指为生活消费需要购买、使用商品或者接受服务的自然人。

#### (二)消费者的法律特征

**1. 消费的主体为自然人**

消费者的范围非常广泛,包含购买者、使用者和接受服务的自然人。经营者是为消费者提供生产、销售的商品或者服务的市场主体,与经营者相比,消费者处于弱势地位,因此《消费者权益保护法》的根本目的是为了维护消费者的合法权益。消费的主体一般不包含单位,单位因消费购买商品或者接受服务受《民法典》调整。

## 2. 消费的类型是生活消费

消费包含生产消费和生活消费,区分生产消费和生活消费的标准是其购买、使用商品是为了生产经营需要,还是为了满足个人和家庭生活需要。根据我国《消费者权益保护法》,消费者获取的是生活消费,而非生产消费,即为了满足个人和家庭生活的消费。但立法者考虑到我国农民处于弱势地位,生产资料和生活资料密不可分,我国《消费者权益保护法》也规定将农民购买、使用直接用于农业生产的生产资料作为生活消费,这是一种例外,是根据我国农业经营者的实际情况来考虑的,便于农民维护自身的合法权益。自然人购买商品或者接受服务的目的如果是为了生产和经营,则不是法律上的消费者。

## 3. 消费的客体为商品和服务

《消费者权益保护法》中的商品通常是指消费品,不包含用于生产的非消费品。服务是指经营者向消费者提供的劳务的行为。

## 二、消费者权益保护法

### (一)消费者权益保护法的发展

我国于1993年10月31日第八届全国人民代表大会常务委员会第四次会议通过《消费者权益保护法》,自1994年1月1日起施行,共8章55条,这是我国第一部关于消费者权益保护的基本法。

2009年8月27日第十一届全国人民代表大会常务委员会第十次会议《关于修改部分法律的决定》对该法进行第一次修正,仅将原法中第五十二条中引用的《治安管理处罚条例》修改为《治安管理处罚法》。

2013年10月25日第十二届全国人民代表大会常务委员会第五次会议《关于修改〈中华人民共和国消费者权益保护法〉的决定》对该法进行第二次修正,于2014年3月15日正式实施。此次修正是《消费者权益保护法》颁布20年来首次全面修订。新《消费者权益保护法》与时俱进,实行举证责任倒置,赋予消费者七日反悔权,新增网络等非现场购物信息披露制度,明确个人信息保护,消协可提公益诉讼,定位网购平台责任,明确广告经营者、发布者、代言人、推销人的连带赔偿责任,加大消费欺诈赔偿,引入精神损害赔偿请求权等规定。

《消费者权益保护法》的立法宗旨是从消费者的利益出发,保护消费者的合法权益,降低消费者的维权成本,维护社会经济秩序,促进社会主义市场经济健康发展。一旦消费者的权益受到损害,可以通过该法维护合法权益。

### (二)消费者权益保护法的基本原则

我国《消费者权益保护法》的基本原则包含以下几个方面:

#### 1. 自愿、平等、公平、诚实信用的原则

经营者与消费者应该在自觉自愿的基础上进行交易,双方法律地位平等,应该遵循公平交易、诚实信用原则。该原则不仅是一般交易应该遵循的基本原则,而且对于消费者公平交易权、自主选择权、获取信息权等消费者权利的保护有指导作用。

#### 2. 维护消费者合法权益的原则

消费者与经营者本是平等主体关系,但是对于消费者,国家给予特别保护,因为消费

者与经营者相对比,存在着严重的信息不对称,缺乏相应的专业知识,同时消费者是自然人,而经营者大多都是有组织的法人,消费者很难维护自己的合法权益,处于弱势地位,因此更需要国家给予一定的保护。

### 3. 国家保护与社会监督相结合的原则

《消费者权益保护法》规定,国家保护消费者的合法权益不受侵害。国家采取措施,保障消费者依法行使权利,维护消费者的合法权益。国家倡导文明、健康、节约资源和保护环境的消费方式,反对浪费。保护消费者的合法权益是全社会的共同责任。

国家鼓励、支持一切组织和个人对损害消费者合法权益的行为进行社会监督。大众传播媒介应当做好维护消费者合法权益的宣传,对损害消费者合法权益的行为进行舆论监督。

国家保护与社会监督相结合,国家的干预与监督往往存在种种局限性,这就要求全社会各类组织和个人也参与到监督与干预中来,社会监督的范围非常广泛,包含大众媒体的监督、社会团体的监督、企事业单位的监督、消费者组织的监督以及人民群众的监督,使消费者的合法权益得到最充分、最有效的保护。

## 第二节 消费者的权利与经营者的义务

### 一、消费者的权利

消费者的权利,是指《消费者权益保护法》所确认的,在消费领域消费者能够作出或不作出一定行为,以及要求经营者相应作出或不作出一定行为的权利。

消费者的权利最早由美国总统肯尼迪提出,1962年3月15日美国总统肯尼迪在向国会提交的"消费者权利咨文"中明确提出消费者四大基本权利,即安全权、知情权、选择权和意见被听取权。消费者权利概念的首次提出,对于消费者维权运动具有深远的历史意义,1983年,国际消费者协会把每年公历的3月15日定为国际消费者权益日。1969年,尼克松总统提出了消费者的求偿权,此后,消费者权利不断得以完善。

消费者的权利是消费者权益保护的核心内容。《消费者权益保护法》规定消费者享有以下十项权利。

#### (一)消费者的安全权

消费者的安全权是消费者最重要、最基本的权利。消费者的安全权是指消费者在购买、使用商品或者接受服务时享有人身、财产安全不受侵害的权利。消费者有权要求经营者提供的商品和服务符合保障人身、财产安全的要求。

安全权包含人身安全和财产安全,人身安全包含生命安全权和健康安全权。消费者最关心人身安全,尤其关心食品安全,2008年我国最大的食品安全事件是三鹿毒奶粉事件,多名婴幼儿因服用三鹿集团婴幼儿配方奶粉患上肾结石,甚至出现了婴幼儿死亡事件。侵犯消费者安全权不仅表现在食品、水、药品、化妆品、日常用品等上,还包含营业场所的不安全、服务方式的不安全。

《消费者权益保护法》对消费者的安全权作出了原则性的规定,此外其他法律也作出了具体的规定。全国人民代表大会常务委员会第七次会议于 2009 年 2 月 28 日通过了《中华人民共和国食品安全法》(以下简称《食品安全法》),2009 年 6 月 1 日起施行,2015 年 4 月 24 日第十二届全国人民代表大会常务委员会第十四次会议予以修订,新《食品安全法》于 2015 年 10 月 1 日起施行。新《食品安全法》也称为"史上最严"的食品安全法,完善统一权威的食品安全监管机构,建立最严格的监管制度,更加突出预防为主、风险防范,大幅度提高了罚款额度,强化了食品安全刑事责任的追责。食品安全追溯成为法定条款,剧毒、高毒农药有禁区,网上卖食品必须实名制。今后,网购食品出现问题可向第三方平台索偿,食品添加剂再也不能任性生产,只要有危险食品就得召回,批发市场须抽查农产品,加大保健食品监管力度,要求标签要写明成分含量,婴儿奶粉配方必须注册,举报食品违法将受保护,监管不到位责任人将"被辞职"。

现行《食品安全法》,根据 2018 年 12 月 29 日第十三届全国人民代表大会常务委员会第七次会议《关于修改〈中华人民共和国产品质量法〉等五部法律的决定》修正;根据 2021 年 4 月 29 日全国人民代表大会常务委员会关于修改《中华人民共和国道路交通安全法》等八部法律的决定第二次修正。

### (二)消费者的知情权

消费者的知情权是指消费者享有知悉其购买、使用的商品或者接受的服务的真实情况的权利。《消费者权益保护法》明确规定,消费者有权根据商品或者服务的不同情况,要求经营者提供商品的价格、产地、生产者、用途、性能、规格、等级、主要成分、生产日期、有效期限、检验合格证明、使用方法说明书、售后服务,或者服务的内容、规格、费用等有关情况。

知情权是消费者的一项基本权利,也是宪法赋予的权利,是消费者购买、使用商品或者接受服务的前提,是一种事前保护,能够避免消费者与经营者之间产生消费纠纷,能够更好地维护消费者的合法权益。

与消费者的知情权相对应的是经营者的信息披露义务,我国的《消费者权益保护法》规定了经营者的义务,《中华人民共和国产品质量法》规定了生产者、销售者的产品质量责任和义务,消费者有权就产品质量问题,向产品的生产者、销售者查询。《中华人民共和国广告法》规定广告中对商品的性能、功能、产地、用途、质量、成分、价格、生产者、有效期限、允诺等或者对服务的内容、提供者、形式、质量、价格、允诺等有表示的,应当准确、清楚、明白。广告中表明推销的商品或者服务附带赠送的,应当明示所附带赠送商品或者服务的品种、规格、数量、期限和方式。法律、行政法规规定广告中应当明示的内容,应当显著、清晰表示。

消费者应该加强维权意识,经营者应该向消费者介绍商品或者服务的真实情况,对于消费者的询问给予明确的答复,消费者根据经营者的介绍信息作出正确的判断。凡是有利于消费者作出正确判断的相关信息经营者都有义务提供,消费者有权了解相关信息,但是与消费者利益没有直接联系的信息以及国家法律保护的技术、经营信息除外。

### (三)消费者的选择权

消费者的选择权是指消费者享有自主选择商品或者服务的权利。消费者有权自主选择提供商品或者服务的经营者,自主选择商品品种或者服务方式,自主决定购买或者不购买任何一种商品、接受或者不接受任何一项服务。消费者在自主选择商品或者服务时,有权进行比较、鉴别和挑选。

消费者的选择权是消费者权利的核心,是意思自治、契约自由原则在消费领域的体现,也是一项基本的人权。消费者的选择权是消费者购买理想商品或者接受良好服务的保障,任何人都不得违背消费者的真实意思,强行推销商品和服务。

消费者在挑选商品或者接受服务时,要合理行使选择权,对于不满意的商品可以行使拒绝权,同时可以行使挑选权。

### (四)消费者的公平交易权

消费者享有公平交易的权利。消费者在购买商品或者接受服务时,有权获得质量保障、价格合理、计量正确等公平交易条件,有权拒绝经营者的强制交易行为。

消费者的公平交易权是指消费者在与经营者之间的消费交易中享有获得公平交易条件的权利。公平交易权是平等自愿原则的具体体现,消费者与经营者的法律地位是平等的,双方都有权利和义务,权利与义务是对等的,公平交易是市场经济持续发展的保障。

为了更好地保护消费者的公平交易权,《民法典》规定,对于重大误解、显失公平订立的合同,消费者可以行使撤销权。同时,《中华人民共和国产品质量法》《中华人民共和国反垄断法》《中华人民共和国反不正当竞争法》《中华人民共和国价格法》等法律也严格禁止强制交易、价格不公、质量不合格等损害消费者公平交易权的行为。

### (五)消费者的求偿权

消费者的求偿权,也称为消费者的索赔权,是指消费者因购买、使用商品或者接受服务受到人身、财产损害的,享有依法获得赔偿的权利。

经营者应当提供符合国家标准的商品或者服务,建立健全售后服务责任制,不得以格式合同、店堂告示等作出不合理、不公平规定,消费者在使用商品或者接受服务时,一旦利益受到损害,就可采取自力救济和公力救济的途径行使求偿权。消费者可以与经营者协商和解,要求经营者给予一定的赔偿,如果经营者不给予赔偿,消费者可以通过法律维护自己的合法权益,可以向相关部门投诉,请求消费者协会调解,向有关行政部门申诉,也可以根据与经营者达成的仲裁协议提请仲裁机构仲裁或者向法院提起诉讼。《产品质量法》规定,消费者有权就产品质量问题,向市场监督管理部门及有关部门申诉,接受申诉的部门应当负责处理。保护消费者权益的社会组织可以就消费者反映的产品质量问题建议有关部门负责处理,支持消费者对因产品质量造成的损害向人民法院起诉。

消费者的求偿权是消费者的利益受到损害时享有的一种救济权。应该鼓励消费者使用求偿权,如果消费者权利被损害而得不到补偿,则消费者不能真正享受消费者权利。近年来,消费者的维权意识逐步增强,消费者在使用求偿权的同时,要注意方式方法,维权要适度,要利用法律的手段维护自己的合法利益,不能采取过激的方式。

### (六)消费者的结社权

消费者的结社权是指消费者为了维护自身合法权益依法结成社会团体的权利。我国宪法赋予了公民结社权。

消费者是自然人,是分散的、缺乏相关专业知识的、弱小的,当面对经营者侵犯消费者利益的时候,很难与经营者抗衡,通过结社权,消费者可以联合起来壮大自身力量,可以组织社会团体,对经营者的行为进行监督。消费者成立专门维权的社会团体是保护消费者合法权益的一种较好的方式。

消费者为了维护自身的权利,可以开展消费者运动。消费者运动是消费者自发的或者有组织的,以保护自己合法利益、争取社会公平公正、改善消费者弱势地位等为目的,与经营者损害消费者利益的行为进行斗争的一种社会运动。

我国消费者协会于1984年12月经国务院批准成立,消费者协会和其他消费者组织是依法成立的对商品和服务进行社会监督的保护消费者合法权益的社会组织。各级人民政府对消费者协会履行职责应当予以必要的经费等支持。消费者协会应当认真履行保护消费者合法权益的职责,听取消费者的意见和建议,接受社会监督。依法成立的其他消费者组织依照法律、法规及其章程的规定,开展保护消费者合法权益的活动。

### (七)消费者的受教育权

消费者的受教育权是指消费者享有获得有关消费和消费者权益保护方面的知识的权利。消费者应当努力掌握所需商品或者服务的知识和使用技能,正确使用商品,提高自我保护意识。

知识时代,消费者的专业技术知识往往有限,消费者只有通过运用受教育权,才能知晓和运用其他权利,维护自己的合法权益。受教育权是其他权利的重要保障。

消费者的受教育权包含两个方面的内容:一是获得有关消费的知识,即获得消费知识权;二是获得消费者权利保护方面的知识。

消费者要提高自我保护意识,只有了解了消费者具有哪些权利,才能运用这些消费者知识,捍卫消费者的合法权益。消费者不仅仅要了解《消费者权益保护法》,而且要了解《中华人民共和国产品质量法》《中华人民共和国广告法》《中华人民共和国反不正当竞争法》《中华人民共和国食品安全法》等相关法律。

### (八)消费者的受尊重权

消费者的受尊重权是指消费者在购买、使用商品和接受服务时,享有其人格尊严、民族风俗习惯得到尊重的权利。

**1. 消费者的人格尊严不受侵犯**

消费者的人格尊严受到宪法的保护,人格权包含了生命权、健康权、肖像权、名誉权、姓名权、荣誉权等。经营者不得对消费者进行侮辱、诽谤,不得搜查消费者的身体及其携带的物品,不得侵犯消费者的人身自由。

**2. 消费者的民族风俗习惯要得到应有的尊重**

我国是一个多民族的国家,对民族风俗习惯的尊重具有中国特色。民族平等、民族团结是我国的基本民族政策。尊重少数民族的风俗习惯是党和国家民族政策的一项重要内容。处理好民族关系,可以促进民族安定团结。因此,尊重少数民族风俗习惯对于保护少数民族消费者的合法权益是至关重要的。

### (九)消费者的监督批评权

消费者的监督批评权是指消费者享有对商品和服务以及保护消费者权益工作进行监

督的权利。

(1)消费者享有对商品和服务监督的权利。消费者在购买商品或者接受服务时,一旦发现商品或者服务不符合国家相关标准,可以向相关部门反映,行使监督权。

(2)消费者享有对保护消费者权益工作进行监督的权利。消费者有权检举、控告侵害消费者权益的行为和国家机关及其工作人员在保护消费者权益工作中的违法失职行为,有权对保护消费者权益工作提出批评、建议。

### (十)远程交易商品的反悔权

反悔权是指经营者采用网络、电视、电话、邮购等方式销售商品,消费者有权自收到商品之日起七日内,对保存完好的商品进行退货。

随着互联网的快速发展,网购已经成为购物的主要方式之一,享受购物便利的同时,维权难成为一大难题。《消费者权益保护法》确定了远程交易商品的反悔权,从保护消费者权益的角度出发,赋予消费者在适当期间内单方面解除合同的权利,把"无理由退货"上升为商家的法律责任。

反悔权,适用于经营者采用网络、电视、电话、邮购等方式销售商品,也就是远程交易的商品。为了防止消费者不当利用反悔权,法律予以进一步的规定,下列商品不适用反悔权:(1)消费者定做的;(2)鲜活易腐的;(3)在线下载或者消费者拆封的音像制品、计算机软件等数字化商品;(4)交付的报纸、期刊。除前款所列商品外,其他根据商品性质并经消费者在购买时确认不宜退货的商品,不适用无理由退货,如贴身内衣。

消费者退货的商品应当完好。经营者应当自收到退回商品之日起七日内返还消费者支付的商品价款。退回商品的运费由消费者承担;经营者和消费者另有约定的,从其约定。

以上十项消费者的权利的实现,需要经营者义务的履行。与消费者权利相对应的是经营者的义务。

## 二、经营者的义务

为了有效地保护消费者的合法权益,《消费者权益保护法》规定了经营者的十一项义务,通过规定经营者的法定义务来达到保护消费者合法权益的实现。

经营者义务

### (一)经营者履行法定或者约定的义务

经营者向消费者提供商品或者服务,应当依照《中华人民共和国产品质量法》(以下简称《产品质量法》)和其他有关法律、法规的规定履行义务。经营者和消费者有约定的,应当按照约定履行义务,但双方的约定不得违背法律、法规的规定。经营者向消费者提供商品或者服务,应当恪守社会公德,诚信经营,保障消费者的合法权益;不得设定不公平、不合理的交易条件,不得强制交易。

**1. 法定义务**

经营者的法定义务是法律直接赋予的,经营者除了须遵守《消费者权益保护法》《产品质量法》以外,还需遵守《中华人民共和国食品安全法》《中华人民共和国反不正当竞争法》

《中华人民共和国反垄断法》《中华人民共和国价格法》等法律。

**2. 约定义务**

经营者可以与消费者就双方的权利义务达成协议,在法定的基础上约定经营者的义务,合同是消费者与经营者协商一致达成的,经营者应该履行合同约定的基本义务。但双方的约定不得违背法律、法规的规定。

### (二)经营者接受消费者监督的义务

经营者应当听取消费者对其提供的商品或者服务的意见,接受消费者的监督。监督批评权是消费者的一项基本权利,与之对应的便是经营者接受消费者监督的义务。

经营者接受消费者监督,可以改善经营者的商品或者服务的质量,掌握市场动态,提高自身竞争能力,获得消费者的信任,提高和改善消费者的地位。

经营者应该允许消费者对商品或者服务提出不同的看法,经营者应该提供各种有效的途径方便消费者行使监督批评权。例如,经营者配备专业的人员虚心听取消费者的意见,及时向消费者反馈处理意见。

### (三)经营者的安全保障义务

经营者的安全保障义务是经营者的首要义务,保护消费者的人身、财产安全是经营者的基本任务和责任。

**1. 经营者的商品安全保障义务、服务安全保障义务以及经营场所安全保障义务**

经营者的安全保障义务包括商品安全保障义务、服务安全保障义务以及经营场所安全保障义务三方面的内容。《消费者权益保护法》明确规定经营者应当保证其提供的商品或者服务符合保障人身、财产安全的要求。宾馆、商场、餐馆、银行、机场、车站、港口、剧院等经营场所的经营者,应当对消费者尽到安全保障义务。

**2. 经营者的说明和警示义务**

对可能危及人身、财产安全的商品和服务,应当向消费者作出真实的说明和明确的警示,并说明和标明正确使用商品或者接受服务的方法以及防止危害发生的方法。

**3. 经营者的缺陷产品召回义务**

经营者发现其提供的商品或者服务存在缺陷,有危及人身、财产安全危险的,应当立即向有关行政部门报告和告知消费者,并采取停止销售、警示、召回、无害化处理、销毁、停止生产或者服务等措施。采取召回措施的,经营者应当承担消费者因商品被召回支出的必要费用。

### (四)经营者提供真实信息的义务

经营者应当向消费者提供有关商品或者服务的真实信息,不得作引人误解的虚假宣传。经营者对消费者就其提供的商品或者服务的质量、性能、用途、有效期限等信息,应当真实、全面。

经营者提供真实信息的义务与消费者的知情权相对应,经营者对消费者就其提供的商品或者服务的质量和使用方法等问题提出的询问,应当作出真实、明确的答复,不得拒绝提供相关信息,此外,提供的信息能够容易让消费者理解,不产生歧义。

经营者提供商品或者服务应当明码标价。关于商品价格问题,经营者应该将关于商品的价格、计量单位、产地等基本信息标识清楚,方便消费者自由选择。

采用网络、电视、电话、邮购等方式提供商品或者服务的经营者,以及提供证券、保险、银行等金融服务的经营者,应当向消费者提供经营地址、联系方式、商品或者服务的数量和质量、价款或者费用、履行期限和方式、安全注意事项和风险警示、售后服务、民事责任等信息。

### (五)经营者的身份标明义务

经营者应当标明其真实名称和标记。租赁他人柜台或者场地的经营者,应当标明其真实名称和标记。

经营者标明身份,方便消费者正确判断商品或者服务的真实来源,消费者可以选择商誉较好的经营者,一旦发生纠纷,消费者可以准确地找到求偿主体。如果经营者标识不真实或者标识不全,会让消费者产生错觉,发生纠纷时,无法找到经营者,导致消费者合法权益受到损害。

### (六)经营者提供凭证或者单据的义务

经营者提供商品或者服务,应当按照国家有关规定或者商业惯例向消费者出具购货凭证或者服务单据;消费者索要购货凭证或者服务单据的,经营者必须出具。

经营者提供凭证或者单据,这些凭证是消费者与经营者交易的依据,具有重要的书证价值,凭证包含发票、收据、购买小票、服务单、保修单、电子化购货凭证等。目前,某些经营者为了减少纳税,提出种种借口不开发票,导致国家税收的流失,消费者有权向税务机关举报。《中华人民共和国发票管理办法》对经营者开具发票的义务有明确的规定,凡经营者拒绝提供发票,一旦查证属实,将会承担相应的法律责任。

### (七)经营者的品质保证义务

经营者应当保证在正常使用商品或者接受服务的情况下其提供的商品或者服务应当具有的质量、性能、用途和有效期限;但消费者在购买该商品或者接受该服务前已经知道其存在瑕疵的除外。

经营者以广告、产品说明、实物样品或者其他方式表明商品或者服务的质量状况的,应当保证其提供的商品或者服务的实际质量与表明的质量状况相符。

经营者提供的机动车、计算机、电视机、电冰箱、空调器、洗衣机等耐用商品或者装饰装修等服务,消费者自接受商品或者服务之日起 6 个月内发现瑕疵,发生争议的,由经营者承担有关瑕疵的举证责任。

### (八)经营者的售后服务

经营者提供的商品或者服务不符合质量要求的,消费者可以依照国家规定、当事人约定退货,或者要求经营者履行更换、修理等义务。没有国家规定和当事人约定的,消费者可以自收到商品之日起七日内退货;七日后符合法定解除合同条件的,消费者可以及时退货,不符合法定解除合同条件的,可以要求经营者履行更换、修理等义务。依照上述规定进行退货、更换、修理的,经营者应当承担运输等必要费用。

经营者采取网络、电视、电话、邮购等方式销售商品,属于"无理由退货",消费者有权自收到商品之日起七日内退货,且无须说明理由,但下列商品除外,消费者定做的、鲜活易腐的、在线下载或者消费者拆封的音像制品、计算机软件等数字化商品、交付的报纸、期刊等。

消费者退货的商品应当完好。经营者应当自收到退回商品之日起七日内返还消费者支付的商品价款。退回商品的运费由消费者承担；经营者和消费者另有约定的，从其约定。

### （九）经营者不得不当免责的义务

经营者在经营活动中使用格式条款的，应当以显著方式提请消费者注意商品或者服务的数量和质量、价款或者费用、履行期限和方式、安全注意事项和风险警示、售后服务、民事责任等与消费者有重大利害关系的内容，并按照消费者的要求予以说明。

经营者不得以格式条款、通知、声明、店堂告示等方式，作出排除或者限制消费者权利、减轻或者免除经营者责任、加重消费者责任等对消费者不公平、不合理的规定，不得利用格式条款并借助技术手段强制交易。格式合同、通知、声明、店堂告示等含有上述所列内容的，其内容无效。

格式合同目前已经成为消费合同中最常见的合同，是经营者为了重复使用而预先设立的，并在订立合同时未与对方协商的条款。由于格式条款是经营者按照单方意愿拟订的，我国《民法典》规定，提供格式条款一方免除其责任、加重对方责任、排除对方主要权利的，该条款无效。

### （十）经营者不得侵犯消费者人格权的义务

经营者不得对消费者进行侮辱、诽谤，不得搜查消费者的身体及其携带的物品，不得侵犯消费者的人身自由。经营者应该尊重消费者的人格权，不得侵犯消费者的名誉权、姓名权、生命权、健康权等。

### （十一）保护消费者个人信息的义务

经营者收集、使用消费者个人信息，应当遵循合法、正当、必要的原则，明示收集、使用信息的目的、方式和范围，并征得消费者同意。经营者收集、使用消费者个人信息，应当公开其收集、使用规则，不得违反法律、法规的规定和双方的约定收集、使用信息。

经营者及其工作人员对收集的消费者个人信息必须严格保密，不得泄露、出售或者非法向他人提供。经营者应当采取技术措施和其他必要措施，确保信息安全，防止消费者个人信息泄露、丢失。在发生或者可能发生信息泄露、丢失的情况时，应当立即采取补救措施。经营者未经消费者同意或者请求，或者消费者明确表示拒绝的，不得向其发送商业性信息。

## 第三节　消费者权益的国家保护与社会保护

### 一、消费者权益的国家保护

国家保护消费者的合法权益不受侵害。国家采取措施，保障消费者依法行使权利，维护消费者的合法权益。国家倡导文明、健康、节约资源和保护环境的消费方式，反对浪费。

《消费者权益保护法》对于国家对消费者合法权益的保护作出了相应的规定,形成了一系列消费者权益的国家保护制度。

### (一)立法保护

国家制定有关消费者权益的法律、法规、规章和强制性标准,应当听取消费者和消费者协会等组织的意见。国家以《消费者权益保护法》为保护消费者权益的基本法,还制定了《中华人民共和国反不正当竞争法》《中华人民共和国反垄断法》《中华人民共和国产品质量法》《中华人民共和国食品安全法》《中华人民共和国广告法》等法律法规,从不同领域来保护消费者的合法权益。

### (二)行政保护

各级人民政府应当加强领导,组织、协调、督促有关行政部门做好保护消费者合法权益的工作,落实保护消费者合法权益的职责。各级人民政府应当加强监督,预防危害消费者人身、财产安全行为的发生,及时制止危害消费者人身、财产安全的行为。

各级人民政府工商行政管理部门和其他有关行政部门应当依照法律、法规的规定,在各自的职责范围内,采取措施,保护消费者的合法权益。有关行政部门应当听取消费者和消费者协会等组织对经营者交易行为、商品和服务质量问题的意见,及时调查处理。

有关行政部门在各自的职责范围内,应当定期或者不定期对经营者提供的商品和服务进行抽查检验,并及时向社会公布抽查检验结果。有关行政部门发现并认定经营者提供的商品或者服务存在缺陷,有危及人身、财产安全危险的,应当立即责令经营者采取停止销售、警示、召回、无害化处理、销毁、停止生产或者服务等措施。

### (三)司法保护

有关国家机关应当依照法律、法规的规定,惩处经营者在提供商品和服务中侵害消费者合法权益的违法犯罪行为。

人民法院应当采取措施,方便消费者提起诉讼。对符合《中华人民共和国民事诉讼法》起诉条件的消费者权益争议,必须受理,及时审理。《中华人民共和国民事诉讼法》确定了小额诉讼程序和公益诉讼制度,小额诉讼程序,为消费者维权带来了便利,公益诉讼制度的建立,弥补了消费者权益社会保护力度不足的缺陷。

对侵害众多消费者合法权益的行为,中国消费者协会及其在各省、自治区、直辖市设立的消费者协会,可以向人民法院提起诉讼。

## 二、消费者权益的社会保护

保护消费者的合法权益是全社会的共同责任,国家鼓励、支持一切组织和个人对损害消费者合法权益的行为进行社会监督。

### (一)消费者组织

消费者协会和其他消费者组织是依法成立的对商品和服务进行社会监督的旨在保护消费者合法权益的社会组织。

消费者协会履行下列公益性职责:(1)向消费者提供消费信息和咨询服务,提高消费者维护自身合法权益的能力,引导文明、健康、节约资源和保护环境的消费方式;(2)参与制定有关消费者权益的法律、法规、规章和强制性标准;(3)参与有关行政部门对商品和服务的监督、检查;(4)就有关消费者合法权益的问题,向有关部门反映、查询、提出建议;(5)受理消费者的投诉,并对投诉事项进行调查、调解;(6)投诉事项涉及商品和服务质量问题的,可以委托具备资格的鉴定人鉴定,鉴定人应当告知鉴定意见;(7)就损害消费者合法权益的行为,支持受损害的消费者提起诉讼或者依照本法提起诉讼;(8)对损害消费者合法权益的行为,通过大众传播媒介予以揭露、批评。

各级人民政府对消费者协会履行职责应当予以必要的经费等支持。消费者协会应当认真履行保护消费者合法权益的职责,听取消费者的意见和建议,接受社会监督。依法成立的其他消费者组织依照法律、法规及其章程的规定,开展保护消费者合法权益的活动。

### (二)舆论监督

大众传播媒介应当做好维护消费者合法权益的宣传,对损害消费者合法权益的行为进行舆论监督。

## 第四节 消费争议的解决途径以及经营者的法律责任

### 一、消费争议的概念

消费争议是指消费者与经营者之间在买卖商品、接受和提供服务中,发生的与消费者权益相关的争议。消费者权益是指消费者在购买、使用商品或者接受服务时而依法享有的权利。

消费争议的当事人是消费者与经营者,两者法律地位平等,经营者的行为侵犯了消费者的合法权益,或者消费者与经营者关于消费者权益的问题产生不同的认识都会发生消费争议。消费者权益争议是一种民事纠纷。

### 二、消费争议的解决途径

目前,消费者维权意识增强,当消费者与经营者发生争议的时候,消费者可以通过以下五种途径解决消费争议。

#### (一)与经营者协商和解

消费者与经营者在平等自愿的基础上,对于争议问题进行协商,达成和解协议,使争议得以解决。这种方式是最常用的、首选的方式,也是最方便、最有效、最经济的一种方式。

#### (二)请求消费者协会或者依法成立的其他调解组织进行调解

消费者协会作为保护消费者权益的社会组织,对消费者和经营者进行说服劝导,促成争议双方达成解决纠纷的协议。调解也是消费者协会的一项职能,调解过程中要遵循自愿合法的原则,要在查明事实、分清是非的基础上,依法公平公正地进行调解。

#### (三)向有关行政部门申诉

消费者权益争议涉及领域较广,消费者可以根据商品或者服务的性质、属性以及产生问题的情形向工商行政管理机关、质量技术监督机关、物价部门及各有关行政部门进行申诉,寻求行政救济。行政部门受理后,依照法律、法规的规定,在各自职责范围内对消费纠纷及时进行查处,作出行政裁决。消费者向有关行政部门投诉的,该部门应当自收到投诉之日起7个工作日内,予以处理并告知消费者。

### (四)提请仲裁机构仲裁

经营者和消费者在消费争议发生前或消费争议发生后达成仲裁协议,依照《中华人民共和国仲裁法》向有关仲裁机关提请仲裁,由仲裁机关作出裁决。对于符合仲裁条件的消费者权益争议,不论是否经过协商、调解、申诉,消费者都可以向仲裁机构提请仲裁。

### (五)向人民法院提起诉讼

一旦消费者与经营者发生消费争议,消费者可以根据《中华人民共和国民事诉讼法》的有关规定,向人民法院提起民事诉讼,请求人民法院通过审判程序解决其与经营者之间的消费争议。司法审判具有权威性、强制性,是消费者解决消费争议的最后一种手段。对消费者来说,适用最普遍的司法救济方式就是民事诉讼。

## 三、经营者的法律责任

根据《消费者权益保护法》的规定,经营者由于违法情节、性质不同,分别或同时承担民事责任、行政责任和刑事责任。

### (一)经营者的民事责任

#### 1. 承担民事责任的条件

《消费者权益保护法》规定经营者提供的商品或者服务有下列情形之一的,除本法另有规定外,应当依照其他有关法律、法规的规定,承担民事责任:(1)商品或者服务存在缺陷的;(2)不具备商品应当具备的使用性能而出售时未作说明的;(3)不符合在商品或者其包装上注明采用的商品标准的;(4)不符合商品说明、实物样品等方式表明的质量状况的;(5)生产国家明令淘汰的商品或者销售失效、变质的商品的;(6)销售的商品数量不足的;(7)服务的内容和费用违反约定的;(8)对消费者提出的修理、重作、更换、退货、补足商品数量、退还货款和服务费用或者赔偿损失的要求,故意拖延或者无理拒绝的;(9)法律、法规规定的其他损害消费者权益的情形。

#### 2. 经营者的侵权责任

经营者对消费者未尽到安全保障义务,造成消费者损害的,应当承担侵权责任。

经营者的侵权责任包含对商品或者服务的侵权,对消费者人身权的侵犯和对消费者财产权的侵犯。

经营者侵害消费者的人格尊严、侵犯消费者人身自由或者侵害消费者个人信息依法得到保护的权利的,应当停止侵害、恢复名誉、消除影响、赔礼道歉,并赔偿损失。

经营者有侮辱诽谤、搜查身体、侵犯人身自由等侵害消费者或者其他受害人人身权益的行为,造成严重精神损害的,受害人可以要求精神损害赔偿。

经营者提供商品或者服务,造成消费者财产损害的,应当依照法律规定或者当事人约定承担修理、重作、更换、退货、补足商品数量、退还货款和服务费用或者赔偿损失等民事责任。

经营者提供商品或者服务有欺诈行为的,应当按照消费者的要求增加赔偿其受到的损失,增加赔偿的金额为消费者购买商品的价款或者接受服务的费用的三倍;增加赔偿的金额不足五百元的,为五百元。法律另有规定的,从其规定。

经营者明知商品或者服务存在缺陷,仍然向消费者提供,造成消费者或者其他受害人死亡或者健康严重损害的,受害人有权要求经营者依照法律规定赔偿损失,并有权要求所受损失二倍以下的惩罚性赔偿。

### (二)经营者的行政责任

《消费者权益保护法》规定,经营者有下列情形之一的,除承担相应的民事责任外,其他有关法律、法规对处罚机关和处罚方式有规定的,依照法律、法规的规定执行;法律、法规未作规定的,由工商行政管理部门或者其他有关行政部门责令改正,可以根据情节单处或者并处警告、没收违法所得、处以违法所得一倍以上十倍以下的罚款,没有违法所得的,处以50万元以下的罚款;情节严重的,责令停业整顿、吊销营业执照:(1)提供的商品或者服务不符合保障人身、财产安全要求的;(2)在商品中掺杂、掺假,以假充真,以次充好,或者以不合格商品冒充合格商品的;(3)生产国家明令淘汰的商品或者销售失效、变质的商品的;(4)伪造商品的产地,伪造或者冒用他人的厂名、厂址,篡改生产日期,伪造或者冒用认证标志等质量标志的;(5)销售的商品应当检验、检疫而未检验、检疫或者伪造检验、检疫结果的;(6)对商品或者服务作虚假或者引人误解的宣传的;(7)拒绝或者拖延有关行政部门责令对缺陷商品或者服务采取停止销售、警示、召回、无害化处理、销毁、停止生产或者服务等措施的;(8)对消费者提出的修理、重作、更换、退货、补足商品数量、退还货款和服务费用或者赔偿损失的要求,故意拖延或者无理拒绝的;(9)侵害消费者人格尊严、侵犯消费者人身自由或者侵害消费者个人信息依法得到保护的权利的;(10)法律、法规规定的对损害消费者权益应当予以处罚的其他情形。

经营者有上述规定情形的,除依照法律、法规规定予以处罚外,处罚机关应当记入信用档案,向社会公布。经营者对行政处罚决定不服的,可以依法申请行政复议或者提起行政诉讼。

拒绝、阻碍有关行政部门工作人员依法执行职务,未使用暴力、威胁方法的,由公安机关依照《中华人民共和国治安管理处罚法》的规定处罚。

经营者违反法律规定,应当承担民事赔偿责任和缴纳罚款、罚金,其财产不足以同时支付的,先承担民事赔偿责任。

### (三)经营者的刑事责任

(1)经营者违反《消费者权益保护法》的规定提供商品或者服务,侵害消费者合法权益,构成犯罪的,依法追究刑事责任。

(2)经营者以暴力、威胁等方法妨碍有关行政部门工作人员依法执行职务的,依法追究刑事责任。

(3)国家机关工作人员玩忽职守或者包庇经营者侵害消费者合法权益的行为的,由其所在单位或者上级机关给予行政处分,情节严重,构成犯罪的,依法追究刑事责任。

## 复习思考题

1. 消费者的基本权利有哪些?
2. 论述消费者的知情权。
3. 论述消费者的受尊重权。
4. 经营者的基本义务有哪些?
5. 论述经营者的安全保障义务。
6. 论述消费者的远程交易商品的反悔权。
7. 简述《消费者权益保护法》的基本原则。
8. 简述消费者协会的基本职能。
9. 论述消费者权益的国家保护的具体方式。
10. 论述消费争议的解决途径。
11. 简述商品保修卡遗失是否可以免费维修商品。
12. 如何看待在某平台购买假燕窝事件?作为消费者,该如何维护权益?

## 案例分析题

1. 王先生在乙手机通信公司办理了手机通信服务,业务单约定:如王先生(甲方)预付费使用完毕而未及时补交款项,乙手机通信公司(乙方)有权暂停甲方的通信服务,由此造成的损失,乙方概不负责。

王先生预付了费用,1年后发现所用手机被停机,经查询后得知,乙公司有"话费有限期满暂停服务"的规定,王先生并不知道该条款,并且王先生的手机账户尚有余款。

请问:

(1)乙公司侵犯了王先生的何种权利?
(2)乙公司的格式条款,有无提醒王先生注意的义务?
(3)王先生是否有权要求乙公司退还全部预付费?
(4)如果王先生起诉,法院是否会支持王先生要求乙公司承担惩罚性赔偿的请求?

2. 双十一,李某在某网店购买了一套羽绒服,货到拆封后,李某不喜欢其款式,并与该网店多次交涉要求退货,该网店表明,客户下单时,曾提醒"一经拆封,概不退货",故对已拆封商品不予退货。

请问:

(1)该网店的主张是否成立?为什么?
(2)李某该如何维护权利?

3. 李先生将一套商品房分别委托给甲、乙两家中介公司出售。王女士通过甲公司看中该房,但是认为房价太高。王女士与甲公司在看房之前,签订了预防"跳单"条款,王女士对甲公司提供的房源负有保密义务,不得利用其信息私下与房主签订合同,否则,将承担违约责任。

后来,王女士在乙公司发现同一房源,而且房价更低。王女士在乙公司与房主李先生签订合同。

甲公司知悉此事后,提出异议。

请问:

(1)王女士与甲公司签订的预防"跳单"条款,有无限制消费者的自主选择权?

(2)甲公司抬高房价,有没有侵犯消费者的公平交易权?

# 第八章

# 竞争法律制度

## 本章学习目的与要求

通过本章的学习,了解不正当竞争行为及垄断行为概念,理解并掌握垄断和不正当竞争行为的具体表现形式及其法律规制,树立公平竞争、反对垄断的法律意识,运用法律武器维护公平的竞争秩序。

## 课程思政

通过典型的竞争案例引发学生思考,师生共同探讨如何发展正当竞争,如何预防不正当竞争的发生,建立持续打击不正当竞争行为的工作机制,使学生树立以人民为中心的意识,使其具有家国情怀及坚守正当竞争的职业道德和匠心精神。通过《中华人民共和国反垄断法》的介绍,让学生意识到要从多方面维护国家利益、民族利益,保护国家经济安全、政治安全、国防安全,让国家安定繁荣,人民安居乐业。

## 第一节 竞争法律制度概述

### 一、竞争的概念

关于竞争的概念问题,早在1907年德国法学家罗伯就在其著作中对竞争做过这样的解释:竞争是各方通过一定的活动来施展自己的能力,为达到各方共同的目的而各自所做的努力,而且竞争行为仅存在于同类商品的供应之间。

综合各家学说,可对竞争赋予一个一般性定义,竞争主要是两个或两个以上的主体(有意识的个体或群体)在特定的机制、规则下,为达到各方共同的目的而做的较量,并产生各主体获取不同利益的结果。

因此,竞争的积极作用是使人振奋精神,奋发进取,促进社会进步,提高劳动生产率;消极作用是挫伤双方积极性,使有限的资源难以发挥最佳效益,造成个体间或群体间的不团结,不利于人际关系的建立与发展。因为一方成功,意味着另一方就要失败,可以说,个人或群体的竞争机会越多,则成功和失败的机会也越多。

### 二、竞争的特征及原则

竞争有以下基本特征:

(1)竞争必须发生在两个或两个以上的企业之间,如果在特定的市场里只有一个企业参与竞争,则不构成竞争。在特定的市场里虽然有两个或两个以上企业可以参与竞争,但由于其中一个企业实力过强,其他企业无法与之匹敌,则该企业形成垄断。

(2)竞争必须发生在同行业企业的生产经营活动中。首先,在生产或经营同类商品的企业之间,或提供同类服务的企业之间发生竞争一般是不可避免的。其次,竞争必须是发生在企业生产经营活动当中的争夺。

(3)竞争必须发生在同一个特定的商品市场或劳务市场上。竞争还有卖方竞争和买方竞争之分,前者是作为卖方主体的商品和劳务提供者之间的竞争,后者则是作为买方主体的商品和劳务的接受者之间的竞争。

竞争的基本原则,指的是市场竞争的参与者在市场交易行为中必须遵循的基本准则。它适用于一切市场中的交易行为,适用于一切市场经济的主体,既是衡量市场经济主体交易行为的善恶、是非、美丑的道德标准,也是带有法律强制性的法律准则。只有遵循这些基本原则的民事法律行为,法律才予以保护;否则法律不承认其相应的合法性,自然不能受到法律的保护。《中华人民共和国反不正当竞争法》(以下简称《反不正当竞争法》)规定,经营者在市场交易中,应当遵循自愿、公平、诚实信用的原则,遵守公认的商业道德。这一规定,就是竞争的基本原则。

### 三、竞争法的概念

竞争法是指市场经济国家规范市场行为,保护和促进市场竞争的法律规范的总称。竞争法调整的社会关系是商品竞争关系。因此,竞争是市场经济最重要的运行机制。没有竞争,市场就没有活力,经营者就没有动力。

竞争法的概念有广义和狭义之分。广义上的竞争法包括反垄断法和反不正当竞争法两部分;而狭义上的竞争法则仅指反垄断法,而不包括反不正当竞争法。本章主要介绍广义上的竞争法律制度。

按照一般理解,竞争法包括反不正当竞争法和反垄断法。不正当竞争和垄断都是市场竞争过程中出现的违反公平竞争规则的行为,都会给市场竞争秩序带来危害。竞争法就是要通过查处这些行为,来规制市场主体的竞争活动,创造一个自由、公平的竞争环境。规制市场主体的竞争行为,维护正常的竞争秩序,是竞争法最本质的特征和最基本的任务。

我国有关竞争法的立法起步较晚。《反不正当竞争法》是为保障社会主义市场经济健康发展,鼓励和保护公平竞争,制止不正当竞争行为,保护经营者和消费者的合法权益制定的法律。1993年9月2日,第八届全国人民代表大会常务委员会第三次会议通过,1993年9月2日中华人民共和国主席令第十号公布,自1993年12月1日起施行。2017年11月4日,第十二届全国人民代表大会常务委员会第三十次会议修订,自2018年1月1日起施行。《中华人民共和国反垄断法》是一部为了预防和制止垄断行为,保护市场公平竞争,提高经济运行效率,维护消费者利益和社会公共利益,促进社会主义市场经济健康发展而制定的法律。2007年8月30日第十届全国人民代表大会常务委员会第二十九次会议通过了《中华人民共和国反垄断法》(简称《反垄断法》),并于2008年8月1日起施行。2020年1月2日起,国家市场监管总局就《反垄断法》修订草案公开征求意见,2020

年 1 月 31 日截止。与"旧法"相比,《修订草案(公开征求意见稿)》首次拟将互联网新业态列入,并大幅提升处罚标准。两部法律就不正当竞争行为的规制、垄断行为的规制等作出了明确规定。

## 第二节　反不正当竞争法概述

### 一、不正当竞争行为的概念与特征

不正当竞争行为是指经营者采取违反公平、诚实信用等公认的商业道德的手段,损害其他经营者的合法权益,扰乱社会经济秩序的行为。不正当竞争行为具有以下特征:

**1. 实施主体是经营者**

根据我国《反不正当竞争法》的规定,《反不正当竞争法》只适用于经营者的行为,而不适用于经营者以外的其他单位和个人的行为。

**2. 实施手段违反法律**

不正当竞争行为是滥用竞争权的行为,具有违法性。这是不正当竞争行为的本质特征,也是分析判断具体交易行为是否是不正当竞争行为的根本标准。

**3. 主观上是出于故意**

不正当竞争行为最常见的表现就是故意违反商事交易中的自愿、平等、公平、诚实信用原则和商业道德,以欺诈的手段参与竞争,从中牟取非法利益。

**4. 实施结果扰乱了社会经济秩序**

不正当竞争行为所侵害的客体就是其他经营者的合法权益和正常的竞争秩序。

《反不正当竞争法》第二条明确规定,经营者在生产经营活动中,应当遵循自愿、平等、公平、诚信的原则,遵守法律和商业道德。本法所称的不正当竞争行为,是指经营者在生产经营活动中,违反本法规定,扰乱市场竞争秩序,损害其他经营者或者消费者的合法权益的行为。本法所称的经营者,是指从事商品生产、经营或者提供服务(以下所称商品包括服务)的自然人、法人和非法人组织。

在企业经营管理活动中,会有一些企业为了追逐利益,采用不正当的手段与对手竞争,导致对手的损失,如假冒对方商标,进行商业贿赂等,这种不正当的竞争是违法的。

### 二、不正当竞争行为的种类

在司法实践中,商标侵权、著作权侵权、专利侵权等知识产权侵权日渐被权利人重视和保护的同时,不正当竞争纠纷日渐增多,一些不良商户利用各自不正当手段,企图傍名牌,搭便车,混淆视听,从而获取不当利益,而且侵害到权利人的合法利益,有的甚至损害消费者的权益。为了惩戒各种不正当竞争行为,新修订的《反不正当竞争法》,对旧法中的不正当竞争行为做了部分删除,同时增加了部分内容,从新法的具体规定来看,不正当竞争行为包括七种具体情形,如果不在七种情形内,在违反《反不正当竞争法》诚信原则的情况下,也可以被认定为不正当竞争行为。

## （一）混淆行为

混淆行为是指经营者在市场经营活动中，以种种不实手法对自己的商品或服务作虚假表示、说明或承诺，或不当利用他人的智力劳动成果推销自己的商品或服务，使用户或者消费者产生误解，扰乱市场秩序、损害同业竞争者的利益或者消费者利益的行为。具体包含以下几种情形：

（1）与他人有一定影响力的商品名称、包装、装潢混淆；

（2）与他人有一定影响力的企业名称、社会组织名称、姓名混淆；（含简称、字号；姓名的笔名、艺名、译名）

（3）与他人有一定影响力的域名主体、网站名称、网页混淆；

（4）其他足以使人误认为是他人商品或者与他人存在特定联系的混淆行为。

## （二）商业贿赂

商业贿赂是指经营者为争取交易机会，暗中给予交易对方有关人员或者其他能影响交易的相关人员以财物或其他好处的行为。商业贿赂的形式不胜枚举。在我国相当长一段时间内，以回扣、折扣、佣金、咨询费、介绍费等名义争取交易机会的现象非常普遍，如何判断其是否违法，我们必须以法律为标准，分析其实质特征，从而得出正确结论。

《反不正当竞争法》规定，经营者不得采用财物或者其他手段进行贿赂以销售或者购买商品。在账外暗中给予对方单位或者个人回扣的，按行贿论处；对方单位或者个人在账外暗中收受回扣的，以受贿论处。经营者销售或者购买商品，可以明示方式给对方折扣，可给中间人佣金。经营者给对方折扣、给中间人佣金的，必须如实入账。接受折扣、佣金的经营者，必须如实入账。

经营者在交易活动中，可以以明示方式向交易相对方支付折扣，或者向中间人支付佣金。经营者向交易相对方支付折扣、向中间人支付佣金的，应当如实入账。接受折扣、佣金的经营者也应当如实入账。

经营者的工作人员进行贿赂的，应当认定为经营者的行为；但是，经营者有证据证明该工作人员的行为与为经营者谋取交易机会或者竞争优势无关的除外。

## （三）虚假宣传

虚假宣传行为是指经营者利用广告和其他方法，对产品的质量、性能、成分、用途、产地等所作的引人误解的不实宣传。这种行为违反诚实信用原则，违反公认的商业准则，是一种严重的不正当竞争行为。

《反不正当竞争法》规定，经营者不得利用广告和其他方法，对商品的质量、制作成分、性能、用途、生产者、有效期限、产地等进行引人误解的虚假宣传。广告的经营者不得在明知或应知的情况下，代理、设计、制作、发布虚假广告。

（1）经营者不得对其商品的性能、功能、质量、销售状况、用户评价、曾获荣誉等作虚假或者引人误解的商业宣传，欺骗、误导消费者。

（2）经营者不得通过组织虚假交易等方式，帮助其他经营者进行虚假或者引人误解的商业宣传。

关系消费者生命健康的商品或者服务的虚假广告,造成消费者损害的,其广告经营者、广告发布者、广告代言人应当与广告主承担连带责任。

### (四)侵害商业秘密

本法所称的商业秘密,是指不为公众所知悉、具有商业价值并经权利人采取相应保密措施的技术信息和经营信息。

商业秘密权是权利人劳动成果的结晶,商业秘密权也是权利人拥有的一种无形财产权,我国《反不正当竞争法》将侵犯商业秘密行为作为不正当竞争行为予以禁止是十分必要的。商业秘密不同于专利和注册商标,只要获得及使用手段合法,它可以为多个权利主体同时拥有和使用。如自主研究开发,或者通过"反向工程"破译他人商业秘密等。

具体包含以下几种情形:

(1)以不正当手段获取权利人的商业秘密;

(2)披露、使用或允许他人以前述手段获取的商业秘密;

(3)违约或违反保密保密要求,披露、使用或允许他人使用其掌握的商业秘密;

(4)第三人明知或者应知相关人员(含商业秘密权利人的员工、前员工或者其他单位、个人)实施了前述(1)~(3)项中的违法行为,仍获取、披露、使用或者允许他人使用该商业秘密。

### (五)不正当有奖销售

不正当有奖销售是指经营者在销售商品或提供服务时,以提供奖励(包括金钱、实物、附加服务等)为名,实际上采取欺骗或者其他不当手段损害用户、消费者的利益,或者损害其他经营者合法权益的行为。

有奖销售是一种有效的促销手段,其方式大致可分为两种:一种是奖励给所有购买者的附赠式有奖销售,另一种是奖励部分购买者的抽奖式有奖销售。法律并不禁止所有的有奖销售行为,而仅仅对可能造成不良后果、破坏竞争规则的有奖销售加以禁止。

具体包含以下几种情形:

(1)有奖销售信息(含设奖种类、兑奖条件、奖金或奖品)不明确,影响兑奖;

(2)欺骗性有奖销售;

(3)抽奖式有奖销售,最高奖金额超出五万元;

要注意的是,不正当有奖销售的主体是经营者,有关机构、团体经政府和政府有关部门批准的有奖募捐及其彩票发售活动不适用《反不正当竞争法》的规定。有关当事人因有奖销售活动中的不正当竞争行为受到侵害的,可根据《反不正当竞争法》的规定,向人民法院起诉,请求赔偿。

### (六)商业诋毁

商业诋毁行为,也被称为商业诽谤行为,是指损害他人商誉、侵犯他人商誉权的行为。

具体而言,它是指经营者自己或利用他人,通过捏造、散布虚伪事实等不正当手段,对竞争对手的商业信誉、商品信誉进行恶意的诋毁、贬低,以削弱其市场竞争能力,并为自己谋取不正当利益的行为。

现实生活中商业诋毁行为的表现是形形色色、多种多样的。归纳起来,主要有以下几种:

(1)利用散发公开信、召开新闻发布会、刊登对比性广告、声明性广告等形式,制造、散布贬损竞争对手商业信誉、商品声誉的虚假事实。

(2)在对外经营过程中,向业务客户及消费者散布虚假事实,以贬低竞争对手的商业信誉,诋毁其商品或服务的质量声誉。

(3)利用商品的说明书,吹嘘本产品质量上乘,贬低同业竞争对手生产销售的同类产品。

(4)唆使他人在公众中造谣并传播、散布竞争对手所售的商品质量有问题,使公众对该商品失去信赖,以便自己的同类产品取而代之。

(5)组织人员,以顾客或者消费者的名义,向有关经济监督管理部门作关于竞争对手产品质量低劣、服务质量差、侵害消费者权益等情况的虚假投诉,从而达到贬损其商业信誉的目的。

恶意诋毁、贬低他人商誉的诽谤行为,包括损人利己、尔虞我诈,不惜以诽谤他人商誉的非法手段挤垮竞争对手而牟取暴利,它不但会损害竞争对手的合法权益,而且也会欺骗其他经营者与消费者,最终必然破坏市场公平竞争的正常秩序。

### (七)互联网不正当竞争

互联网不正当竞争行为是指经营者不得利用技术手段,通过影响用户选择或者其他方式,实施下列妨碍、破坏其他经营者合法提供的网络产品或者服务正常运行的行为:

(1)未经其他经营者同意,在其合法提供的网络产品或者服务中,插入链接、强制进行目标跳转;

(2)误导、欺骗、强迫用户修改、关闭、卸载其他经营者合法提供的网络产品或者服务;

(3)恶意对其他经营者合法提供的网络产品或者服务实施不兼容;

(4)其他妨碍、破坏其他经营者合法提供的网络产品或者服务正常运行的行为。

## 三、不正当竞争行为的法律责任

根据我国《反不正当竞争法》之规定,经营者只要实施了各种不正当竞争行为以及与不正当竞争有关的违法行为,就要承担相应的法律责任,任何人不得规避该行为带来的法律责任。

(1)任何单位和自然人都可以对市场上出现的不正当竞争行为提出举报,由县一级市场监督行政监管部门负责调查和处罚。

(2)监督检查措施:入场检查;查询;复制;查封扣押有关财物;查询银行账户。其中采取查封、扣押、查询措施的,应由设区的市级以上人民政府监督检查部门主要负责人书面报告,并经批准。

(3)行政处罚及处罚原则

①经营者违反本法第六条规定实施混淆行为的,由监督检查部门责令停止违法行为,没收违法商品。违法经营额五万元以上的,可以并处违法经营额五倍以下的罚款;没有违法经营额或者违法经营额不足五万元的,可以并处二十五万元以下的罚款。情节严重的,吊销营业执照。

②经营者违反本法第七条规定贿赂他人的,由监督检查部门没收违法所得,处十万元以上三百万元以下的罚款。情节严重的,吊销营业执照。

③经营者违反本法第八条规定对其商品作虚假或者引人误解的商业宣传,或者通过组织虚假交易等方式帮助其他经营者进行虚假或者引人误解的商业宣传的,由监督检查部门责令停止违法行为,处二十万元以上一百万元以下的罚款;情节严重的,处一百万元以上二百万元以下的罚款,可以吊销营业执照。

④经营者以及其他自然人、法人和非法人组织违反本法第九条规定侵犯商业秘密的,由监督检查部门责令停止违法行为,没收违法所得,处十万元以上一百万元以下的罚款;情节严重的,处五十万元以上五百万元以下的罚款。

⑤经营者违反本法第十条规定进行有奖销售的,由监督检查部门责令停止违法行为,处五万元以上五十万元以下的罚款。

⑥经营者违反本法第十一条规定损害竞争对手商业信誉、商品声誉的,由监督检查部门责令停止违法行为、消除影响,处十万元以上五十万元以下的罚款;情节严重的,处五十万元以上三百万元以下的罚款。

⑦经营者违反本法第十二条规定妨碍、破坏其他经营者合法提供的网络产品或者服务正常运行的,由监督检查部门责令停止违法行为,处十万元以上五十万元以下的罚款;情节严重的,处五十万元以上三百万元以下的罚款。

经营者违反本法规定从事不正当竞争,受到行政处罚的,由监督检查部门记入信用记录,并依照有关法律、行政法规的规定予以公示。

当经营者违反本法规定从事不正当竞争,有主动消除或者减轻违法行为危害后果等法定情形的,依法从轻或者减轻行政处罚;违法行为轻微并及时纠正,没有造成危害后果的,不予行政处罚。

妨害监督检查部门依照本法履行职责,拒绝、阻碍调查的,由监督检查部门责令改正,对个人可以处五千元以下的罚款,对单位可以处五万元以下的罚款,并可以由公安机关依法给予治安管理处罚。

(4)民事赔偿

如果经营者违反本法规定实施不正当竞争行为,给他人造成损害的,应当依法承担民事赔偿责任,民事赔偿责任依据以下原则处理:

因不正当竞争行为受到损害的经营者的赔偿数额,按照其因被侵权所受到的实际损失确定;实际损失难以计算的,按照侵权人因侵权所获得的利益确定。赔偿数额还应当包括经营者为制止侵权行为所支付的合理开支。

经营者违反本法第六条(混淆行为)、第九条(商业秘密)规定,权利人因被侵权所受到的实际损失、侵权人因侵权所获得的利益难以确定的,由人民法院根据侵权行为的情节判决给予权利人三百万元以下的赔偿。

## 第三节 反垄断法概述

### 一、垄断的概念与特征

#### (一)垄断的概念

垄断一词源于《孟子》"必求垄断而登之,以左右望而网市利"。原指站在市集的高地上操纵贸易,后来泛指把持和独占。中国自古称垄断为"榷"。古代中国的盐、铁、茶长期属于官营之垄断事业,因有暴利之故,国家一旦出现了财政危机,为贴补国用不足,必然实行禁榷制度。

在资本主义经济里,垄断指少数资本主义大企业,为了获得高额利润,通过相互协议或联合,对一个或几个部门商品的生产、销售和价格进行操纵和控制。政治经济学书上指少数资本主义企业凭借其控制的巨额资本,足够的生产经营规模和市场份额,通过协定、同盟、联合、参股等方法,操纵与控制一个或几个部门的商品生产或流通,以获取高额利润。垄断行业就是行业或市场中只有一个或极少数厂商的情况。而垄断市场就是指整个行业中只有一个或极少数的厂商的市场组织。

结合我国《反垄断法》的规定,垄断是指依照反垄断法规定,垄断者对市场经济运行过程进行排他性控制或者对市场竞争进行实质性的限制,妨碍公平竞争秩序的行为。

#### (二)垄断的特征

**1. 垄断是一种排斥或者限制竞争的行为**

排斥是指在某个交易领域,垄断者使其他企业和经济组织的经济活动难以正常进行,从而把他们从该市场排挤出去,以独占市场,牟取高额利润的行为。限制则是指垄断者对其他企业和经济组织的经营活动进行约束,以剥夺他们自由竞争的权利,从而操纵市场的行为。这种排斥或限制竞争的行为,遏制并破坏了市场竞争,违背了市场经济的客观规律。

**2. 垄断是一种违法性的行为**

垄断的违法性是指其违反法律的规定,是为各国法律所禁止的行为。所以,某些行为虽然也具有垄断的性质,但是基于国家和时候公共利益的需要,也可以通过立法规定其不属于违法性垄断行为,如公用企业和关系国计民生的企业,各国立法都在一定程度上允许垄断经营。

### 3. 垄断是一种具有危害性的行为

为了实现经济统治并获取高额利润,垄断者往往滥用其某种优势,或者通过合谋独占或操纵市场。垄断的危害性在于其使得某领域的竞争遭受实质性的破坏和损害,既危害了其他经营者的利益,也妨碍了社会资源的合理配置,并破坏了正常的市场经济秩序。

## 二、垄断行为的主要类型

所谓垄断行为,实际上是一种违反竞争法规定的行为,其目的在于扩张自己的经济规模或形成对自己有利的经济地位。根据我国《反垄断法》第 3 条的规定,垄断行为一般指三种经济垄断,具体包括:(一)垄断协议;(二)滥用市场支配地位;(三)具有或者可能具有排除、限制竞争效果的经营者集中。《反垄断法》第八条有关行政垄断的规定与经济垄断并列。

根据我国《反垄断法》的规定,垄断行为具体分为以下四大类型。

### (一)垄断协议

垄断协议是指两个或两个以上的经营者以协议、决议或其他联合方式实施的限制竞争行为。在市场经济条件下,垄断协议广泛地存在于经济生活的各个阶段和各个方面,与滥用市场支配地位、经营者集中等垄断行为相比较,其表现出发生量大、涉及面广、对市场影响速度快等特点,对有效竞争的破坏具有普遍性和持续性。正因如此,垄断协议控制制度被看作是《反垄断法》的三大支柱制度之一。

垄断协议可以表现为企业间限制竞争的合同或协议、企业团体的决议及企业间的协同行为等形式。我国《反垄断法》第 13 条第 2 款规定:"本法所称垄断协议,是指排除、限制竞争的协议、决定或者其他协同行为。"

垄断协议有横向垄断协议与纵向垄断协议之分。所谓横向垄断协议,是指两个或两个以上因经营同类产品或服务而在生产或销售过程中处于同一经营阶段的同业竞争者之间的垄断协议,如两家汽车生产公司之间的联合;纵向垄断协议是指两个或两个以上在同一产业中处于不同阶段而有买卖关系的企业间的垄断协议,如汽车生产商与汽车销售商之间的联合。

将垄断协议分为横向垄断协议与纵向垄断协议是因为二者对竞争危害的程度不同,法律对它们亦区别对待。横向垄断协议作为同业竞争者之间的联合行为,对竞争的危害既直接又严重,因而一直是《反垄断法》所规制的重点;纵向垄断协议由于主体之间处于不同的经营阶段,不具有直接的竞争关系,其联合行为对竞争的影响较横向垄断协议间接得多,程度也轻得多,法律对其管制的严厉程度也远远不及横向限制,处理的灵活性也较大。

### (二)滥用市场支配地位

市场支配地位,又称市场控制地位,是《反垄断法》中的重要概念。它描述的是企业或企业联合组织在市场上所达到或具有的某种状态,该状态反映出企业或企业联合组织在相关的产品市场、地域市场和时间市场上拥有决定产品产量、价格和销售等方面的控制能力。

市场支配地位本身,并不受道德谴责,也不会必然被《反垄断法》禁止或制裁。只有当具有市场支配地位的企业利用其市场支配地位危害竞争,损害公共利益和私人利益时,《反垄断法》才会挥动达摩克利斯之剑,扮演市场竞争秩序守护神的角色。

**1. 认定市场支配地位的主要因素**

《反垄断法》所称的市场支配地位,是指经营者在相关市场内具有能够控制商品价格、数量或者其他交易条件,或者能够阻碍、影响其他经营者进入相关市场能力的市场地位。据此可知,经营者是否具备市场支配地位首先取决于其在相关市场中是否具有"控制交易条件""阻碍、影响其他经营者"的能力。如何判断经营者是否具备这种能力,是《反垄断法》必须解决的问题。从世界范围看,在反垄断的立法与司法实践中形成了"以市场份额为主、兼顾反映企业综合经济实力的其他因素"的认定标准。我国《反垄断法》总结并借鉴世界范围内相关立法经验,指出,认定经营者具有市场支配地位,应当依据下列因素:①该经营者在相关市场的市场份额,以及相关市场的竞争状况;②该经营者控制销售市场或者原材料采购市场的能力;③该经营者的财力和技术条件;④其他经营者对该经营者在交易上的依赖程度;⑤其他经营者进入相关市场的难易程度;⑥与认定该经营者市场支配地位有关的其他因素。这一规定,较好地反映了世界各国以及国际组织反垄断法有关市场支配地位认定标准的共性。

为了方便执法和司法实践中的操作,《反垄断法》设计了市场支配地位的推定制度。该制度由相互关联的三项内容构成:首先是一般规定,即有下列情形之一的,可以推定经营者具有市场支配地位:①一个经营者在相关市场的市场份额达到二分之一的;②两个经营者在相关市场的市场份额合计达到三分之二的;③三个经营者在相关市场的市场份额合计达到四分之三的。其次是例外规定,即有前款第二项、第三项规定的情形,其中有的经营者市场份额不足十分之一的,不应当推定该经营者具有市场支配地位。最后是反证规定,即被推定具有市场支配地位的经营者,有证据证明不具有市场支配地位的,不应当认定其具有市场支配地位。

**2. 市场支配地位的认定方法**

在判断市场支配地位的标准中,涉及"相关市场"和"企业支配能力"的认定。对此,《反垄断法》指出,本法所称相关市场,是指经营者在一定时期内就特定商品或者服务(以下统称商品)进行竞争的商品范围和地域范围。在此基础上判断企业的支配能力取决于包括市场份额在内的多种因素。其主要方法是对影响企业市场支配能力的因素进行考察,对各种指标做定性、定量分析,作出企业是否具有支配能力和支配能力大小的结论。如在分析市场份额这一影响企业支配能力的主要因素时即需从三个方面予以考虑:一是市场份额的计算方法,即被告在相关市场上的销售额,除以该市场的总销售额,再乘以百分之百,以此方法计算所得出的百分比,即为该企业的市场份额。二是市场份额的数值因素,一般而言,涉嫌具有市场支配地位的企业,其市场份额越大,行使市场力量的可能性就越大。三是市场份额的时间因素,即瞬间拥有巨大的市场份额并不必然使得企业具有支配地位,只有当企业能够在较长时间内维持该优势时,才构成支配地位。

### 3. 滥用市场支配地位行为的判断

滥用市场支配地位行为是指具有市场支配地位的企业,利用其市场支配地位危害竞争,损害竞争对手和社会公共利益及其他私人利益的行为。

《反垄断法》对常见的滥用市场支配地位行为采取列举方式加以规范,禁止具有市场支配地位的经营者从事下列滥用市场支配地位的行为:①以不公平的高价销售商品或者以不公平的低价购买商品;②没有正当理由,以低于成本的价格销售商品;③没有正当理由,拒绝与交易相对人进行交易;④没有正当理由,限定交易相对人只能与其进行交易或者只能与其指定的经营者进行交易;⑤没有正当理由搭售商品,或者在交易时附加其他不合理的交易条件;⑥没有正当理由,对条件相同的交易相对人在交易价格等交易条件上实行差别待遇;⑦国务院反垄断执法机构认定的其他滥用市场支配地位的行为。

## (三)经营者集中

经营者集中是一个宽泛模糊的概念,近似的概念有企业合并或者收购、经济力集中、企业并购或者兼并等。它的核心是指两个或两个以上企业以一定的方式或手段所形成的企业间的资产、营业和人员的整合。

我国《反垄断法》使用了"经营者集中"这一概念,但却未正面给出其定义,而是在第二十条以列举方式对其予以限定。该条指出:"经营者集中是指下列情形:①经营者合并;②经营者通过取得股权或者资产的方式取得对其他经营者的控制权;③经营者通过合同等方式取得对其他经营者的控制权或者能够对其他经营者施加决定性影响。"

经营者集中对市场经济的发展和有序竞争具有积极促进与消极妨碍双重作用。因此,进行法律调控时,一方面必须尊重经济规律,承认规模经济的合理性,允许经济力集中和企业适度合并,同时又要预防经营者以不法手段实施集中,或者使经营者集中失控,导致一定市场或者行业内竞争的丧失。所以,综观各国反垄断法,都建立了一系列制度密切关注经营者集中,并对可能发生的具有反竞争性质的合并等进行规制。

对经营者集中的审查主要包括两部分内容:一是审查的内容;二是审查的程序。

### 1. 关于审查内容

根据《反垄断法》的规定,国务院反垄断执法机构在审查经营者集中时,应当考虑下列因素:①参与集中的经营者在相关市场的市场份额及其对市场的控制力。参与集中的经营者,如果已经占有较大的市场份额或者具有较大的市场控制力,在他们之间进行的集中,极易形成垄断,阻碍竞争。②相关市场的市场集中度。市场集中度,可通过市场份额的分布情况来判断。一般而言,市场竞争越充分,参与竞争者就越多,市场份额就越分散,市场集中度就越低;反之,市场集中度就高。在市场集中度高的行业或者领域,经营者实施集中,就更容易形成垄断。③经营者集中对市场进入、技术进步的影响。即经营者集

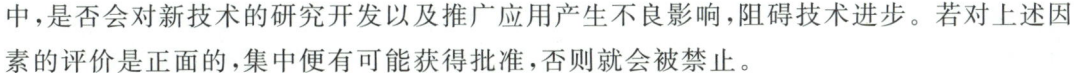

中,是否会对新技术的研究开发以及推广应用产生不良影响,阻碍技术进步。若对上述因素的评价是正面的,集中便有可能获得批准,否则就会被禁止。

**2. 关于审查程序**

《反垄断法》规定的经营者集中程序由"初步审查"和"进一步审查"组成。但是每个个案并非必须经过这两个程序,只有在审查中出现反垄断法规定的情况时,才需要"进一步审查",即启动第二个审查程序。

(1)初步审查。初步审查是指国务院反垄断执法机构对经营者拟实施的集中依法所进行的第一次审查。根据《反垄断法》的规定,初步审查的期限为国务院反垄断执法机构收到申请文件、资料之日起三十日内。如果经营者提交的文件、资料不完备的,则应当在规定的期限内补交文件、资料,初步期限自经营者补交文件、资料之日起计算。初步审查的决定分为两种:一是通过审查,可以实施集中;二是实施进一步审查的决定。若国务院反垄断执法机构逾期未作出决定的,视为通过审查,经营者可以实施集中。但是在国务院反垄断执法机构作出决定以前,法定期限又未到的,经营者不得实施集中。此外,国务院反垄断执法机构不论是实施进一步审查的决定,还是作出不实施进一步审查的决定,都必须采用书面形式通知经营者。

(2)进一步审查。进一步审查是指国务院反垄断执法机构对没有通过初步审查的经营者集中案进行的第二次审查。根据《反垄断法》的规定,进一步审查的期限分为两种情况:一是一般期限,即指国务院反垄断执法机构作出实施进一步审查决定之后,对经营者集中申报实施进一步审查并作出决定的期限。该期限为九十日,自作出实施进一步审查的决定之日起计算。二是延长期限,即当法定情形出现时,国务院反垄断执法机构可以在一般审查期限之外,延长进一步审查的期限。但延长的期限最长不得超过六十日,且应书面通知经营者。

**(四)滥用行政权力排除、限制竞争**

滥用行政权力排除、限制竞争是指拥有行政权力的政府机关以及其他依法具有管理公共事务职能的组织滥用行政权力,排除、限制竞争的各种行为。我国《反垄断法》第八条规定:"行政机关和法律、法规授权的具有管理公共事务职能的组织不得滥用行政权力排除、限制竞争。"这一原则性规定与该法第五章列举的滥用行政权力排除、限制竞争的主要表现形式互为补充,使得反垄断执法机构能够更加得心应手地运用反垄断法规范行政垄断。

滥用行政权力排除、限制竞争的行为方式多种多样,我国《反垄断法》重点约束的主要有以下几类:

(1)地区封锁。这是指地方政府以及其他依法具有管理公共事务职能的组织为了本地区利益,利用行政权力排除、限制竞争的行为。它往往由地方政府及其所属部门以政府命令、文件或通知等方式出现,通过对这些命令、文件、通知等的执行达到封锁市场,保护地方利益的目的。

(2)强制交易。这是指中央政府部门、地方政府及其他依法具有管理公共事务职能的组织,利用行政权力强制安排市场交易活动,限制和排斥竞争、妨碍公平交易的行为。《反垄断法》规定,行政机关和法律、法规授权的具有管理公共事务职能的组织不得滥用行政权力,限定或者变相限定单位或者个人经营、购买、使用其指定的经营者提供的商品。

(3)强制经营者实施危害竞争的垄断行为。这是指行政管理者为了本地区或本部门的利益,违背经营者的意愿,强制其从事有利于本地区、本部门的垄断行为。如强制联合(合并)限制竞争就是其中最典型的一种。

《反垄断法》就行政机关以及其他具有管理公共事务职能的组织滥用行政权力强制经营者从事垄断行为作出了明确规定,行政机关和法律、法规授权的具有管理公共事务职能的组织不得滥用行政权力,强制经营者从事本法规定的垄断行为。

(4)制定含有限制竞争内容的行政法规、行政命令等。这是指行政机关利用行政权力,通过制定行政法规、规章或者发布具有普遍约束力的决定、命令,将具有限制竞争性质的条款或内容包含其中,要求相对人执行以达到限制竞争之目的。由于行政机关以及其他具有管理公共事务职能的组织的限制竞争行为与常规的行政管理活动混淆在一起,增加了识别的难度和危害的普遍性。特别是近些年来,行政机关以及其他具有管理公共事务职能的组织,越来越倾向于通过地方政府规章或者有关文件中规定一些排除、限制竞争的内容,作为实施某些垄断行为的"法定依据"。因此,《反垄断法》明确规定,行政机关不得滥用行政权力,制定含有排除、限制竞争内容的规定。

此外,反垄断执法机构可以就滥用行政权力限制竞争行为,向有关上级机关提出处理建议,以便预防此类行为再次发生。从性质上看,这是法律赋予反垄断执法机构的权力,而并非违法者承担的责任。但是由于反垄断执法机构职能与地位的特殊性,其依据事实与法律提出的要求依法处理的建议,有关上级机关应该而且也会予以重视,从而使滥用行政权力者承担相应的法律后果。同时,为了使《反垄断法》中有关滥用行政权力限制竞争的处理规定能够与已有规定衔接、协调,《反垄断法》专门规定,法律、行政法规对行政机关和法律、法规授权的具有管理公共事务职能的组织滥用行政权力实施排除、限制竞争行为的处理另有规定的,依照其规定。

## 复习思考题

1. 简述不正当竞争行为的概念和特征。
2. 简述我国《反不正当竞争法》的基本原则。
3. 试述不正当竞争行为的表现形式有哪些。
4. 简述虚假宣传行为的概念及其主要类型。
5. 简述垄断行为的概念和特征。
6. 我国《反垄断法》规定的垄断行为有哪些?
7. 如何认定经营者具有市场支配地位?
8. 试述经营者集中包括哪些情形。

## 案例分析题

1. 甲乙两旅行社都是享有盛名的国家承办境外旅游客到国内观光的经济组织。2018年，两旅行社均接待海外游客20万人次，经济效益不相上下。2019年上半年，甲旅行社以高薪为条件，致使乙旅行社海外部15名工作人员全部辞职，转入甲旅行社工作。甲旅行社为此成立海外旅行二部，该15名原乙旅行社的工作人员在转入甲旅行社时将自己的业务资料、海外业务单位名单都带入甲旅行社。2019年上半年，两旅行社的业务均发生很大的变化，甲旅行社的海外游客骤然上升，效益大增，而乙旅行社业务受到极大影响，造成了较大的经济损失。

试分析：

(1) 甲旅行社的行为是否构成不正当竞争？如是，应属哪种不正当竞争行为？为什么？

(2) 对甲旅行社是否应进行法律制裁？如何制裁？

2. 2017年1月甲厂在国家商标局注册了圆形商标"喜凰"牌，用于白酒产品。2017年3月，乙厂注册了圆形图案"天福山"，其中有"喜凤"字样，整个商标图形图案和文字除"天福山"和"凤"字外，所有的文字、图案都与"喜凰"商标一样，并且都用隶书书写，字形相仿。从2017年3月到2018年5月，乙厂用"天福山"的商标共生产白酒470万瓶，销售了340多万瓶，销售额达244万元。甲、乙厂的商标相似，又加之乙厂采用了与甲厂白酒相似的包装，致使广大消费者误认为"喜凰"就是"喜凤"，造成了消费者误购，同时也因此造成了甲厂产品滞销，给甲厂造成了巨大的经济损失。因此，2019年1月，甲厂状告了乙厂。

试分析：乙厂的行为属于何种行为，说明理由。

# 第九章

# 知识产权法律制度

## 本章学习目的与要求

通过本章学习,了解知识产权的概念与特征,知识产权法立法概况。掌握著作权的主体、客体、内容和限制;掌握专利权的主体、客体、内容、授予专利权的条件、专利权的取得和终止、专利权的保护;掌握商标权的主体与客体、商标注册的申请和审查核准、注册商标转让和许可、商标专用权的保护等。

## 课程思政

围绕"立德树人、德法兼修"的教学目标,以党和国家领导人关于创新驱动发展以及知识产权保护的有关论述为指导,讲授知识产权的基本理论、基本原则和基本制度,培养学生的知识产权意识,尊重他人的知识产权,注重保护自身的知识产权,同时增强学生建设知识产权强国的使命感。

## 第一节 知识产权法律制度概述

### 一、知识产权的概念与特征

#### (一)知识产权的概念

知识产权是人们基于自己的智力活动创造的成果和经营管理活动中的标记、信誉而依法享有的权利。

我国《民法典》规定,民事主体依法享有知识产权。知识产权是权利人依法就下列客体享有的专有的权利:作品;发明;实用新型;外观设计;商标;地理标志;商业秘密;集成电路布图设计;植物新品种;法律规定的其他客体。

#### (二)知识产权的特征

**1. 客体的无体性**

知识产权的客体是智力成果或工商业标记,其实质是一种信息。知识产权的客体与载体相分离。例如,当某人收到他人信件时,信件作为有体物归收信人所有,而存在于信件上的著作权仍归写信人享有。

**2. 专有性**

专有性即排他性。知识产权的专有性体现在两个方面:一是知识产权为权利人所独占,无法律规定或未经权利人许可,任何人不得使用权利人的知识产品;二是不允许有两个或两个以上的主体同时对同一属性的知识产品享有权利（著作权除外）。

### 3. 地域性

知识产权作为专有权在空间上的效力受地域限制。按照一国法律获得承认和保护的知识产权，只在该国才发生法律效力。同时，不同国家、地区可彼此独立地在同一时间，基于各自立法对同一智力成果设定不同内容或不同类别的知识产权。

### 4. 时间性

知识产权法规定了知识产权的存续期限，知识产权只在法定期限内有效，期限届满，权利归于消灭，其客体就会成为社会的共同财富，为全人类所共同享有。

## 二、知识产权法的概念

知识产权法是指调整有关智力成果和工商业标记在创造、使用、保护和管理过程中所产生的法律关系的规范总称。广义的知识产权法不仅包括知识产权的专门法律法规，还涉及所有与知识产权创造、使用、保护和管理相关的法律规范。具体而言，其不仅包括著作权法、商标法、专利法、反不正当竞争法以及有关的条例，如计算机软件保护条例、海关知识产权保护条例、集成电路保护条例等，还包括一些非专门的单行法律，如宪法、刑法、民法中有关知识产权的法律规范等。

## 三、我国知识产权法的立法概况

自改革开放以来，我国十分重视知识产权的立法工作，目前已经初步建立了一套完善的知识产权法律制度。

2020年5月通过的《民法典》第一百二十三条对知识产权作了专门规定。1982年8月通过了《中华人民共和国商标法》（以下简称《商标法》），该法分别于1993年、2001年、2013年和2019年作了四次修正；1984年3月通过了《中华人民共和国专利法》（以下简称《专利法》），该法分别于1992年、2000年、2008年和2020年作了四次修正；1990年9月通过了《中华人民共和国著作权法》（以下简称《著作权法》），该法于2001年、2010年和2020年作了三次修正。根据上述法律，国家有关政府部门分别制定并修改了相关的实施细则，并颁布了相关配套的条例。

此外，我国还加入了一系列知识产权国际公约，如《建立世界知识产权组织公约》《保护工业产权巴黎公约》《保护文学艺术作品伯尔尼公约》《商标国际注册马德里协定》《世界版权公约》《专利合作条约》《保护表演者、唱片制作者和广播组织罗马公约》、TRIPS协议等。

# 第二节　著作权法

著作权，亦称版权，是指作者及其他著作权人对其创作的文学、艺术和科学作品依法享有的权利。著作权有广义和狭义之分。狭义的著作权，是指作者及其他著作权人对其作品依法享有的权利。广义的著作权，除了包括狭义的著作权之外，还包括邻接权，即与著作权相关的权利。

著作权法是指保护作者及其他著作权人对其文学、艺术和科学等作品所享有的专有权利的法律规范的总和。著作权法有广义和狭义之分。前者又称实质意义的著作权法，它除了包括狭义的著作权法，还包括其他法律制度中有关著作权的条文；后者又称形式意义上的著作权法，仅指《中华人民共和国著作权法》。

## 一、著作权的主体

著作权的主体又称著作权人，是指依法对文学、艺术和科学作品享有著作权的人。

### （一）作者

作者是指创作文学、艺术和科学作品的自然人。由法人或者非法人组织主持，代表法人或者非法人组织意志创作，并由法人或者非法人组织承担责任的作品，法人或者其非法人组织视为作者。如无相反证明，在作品上署名的自然人、法人或者非法人组织为作者，且该作品上存在相应权利。

### （二）著作权继受主体

继受主体也称其他著作权人，是指除作者之外的，其他享有著作权的自然人、法人、非法人组织或者国家。继受主体取得著作权的方式主要有：因继承、遗赠、遗赠扶养协议而取得；因受让合同而取得等。

### （三）特殊作品著作权主体的确定

**1. 演绎作品的著作权主体**

演绎作品是指改编、翻译、注释、整理已有作品而产生的作品。演绎作品的著作权由改编、翻译、注释、整理人享有，但其行使著作权时不得侵犯原作品的著作权。第三人使用演绎作品时，应征得原作品著作权人与演绎作品著作权人的同意。

**2. 合作作品的著作权主体**

合作作品是指两人以上合作创作的作品，其著作权由合作者共同享有。合作作品的著作权由合作作者通过协商一致行使；不能协商一致，又无正当理由的，任何一方不得阻止他方行使除转让、许可他人专有使用、出质以外的其他权利，但是所得收益应当合理分配给所有合作作者。合作作品可分割使用的，作者对各自创作的部分可单独享有著作权，但行使著作权时不得侵犯合作作品整体的著作权。

**3. 汇编作品的著作权主体**

汇编作品是指汇编若干作品、作品的片段或者不构成作品的数据或者其他材料，对其内容的选择或者编排体现独创性的作品。汇编作品的著作权由汇编人享有，但行使著作权时，不得侵犯原作品的著作权。汇编人汇编有著作权的作品，须取得该作品和原作品著作权人的许可，并支付报酬。

**4. 视听作品的著作权主体**

视听作品是电影作品、电视剧作品以及其他以类似摄制电影的方法创作的作品。视听作品中的电影作品、电视剧作品的著作权由制作者享有，但导演、编剧、作词、作曲、摄影等作者享有署名权，并有权按照与制作者签订的合同获得报酬。其他视听作品的著作权归属由当事人约定；没有约定或者约定不明确的，由制作者享有，但作者享有署名权和获得报酬的权利。视听作品中的剧本、音乐等可单独使用的作品可由其作者单独行使著作权。

### 5. 职务作品的著作权主体

职务作品是指自然人为完成法人或非法人组织工作任务所创作的作品。一般职务作品的著作权由作者享有,但法人或者非法人组织有权在其业务范围内优先使用。作品完成两年内,未经单位同意,作者不得许可第三人以与单位使用的相同方式使用该作品。

有下列情形之一的职务作品,作者享有署名权,著作权的其他权利由法人或者非法人组织享有,法人或者非法人组织可以给予作者奖励:主要是利用法人或者非法人组织的物质技术条件创作,并由法人或者非法人组织承担责任的工程设计图、产品设计图、地图、示意图、计算机软件等职务作品;报社、期刊社、通讯社、广播电台、电视台的工作人员创作的职务作品;法律、行政法规规定或者合同约定著作权由法人或者非法人组织享有的职务作品。

### 6. 委托作品的著作权主体

委托作品是指受他人委托而创作的作品。委托作品著作权的归属由委托人和受托人通过合同约定。合同未作明确约定或者没有订立合同的,著作权属于受托人。

### 7. 作品原件所有权转移的著作权主体

作品原件所有权的转移,不改变作品著作权的归属,但美术、摄影作品原件的展览权由原件所有人享有。作者将未发表的美术、摄影作品的原件所有权转让给他人,受让人展览该原件不构成对作者发表权的侵犯。

### 8. 匿名作品的著作权主体

匿名作品,又称作者身份不明的作品。匿名作品由作品原件的合法持有人行使除署名权以外的著作权。作者身份确定后,由作者或者其继承人行使著作权。

## 二、著作权的客体

著作权的客体,即著作权保护的对象,即为作品。

### (一)作品的概念

作品,是指文学、艺术和科学领域内,具有独创性并能以一定形式表现的智力成果。受保护的作品应具备如下条件:属于文学、艺术和科学领域的思想表达;具有独创性;具有可复制性。

### (二)《著作权法》保护的作品

根据《著作权法》的规定,作品包括以各种形式创作的文学、艺术和自然科学、社会科学、工程技术等作品。主要包括:文字作品;口述作品;音乐、戏剧、曲艺、舞蹈、杂技艺术作品;美术、建筑作品;摄影作品;视听作品;图形作品和模型作品;计算机软件;符合作品特征的其他智力成果。

### (三)不受《著作权法》保护的对象

不受《著作权法》保护的对象包括:法律、法规,国家机关决议、决定、命令和其他具有立法、行政、司法性质的文件及其官方正式译文;单纯事实消息;历法、数表、通用表格和公式。

### 三、著作权的内容

著作权的内容是指著作权人享有的权利和应当承担的义务。著作权包括著作人身权和著作财产权。

#### (一)著作人身权

著作人身权又称精神权利,是指作者基于作品的创作而依法享有的以精神利益为内容的权利。著作人身权包括:发表权(决定作品是否公之于众的权利)、署名权(表明作者身份,在作品上署名的权利)、修改权(修改或者授权他人修改作品的权利)和保护作品完整权(保护作品不受歪曲、篡改的权利)。

#### (二)著作财产权

著作财产权,是指著作权人通过各种方式利用其作品以及基于利用作品而依法享有的以获得财产利益为内容的权利。根据《著作权法》的规定,著作财产权包括:复制权,即以印刷、复印、拓印、录音、录像、翻录、翻拍、数字化等方式将作品制作一份或多份的权利;发行权,即以出售或者赠与方式向公众提供作品的原件或者复制件的权利;出租权,即有偿许可他人临时使用视听作品、计算机软件的原件或者复制件的权利;展览权,即公开陈列美术作品、摄影作品的原件或者复制件的权利;表演权,即公开表演作品以及用各种手段公开播送作品的表演的权利;放映权,即通过放映机、幻灯机等技术设备公开再现美术、摄影、视听作品等的权利;广播权,即以有线或者无线方式公开传播或者转播作品,以及通过扩音器或者其他传送符号、声音、图像的类似工具向公众传播广播作品的权利;信息网络传播权,即以有线或者无线方式向公众提供作品,使公众可以在其个人选定的时间和地点获得作品的权利;摄制权,即以摄制视听作品的方法将作品固定在载体上的权利;改编权,即改变作品,创作出具有独创性的新作品的权利;翻译权,即将作品从一种语言文字转换成另一种语言文字的权利;汇编权,即将作品或者作品的片段通过选择或者编排,汇集成新作品的权利。

### 四、著作权的保护期限和限制

#### (一)著作权的保护期限

著作权的保护期限是指著作权人依法取得的著作权的有效期限。在保护期内,著作权人的著作权受法律保护;超过保护期,该作品即进入公有领域,著作权人不再享有专有使用权。

《著作权法》规定,作者的署名权、修改权、保护作品完整权的保护期不受限制。发表权的保护期与财产权的保护期相同。

自然人的作品,其发表权、著作财产权的保护期为作者终生及其死亡后五十年,截止于作者死亡后第五十年的 12 月 31 日;如果是合作作品,截止于最后死亡的作者死亡后第五十年的 12 月 31 日。

法人或者非未法人组织的作品,著作权(署名权除外)由法人或者非法人组织享有的职务作品,其发表权的保护期为五十年,截止于作品创作完成后第五十年的 12 月 31 日;

著作财产权的保护期限为五十年,截止于作品首次发表后第五十年的 12 月 31 日,但作品自创作完成后五十年内未发表的,不再受《著作权法》的保护。

视听作品,其发表权、著作财产权的保护期为五十年,截止于作品首次发表后第五十年的 12 月 31 日,但作品自创作完成后五十年内未发表的,不再受《著作权法》的保护。

作者身份不明的作品,其发表权、著作财产权的保护期为五十年,截止于作品首次发表后第五十年的 12 月 31 日。在此保护期内,作者身份若确定,则适用公民作品的保护期。

### (二)著作权的限制

著作权的限制主要是对著作权人所享有的财产权利的限制,除了时间和地域限制外,还有合理使用与法定许可的限制。

**1. 合理使用**

合理使用是指在法律规定的情形下,按照法律规定的条件使用他人作品的,可以不经著作权人许可,不向其支付报酬,但应当指明作者姓名或名称、作品名称,并且不得影响该作品的正常使用,也不得不合理地损害著作权人的合法权益。其情形主要包括:

(1)为个人学习、研究或者欣赏,使用他人已经发表的作品。

(2)为介绍、评论某一作品或者说明某一问题,在作品中适当引用他人已发表的作品。

(3)为报道新闻,在报纸、期刊、广播电台、电视台等媒体中不可避免地再现或者引用已发表的作品。

(4)报纸、期刊、广播电台、电视台等媒体刊登或者播放其他报纸、期刊、广播电台、电视台等媒体已经发表的关于政治、经济、宗教问题的时事性文章,但著作权人声明不许刊登、播放的除外。

(5)报纸、期刊、广播电台、电视台等媒体刊登或者播放在公众集会上发表的讲话,但作者声明不许刊登、播放的除外。

(6)为学校课堂教学或者科学研究,翻译、改编、汇编、播放或者少量复制已经发表的作品,供教学或者科研人员使用,但不得出版发行。

(7)国家机关为执行公务在合理范围内使用已发表的作品。

(8)图书馆、档案馆、纪念馆、博物馆、美术馆、文化馆等为陈列或者保存版本的需要,复制本馆收藏的作品。

(9)免费表演已经发表的作品,该表演未向公众收取费用,也未向表演者支付报酬,且不以营利为目的。

(10)对设置或者陈列在公共场所的艺术作品进行临摹、绘画、摄影、录像。这些艺术作品的临摹、绘画、摄影、录像人,可以对其成果以合理的方式和范围再行使用,不构成侵权。

(11)将中国公民、法人或者非法人组织已经发表的以国家通用语言文字创作的作品翻译成少数民族语言文字作品在国内出版发行。

(12)以阅读障碍者能够感知的无障碍方式向其提供已经发表的作品。

(13)法律、行政法规规定的其他情形。

**2. 法定许可**

法定许可是指在法律规定的范围内使用他人的作品,可以不经著作权人的许可,但须向其支付报酬。其情形主要包括：

（1）为实施义务教育和国家教育规划而编写出版教科书，可以不经著作权人许可，在教科书中汇编已经发表的作品片段或者短小的文字作品、音乐作品或者单幅的美术作品、图形作品、摄影作品，但应当按照规定支付报酬，指明作者姓名或者名称、作品名称，并且不得侵犯著作权人依法享有的其他权利。

（2）作品在报刊上刊登后，除著作权人声明不得转载、摘编的外，其他报刊可以转载或者作为文摘、资料刊登，但应当按照规定向著作权人支付报酬。

（3）录音制作者使用他人已经合法录制为录音制品的音乐作品制作录音制品，可以不经著作权人许可，但应当按照规定支付报酬。著作权人声明不许使用的除外。

（4）广播电台、电视台播放他人已发表的作品，可以不经著作权人许可，但应当支付报酬。

（5）广播电台、电视台播放已经出版的录音制品，可以不经著作权人许可，但应当支付报酬。当事人另有约定的除外。

## 五、邻接权

邻接权也称与著作权有关的权利，是指作品的传播者所享有的权利。

### （一）出版者权

出版者权的客体既涉及作品本身，又涉及作品的载体。对作品本身而言，出版者可以拥有专有出版权；对作品载体而言，出版者对其出版的作品的版式设计享有专有使用权。

**1. 专有出版权**

专有出版权是指图书出版者对著作权人交付出版的作品，根据合同约定，在合同有效期内和合同约定的地域内，享有以同种文字的原版、修订版和缩编本的方式出版图书的独占权。

**2. 版式设计权**

《著作权法》规定，出版者有权许可或禁止他人使用其出版的图书、期刊的版式设计。出版者版式设计权的保护期为十年，截至使用该版式设计的图书、期刊首次出版后第十年的12月31日。

### （二）表演者权

表演者权是表演者依法对其表演所享有的权利。表演者，是指演员、演出单位或者其他表演文学、艺术作品的人，即表演者是表演作品的人，不包括运动员、节目主持人等。

**1. 表演者的权利**

表明表演者身份；保护表演形象不受歪曲；许可他人现场直播和公开传送其现场表演，并获得报酬；许可他人录音录像，并获得报酬；许可他人复制、发行、出租录有其表演的录音录像制品，并获得报酬；许可他人通过信息网络向公众传播其表演，并获得报酬。前两项权利的保护期不受限制；后四项权利的保护期为五十年，截至该表演发生后第五十年的12月31日。被许可人以后四项的方式使用作品的，还应当取得著作权人许可，并支付报酬。

演员为完成本演出单位的演出任务进行的表演为职务表演,演员享有表明身份和保护表演形象不受歪曲的权利,其他权利归属由当事人约定。当事人没有约定或者约定不明确的,职务表演的权利由演出单位享有。职务表演的权利由演员享有的,演出单位可以在其业务范围内免费使用该表演。

**2. 表演者的义务**

表演者使用他人作品演出,表演者应当取得著作权人许可,并支付报酬。演出组织者组织演出,由该组织者取得著作权人许可,并支付报酬。

### (三)录音录像制作者权

录音制品是指任何对表演的声音和其他声音的录制品。录像制品是指视听作品方法创作的作品以外的任何有伴音或无伴音的连续相关形象、图像的录制品。录音录像制作者权,是指录音录像制作者对其录音制品和录像制品所享有的权利。

**1. 录音录像制作者的权利**

录音录像制作者对其制作的录音录像制品享有许可他人复制、发行、出租、通过信息网络向公众传播并获得报酬的权利。该权利的保护期为五十年,截止于该制品首次制作完成后第五十年的12月31日。

**2. 录音录像制作者的义务**

录音录像制作者使用他人作品制作录音录像制品,应当取得著作权人许可,并支付报酬;录音制作者使用他人已经合法录制为录音制品的音乐作品制作录音制品,可以不经著作权人许可,但应当按照规定支付报酬;著作权人声明不许使用的不得使用;录音录像制作者制作录音录像制品,应当同表演者订立合同,并支付报酬;被许可人复制、发行、通过信息网络向公众传播录音录像制品,应当同时取得著作权人、表演者许可,并支付报酬。

将录音制品用于有线或者无线公开传播,或者通过传送声音的技术设备向公众公开播送的,应当向录音制作者支付报酬。

### (四)广播组织权

广播组织权是指广播电台、电视台等广播组织基于播放作品、录音录像制品和视听作品的行为享有的邻接权。

**1. 广播组织的权利**

广播组织有权禁止未经其许可,将其播放的广播、电视转播;有权禁止未经其许可,将其播放的广播、电视录制以及复制;将其播放的广播、电视通过信息网络向公众传播。广播电台、电视台行使前款规定的权利,不得影响、限制或者侵害他人行使著作权或者与著作权有关的权利。该权利的保护期为五十年,截止于该广播、电视首次播放后第五十年的12月31日。

**2. 广播组织的义务**

广播电台、电视台播放他人未发表的作品,应当取得著作权人许可,并支付报酬;广播电台、电视台播放他人已发表的作品,可以不经著作权人许可,但应当按照规定支付报酬;电视台播放他人的视听作品、录像制品,应当取得视听作品著作权人或者录像制作者许可,并支付报酬;播放他人的录像制品,还应当取得著作权人许可,并支付报酬。

### 六、著作权的保护

侵犯著作权的行为是指未经作者或其他著作权人同意,又无法律根据,擅自对著作权作品进行利用或以其他非法手段行使著作权人专有权利的行为。

#### (一)著作权侵权行为的法律责任

**1. 民事责任**

民事责任主要包括:停止侵害、消除影响、赔礼道歉、赔偿损失等。对赔偿损失而言,侵犯著作权或者与著作权有关的权利的,侵权人应当按照权利人因此受到的实际损失或者侵权人的违法所得给予赔偿;权利人的实际损失或者侵权人的违法所得难以计算的,可以参照该权利使用费给予赔偿。对故意侵犯著作权或者与著作权有关的权利,情节严重的,可以在按照上述方法确定数额的一倍以上五倍以下给予赔偿。权利人的实际损失、侵权人的违法所得、权利使用费难以计算的,由人民法院根据侵权行为的情节,判决给予五百元以上五百万元以下的赔偿。赔偿数额还应当包括权利人为制止侵权行为所支付的合理开支。

**2. 行政责任**

行政责任主要包括:责令停止侵权行为;没收违法所得;没收、销毁侵权复制品;罚款等。

**3. 刑事责任**

构成侵犯著作权罪、销售侵权复制品罪的,应承担有期徒刑、拘役和罚金等刑事责任。

#### (二)执法措施

第一,诉前申请临时禁令和财产保全。即著作权人或者与著作权有关的权利人有证据证明他人正在实施或者即将实施侵犯其权利的行为,如不及时制止将会使其合法权益受到难以弥补的损害的,可以在起诉前向人民法院申请采取责令停止有关行为和财产保全的措施。第二,诉前证据保全。即法院依据申请人、当事人的请求,对可能丢失或以后难以取得的证据予以调查收集和固定保存的行为。第三,人民法院依法处置权。人民法院审理案件,对于侵犯著作权或者与著作权有关的权利的,可以没收违法所得、侵权复制品以及进行违法活动的财物。

## 第三节 专利法

专利权,亦称专利,是指国家专利行政部门授予发明人或申请人及其权利继受人在一定期间内生产经营其发明创造并禁止他人生产经营其发明创造的独占权。专利法是指调整因发明创造的开发、实施及其保护等发生的各种社会关系的法律规范的总称。

### 一、专利权的主体及归属

专利权的主体是指具体参加特定的专利权法律关系并享有专利权的人。根据《中华人民共和国专利法》(以下简称《专利法》)的规定,发明人或者设计人、职务发明创造的单位都可以成为专利权的主体。

### (一)发明人(设计人)、申请人和专利权人

**1. 发明人(设计人)**

发明的完成人称为发明人,实用新型和外观设计的完成人称为设计人。发明人或设计人,是指对发明创造的实质性特点作出创造性贡献的人。只负责组织工作的人、为物质技术条件的利用提供方便的人或者从事其他辅助工作的人,都不是发明人或者设计人。

**2. 申请人**

申请人是指有资格就发明创造向专利行政部门申请专利的人。申请人可以是发明人、设计人,也可以不是。

**3. 专利权人**

发明创造被授予专利权后,专利申请人就成为专利权人。在一般情况下,专利权人为专利申请人。但是,如果在专利申请的审查过程中,专利申请人将专利申请转让给他人的,则专利申请被授权后,受让了专利申请的人是专利权人。

### (二)职务发明创造的含义和专利权人

**1. 职务发明创造的含义**

职务发明创造,是指发明人或设计人执行本单位的任务或者主要是利用本单位的物质技术条件所完成的发明创造。本单位的物质条件,是指本单位的资金、设备、零部件、原材料或者不对外公开的技术资料等。

发明人或设计人作出的发明创造,凡符合下列条件之一的,均属于职务发明创造:在本职工作中作出的发明创造;履行本单位交付的本职工作之外的任务所作出的发明创造;退职、退休或者调动工作后一年内作出的,与其在原单位承担的本职工作或者原单位分配的任务有关的发明创造。

**2. 职务发明创造的专利权人**

职务发明创造,其申请专利的权利属于该单位,申请被批准后,该单位为专利权人。该单位可以依法处置其职务发明创造申请专利的权利和专利权,促进相关发明创造的实施和运用。利用本单位的物质技术条件所完成的发明创造,单位与发明人对申请专利的权利和专利权的归属有约定的,从其约定。在职务发明创造中,发明人或设计人有获得报酬权和署名权。国家鼓励被授予专利权的单位实行产权激励,采取股权、期权、分红等方式,使发明人或者设计人合理分享创新收益。

### (三)非职务发明创造的专利权人

非职务发明创造,是指非为完成本单位的任务或不是主要利用本单位的物质技术条件所完成的发明创造。非职务发明创造的专利申请权属于发明人或设计人。申请被批准后,专利权归发明人或设计人所有。

### (四)合作或委托完成发明创造的专利权人

合作或委托完成的发明创造,是指两个以上单位或个人合作,一个单位或个人接受其他单位或个人委托的研究、设计任务所完成的发明创造。合作或委托完成的发明创造,除另有协议的以外,申请专利的权利属于完成或者共同完成的单位或者个人;申请被批准

后,申请的单位或者个人为专利权人。

## 二、专利权的客体

专利权的客体,也称专利法保护的对象,是指可以获得专利法保护的发明创造。我国《专利法》规定的发明创造是指发明、实用新型和外观设计。

### (一)发明

发明是指对产品、方法或其改进所提出的新的技术方案。发明是利用自然规律进行的创造,其作为具体的技术方案,应能够解决特定的技术难题,产生一定的技术效果,具有一定的实用性。发明一般分为产品发明和方法发明。

### (二)实用新型

实用新型,也称为"小发明",是指对产品的形状、构造或其组合所提出的适于实用的新技术方案。这种新技术方案能够在产业上制造出具有实用价值和实际用途的产品。

### (三)外观设计

外观设计也称工业品外观设计,是指对产品的整体或者局部形状、图案、色彩或者其结合所作出的富有美感并适于工业上应用的新设计。

### (四)专利权的排除客体

专利权的排除客体,是指不受《专利法》保护的发明创造。我国《专利法》规定了两类不受《专利法》保护的发明创造:一是违反国家法律、社会公德、妨害公共利益的发明创造;违反法律、行政法规的规定获取或者利用遗传资源,并依赖该遗传资源完成的发明创造。二是《专利法》不予保护的发明创造。包括科学发现;智力活动的规则和方法;疾病诊断和治疗方法;动物和植物品种;原子核变换方法以及用原子核变换方法获得的物质;对平面印刷品的图案、色彩或者二者的结合作出的主要起标识作用的设计。

## 三、授予专利权的条件

### (一)发明和实用新型授予专利权的条件

#### 1. 新颖性

新颖性,是指该发明或者实用新型不属于现有技术,也没有任何单位或者个人就同样的发明或者实用新型在申请日之前向国务院专利行政部门提出过申请,并记载在申请日以后公布的专利申请文件或者公告的专利文件中。现有技术,是指申请日之前在国内外为公众所知的技术。

《专利法》规定,申请专利的发明创造在国家出现紧急状态或者非常情况时,为公共利益目的首次公开的,或在中国政府主办或者承认的国际展览会上首次展出的,或在规定的学术会议或者技术会议上首次发表的,或他人未经申请人同意泄露其内容的,在申请日以前六个月内不丧失新颖性。

#### 2. 创造性

创造性,是指同申请日之前已有的技术相比,该发明具有突出的实质性特点和显著的进步,该实用新型有实质性特点和进步。所谓"实质性特点",是指发明创造具有一个或几个技术特征,与现有技术相比有本质的区别。所谓"进步",是指与现有技术相比有所发展和前进。如克服了现有技术的缺点和不足,或具有新的优点或效果,或者代表了某种新的技术趋势。

**3. 实用性**

实用性,是指该发明或者实用新型能够制造或使用,并且能够产生积极效果。实用性一般应具备三个条件:一是可实施性,即发明创造必须能够解决技术问题,并且能够在产业中应用;二是再现性,即能够重复实施专利申请中为解决技术问题所采用的技术方案。三是有益性,即发明创造能够在经济、技术和社会等领域产生积极和有益的效果。

### (二)外观设计授予专利权的条件

《专利法》规定,授予专利权的外观设计,应当不属于现有设计;也没有任何单位或者个人就同样的外观设计在申请日之前向国务院专利行政部门提出过申请,并记载在申请日以后公告的专利文件中。授予专利权的外观设计与现有设计或者现有设计特征的组合相比,应当具有明显区别。授予专利权的外观设计不得与他人在申请日之前已经取得的合法权利相冲突。据此,外观设计专利权的实质条件应包括新颖性、不与他人的在先权利相冲突、富有美感、适于工业应用等。

## 四、专利权的取得、终止和无效

### (一)专利权的取得

**1. 专利的申请原则**

(1)书面原则。专利申请人及其代理人在办理各种手续时,须采用书面形式。

(2)申请在先原则。在两个或两个以上的申请人分别就同样的发明创造申请专利时,专利权授予先申请人。先申请的判断标准是专利申请日。如果两个或两个以上申请人在同一日分别就同样的发明创造申请专利的,应当在收到专利行政管理部门的通知后自行协商确定申请人。

(3)单一性原则。一份专利申请文件只能就一项发明创造提出专利申请,即"一申请一发明"原则。专利申请应当符合《专利法》有关单一性的规定。就发明或者实用新型的专利申请而言,一件发明或者实用新型专利申请应当限于一项发明或者实用新型。属于一个总的发明构思的两项以上的发明或者实用新型,可以作为一件申请提出。

(4)优先权原则。优先权原则,是指将专利申请人首次提出专利申请的日期,视为后来一定期限内专利申请人就相同主题在他国或本国提出专利申请的日期。专利申请人依法享有的这种权利称为优先权,享有优先权的首次申请日称为优先权日。

优先权包括外国优先权和本国优先权。外国优先权,是指申请人自发明或者实用新型在外国第一次提出专利申请之日起十二个月内,或者自外观设计在外国第一次提出专利申请之日起六个月内,又在中国就相同主题提出专利申请的,依照该外国同中国签订的协议或者共同参加的国际条约,或者依照相互承认优先权的原则,可以享有优先权。本国优先权,是指申请人自发明或者实用新型在中国第一次提出专利申请之日起十二个月内,或者自外观设计在中国第一次提出专利申请之日起六个月内,又向国务院专利行政部门就相同主题提出专利申请的,可以享有优先权。

**2. 专利申请文件**

(1)发明和实用新型专利申请文件

请求书,是指专利申请人向国务院专利行政部门提交的请求授予其发明或实用新型以专利权的一种书面文件。说明书,是对发明或实用新型的技术内容进行具体说明的陈述性文件。说明书摘要,是说明书公开内容的提要,仅是一种技术情报,无法律效力。权利要求书,是专利申请人向国务院专利行政部门提交的,用以确定专利保护范围的书面文件。

(2)外观设计专利申请文件

请求书,由于外观设计难以命名,故无须填写外观设计的名称,但要依专利产品分类表填写使用该外观设计的产品及其所属类别,同时应清楚地写明该外观设计的内容及特点,写明使用该外观设计产品的主要创作部位、请求保护的色彩、省略视图等。由于外观设计难以用文字说明或写成权利要求书,因此必须提交外观设计的图片或照片。

**3. 专利申请的修改和撤回**

专利申请的修改,是指对专利申请的改正、增补或删节。申请人可以对请求书、说明书、权利要求书和摘要提出修改,也可以根据国务院专利行政部门的要求加以修改。逾期不修改的,视为撤回;经修改后仍不符合专利法规定的,国务院专利行政部门应当予以驳回。

申请人可以在被授予专利权之前随时撤回其专利申请。专利申请被撤回后,该申请视为自始不存在。申请人无正当理由不请求实质审查的,该申请视同撤回。

**4. 专利申请的审批与授权**

(1)初步审查

国务院专利行政部门收到发明专利申请后,对申请文件的格式、法律要求等进行初步审查。

(2)早期公布

国务院专利行政部门对发明专利申请经初步审查认为符合《专利法》规定要求的,自申请日起满十八个月,即行公布。国务院专利行政部门也可以根据申请人的请求早日公布其申请。

(3)实质审查

实质审查是国务院专利行政部门根据申请人的请求,对发明的新颖性、创造性、实用性等实质条件进行审查。发明专利申请自申请日起三年内,国务院专利行政部门可以根据申请人随时提出的请求,对其申请进行实质审查;申请人无正当理由逾期不请求实质审查的,该申请即被视为撤回。国务院专利行政部门认为必要时,可自行对发明专利申请进行实质审查。

(4)授权决定。国务院专利行政部门对发明专利申请进行实质审查后,认为不符合《专利法》规定的,应当通知申请人,要求其在指定的期限内陈述意见,或对其申请进行修改;无正当理由逾期不答复的,该申请即被视为撤回。发明专利申请经申请人陈述意见或者进行修改后,国务院专利行政部门仍然认为不符合《专利法》规定的,应当予以驳回。发明专利申请经实质审查没有发现驳回理由的,由国务院专利行政部门作出授予发明专利权的决定,发放发明专利证书,同时予以登记和公告。发明专利权自公告之日起生效。

对实用新型和外观设计专利申请而言,国务院专利行政部门只进行初步审查,无实质审查程序。经初步审查没有发现驳回理由的,由国务院专利行政部门作出授予实用新型专利权或外观设计专利权的决定,发放相应的专利证书,同时予以登记和公告。实用新型专利权和外观设计专利权自公告之日起生效。

#### 5. 专利的复审

专利申请人对国务院专利行政部门驳回申请的决定不服的,可以自收到通知之日起三个月内,向国务院专利行政部分请求复审。国务院专利行政部分复审后,作出复审决定,并通知专利申请人。专利申请人对国务院专利行政部分的复审决定不服的,可以自收到通知之日起三个月内向人民法院起诉。

### (二)专利权的终止

专利权的终止,是指专利权因期限届满或者其他原因在期限届满前失去法律效力。其情形主要包括:专利权期限届满;没有按照规定缴纳年费的;专利权人以书面声明放弃其专利的;专利权人死亡,无继承人或受遗赠人的。

### (三)专利权的无效

专利权的无效是指已经取得的专利权因不符合《专利法》的规定,根据有关单位或个人的请求,经国务院专利行政部门审核后被宣告无效。专利权人对国务院专利行政部门宣告专利权无效或维持专利权的决定不服的,可以自收到通知之日起三个月内向人民法院起诉。人民法院应当通知无效宣告请求程序的对方当事人作为第三人参加诉讼。

宣告无效的专利权视为自始不存在。宣告专利权无效的决定,对在宣告专利权无效前人民法院作出并已执行的专利侵权的判决、调解书,已经履行或者强制执行的专利侵权纠纷处理决定,以及已经履行的专利实施许可合同和专利权转让合同,不具有追溯力。但是因专利权人的恶意给他人造成的损失,应当给予赔偿。专利权人或专利权转让人不向被许可实施专利人或者专利权受让人返还专利使用费或者专利权转让费,明显违反公平原则的,专利权人或者专利权转让人应当向被许可实施专利人或者专利权受让人返还全部或者部分专利使用费或者专利权转让费。

## 五、专利权的内容与限制

### (一)专利权的内容

#### 1. 专利权人的权利

(1)独占权。专利权人对其专利享有独占权,任何人未经专利权人许可不得实施其专利。发明和实用新型专利权被授予后,除《专利法》另有规定外,任何单位或者个人未经专利权人许可,不得为生产经营目的制造、使用、许诺销售、销售、进口其专利产品,或者使用其专利方法以及使用、许诺销售、销售、进口依照该专利方法直接获得的产品。外观设计专利权被授予后,任何单位或者个人未经专利权人许可,不得为生产经营目的制造、许诺销售、销售、进口其外观设计专利产品。

(2)许可实施权。专利权人有权根据专利实施许可合同,许可他人依合同约定制造、使用、许诺销售、销售、进口其专利产品,使用其专利方法以及使用、许诺销售、销售、进口依照该专利方法直接获得的产品。

(3)转让权。专利权人有权将其获得的专利权转让他人。专利的转让导致专利权主体发生变更,原专利权人不再享有专利权,而受让人依法获得专利权。

(4)标记权。专利权人享有在专利产品或该产品的包装、容器、说明书以及产品广告中作专利标记或专利号的权利。专利标记由"中国专利""专利"或"P"符号表示。

(5)署名权。发明人或设计人有在专利文件中写明自己是发明人或设计人的权利。职务发明创造的发明人或设计人虽不是专利权人,但同样享有署名权。

### 2. 专利权人的义务

我国《专利法》规定,专利权人有缴纳专利年费的义务。专利权人未按期缴纳年费时,可以在宽限期内补缴并支付滞纳金。

## (二)专利权的限制

### 1. 期限限制

专利权有保护期限,保护期届满,专利技术进入公共领域,任何人均可自由使用。根据《专利法》的规定,发明专利权的期限为二十年,实用新型专利权的期限为十年,外观设计专利权的期限为十五年,均自申请日起计算。申请日是指我国专利局确定的申请日。

### 2. 推广使用

国有企事业单位的发明专利,对国家利益或公共利益具有重大意义的,国务院有关主管部门和省、自治区、直辖市人民政府报经国务院批准,可以决定在批准的范围内推广应用,允许指定的单位实施,由实施单位按照国家规定向专利权人支付使用费。

### 3. 强制许可

专利实施的强制许可,也称非自愿许可,是国家专利主管部门,根据具体情况,不经专利权人许可,授予他人实施发明或者实用新型专利的法律制度。根据《专利法》的规定,强制许可的情形有以下几种:

(1)专利权人自专利权被授予之日起满三年,且自提出专利申请之日起满四年,无正当理由未实施或者未充分实施其专利的;专利权人行使专利权的行为被依法认定为垄断行为,为消除或者减少该行为对竞争产生的不利影响的。

(2)在国家出现紧急情况或者非常情况时,或者为了公共利益的目的,国务院专利行政部门可以给予实施发明专利或者实用新型专利的强制许可。

(3)为了公共健康目的,对取得专利权的药品,国务院专利行政部门可以给予制造并将其出口到符合中华人民共和国参加的有关国际条约规定的国家或者地区的强制许可。

(4)一项取得专利权的发明或者实用新型比之前已经取得专利权的发明或者实用新型具有显著经济意义的重大技术进步,其实施又有赖于前一发明或者实用新型的实施的,国务院专利行政部门根据后一专利权人的申请,可以给予实施前一发明或者实用新型的强制许可。国务院专利行政部门也可根据前一专利权人的申请,也可以给予实施后一发明或者实用新型的强制许可。

**4. 开放许可**

专利权人自愿以书面方式向国务院专利行政部门声明愿意许可任何单位或者个人实施其专利,并明确许可使用费支付方式、标准的,由国务院专利行政部门予以公告,实行开放许可。任何单位或者个人有意愿实施开放许可的专利的,以书面方式通知专利权人,并依照公告的许可使用费支付方式、标准支付许可使用费后,即获得专利实施许可。开放许可实施期间,对专利权人缴纳专利年费相应给予减免。

**5. 不视为侵犯专利权的行为**

不视为侵犯专利权的行为包括:专利产品或者依照专利方法直接获得的产品,由专利权人或者经其许可的单位、个人售出后,使用、许诺销售、销售、进口该产品的;在专利申请日前已经制造相同产品、使用相同方法或者已经做好制造、使用的必要准备,并且仅在原有范围内继续制造、使用的;临时通过中国领陆、领水、领空的外国运输工具,依照其所属国同中国签订的协议或者共同参加的国际条约,或者依照互惠原则,为运输工具自身需要而在其装置和设备中使用有关专利的;专为科学研究和实验而使用有关专利的;为提供行政审批所需要的信息,制造、使用、进口专利药品或者专利医疗器械的,以及专门为其制造、进口专利药品或者专利医疗器械的行为。

## 六、专利权的保护

### (一)专利权的保护范围

判断某一行为是否侵犯专利权,须将被控侵权行为的客体与经确定的专利权的保护范围进行比较,判断其是否落入专利权的保护范围。

**1. 发明和实用新型专利权的保护范围**

根据《专利法》的规定,发明或者实用新型专利权的保护范围以其权利要求的内容为准,说明书及附图可以用于解释权利要求。

专利权的保护范围应当以权利要求书中明确记载的必要技术特征所确定的范围为准,也包括与该必要技术特征相等同的特征所确定的范围。等同特征,是指与所记载的技术特征以基本相同的手段,实现基本相同的功能,达到基本相同的效果,并且本领域的普通技术人员无须经过创造性劳动就能够联想到的特征。

**2. 外观设计专利权的保护范围**

外观设计专利权的保护范围以表示在图片或者照片中的该外观设计专利产品为准。即其保护范围为申请时指定的产品上载有的、与图片或者照片中显示的设计相同的外观设计。如果在与外观设计专利产品相同或相似的产品上使用了相同或相似的外观设计,即被认为是落入了外观设计专利权的保护范围之内。

### (二)专利侵权行为的种类

专利侵权行为,即侵犯专利权的行为,是指在专利权的有效期限内,任何他人在未经专利权人许可,也无其他法定事由,以生产经营为目的实施专利的行为。主要包括:未经专利权人许可,实施其专利的行为;假冒他人专利的行为;以非专利产品或方法冒充专利产品或方法。

专利侵利 1

专利侵利 2

### (三)侵害专利权行为的法律责任

**1. 民事责任**

民事责任主要包括:停止侵害;赔偿损失;消除影响;恢复名誉等。其中,侵犯专利权的赔偿数额按照权利人因被侵权所受到的实际损失或者难以确定的,侵权人因侵权所获得的利益确定;权利人的损失或者侵权或者侵权人获得的利益参照该专利许可使用费的倍数合理确定。对故意侵犯专利权,情节严重的,可以在按照上述方法确定数额的一倍以上五倍以下确定赔偿数额。权利人的损失、侵权人获得的利益和专利许可使用费均难以确定的,人民法院可以根据专利权的类型、侵权行为的性质和情节严重程度等因素,确定给予三万元以上五百万元以下的赔偿。赔偿数额包括权利人为制止侵权行为所支付的合理开支。

**2. 行政责任**

行政责任主要包括:责令侵权人立即停止侵权行为、没收违法所得、罚款等。对侵夺发明人或设计人的非职务发明创造专利申请权以及其他权益的行为,由所在单位或者上级主管机关给予行政处分等。

**3. 刑事责任**

刑事责任只限于假冒他人专利且情节严重的情形,责任形式主要包括有期徒刑、拘役和罚金。

### (四)专利侵权纠纷的解决

**1. 专利侵权纠纷的解决途径**

因专利侵权引起纠纷的,由当事人协商解决;不愿协商或者协商不成的,专利权人或者利害关系人可以向人民法院起诉,也可以请求管理专利工作的部门处理。管理专利工作的部门认定侵权行为成立的,可以责令侵权人立即停止侵权行为,当事人不服的,可以自收到处理通知之日起十五日内依照《行政诉讼法》向人民法院起诉;侵权人期满不起诉又不停止侵权行为的,管理专利工作的部门可以申请人民法院强制执行。管理专利工作的部门应当事人的请求,可以就侵犯专利权的赔偿数额进行调解;调解不成的,当事人可以依照《民事诉讼法》向人民法院起诉。

**2. 诉前禁令和证据保全**

(1)诉前禁令。专利权人或者利害关系人有证据证明他人正在实施或者即将实施侵犯专利权的行为,如不及时制止将会使其合法权益受到难以弥补的损害的,可以在起诉前向人民法院申请财产保全,责令作出一定行为或者禁止作出一定行为的措施。申请人提出申请时,应当提供担保;不提供担保的,驳回申请。人民法院应当自接受申请之时起四十八小时内作出裁定;有特殊情况需要延长的,可以延长四十八小时。申请人自人民法院采取责令停止有关行为的措施之日起十五日内不起诉的,人民法院应当解除该措施。

(2)证据保全。为了制止专利侵权行为,在证据可能灭失或者以后难以取得的情况下,专利权人或者利害关系人可以在起诉前向人民法院申请证据保全。人民法院采取保全措施,可以责令申请人提供担保;申请人不提供担保的,驳回申请。人民法院应当自接受申请之时起四十八小时内作出裁定;裁定采取保全措施的,应当立即执行。申请人自人民法院采取保全措施之日起十五日内不起诉的,人民法院应当解除该措施。

### 3. 诉讼时效

根据《专利法》的规定,侵犯专利权的诉讼时效为三年,自专利权人或者利害关系人得知或者应当得知侵权行为之日起计算。发明专利申请公布后至专利权授予前使用该发明未支付适当使用费的,专利权人要求支付使用费的诉讼时效为三年,自专利权人得知或者应当得知他人使用其发明之日起计算,但是,专利权人于专利权授予之日前已得知或者应当得知的,自专利权授予之日起计算。

权利人超过三年起诉的,如果侵权行为在起诉时仍在继续,在该项专利权有效期内,人民法院应当判决被告停止侵权行为,侵权损害赔偿数额应当自权利人向人民法院起诉之日起向前推算三年计算。

## 第四节 商标法

商标权,是指商标所有人对其注册商标进行支配并排除他人侵害的权利。商标法是指调整商标的组成、注册、使用、管理和商标专用权的保护等各种社会关系的法律规范的总称。

### 一、商标注册

#### (一)商标注册的条件

**1. 申请人的条件**

《商标法》规定,自然人、法人或者其他组织在生产经营活动中,对其商品或者服务需要取得商标专用权的,应当向商标局申请商标注册。

申请人可以是两个以上的自然人、法人或者其他组织。多个主体共同向商标局申请注册同一商标的,共同享有和行使该商标专用权。共同申请注册同一商标的,应当在申请书中指定一个代表人;没有代表人的,以申请书中顺序排列的第一人为代表人。

外国人或者外国企业在中国申请商标注册的,应当按其所属国和中华人民共和国签订的协议或者共同参加的国际条约办理,或者按对等原则办理。外国人或者外国企业在中国申请商标注册和办理其他商标事宜的,应当委托国家认可的具有商标代理资格的组织代理。

**2. 商标构成的条件**

(1)商标的必备要件

第一,应当具备法定的构成要素。商标的构成要素包括文字、图形、字母、数字、三维标志、颜色组合和声音,以及上述要素的组合。第二,商标应当具有显著特征,便于识别。

(2)商标的禁止条件

第一,禁止作为商标注册或使用的标志。主要包括:同中华人民共和国的国家名称、国旗、国徽、国歌、军旗、军徽、军歌、勋章等相同或者近似的,以及同中央国家机关的名称、标志、所在地特定地点的名称或者标志性建筑物的名称、图形相同的;同外国的国家名称、国旗、国徽、军旗相同或者近似的,但该国政府同意的除外;同政府间国际组织的名称、旗帜、徽记相同或者近似的,但经该组织同意或者不易误导公众的除外;与表明实施控制、予以保证的官方标志、检验印记相同或者近似的,但经授权的除外;同"红十字""红新月"的名称、标志相同或者近似的;带有民族歧视性的;带有欺骗性,容易使公众对商品的质量等特点或者产地产生误认的;有害于社会主义道德风尚或者有其他不良影响的;县级以上行政区划名称或者公众知晓的地名,但该地名具有其他含义或者作为集体商标、证明商标组成部分的除外,已经注册的使用地名的商标继续有效。

第二,禁止作为商标注册但可以作为未注册商标使用的标志。主要包括:

仅有本商品的通用名称、图形、型号的;仅直接表示商品的质量、主要原料、功能、用途、重量、数量及其他特点的;其他缺乏显著特征的。前述所列标志经过使用取得显著特征,并便于识别的,可以作为商标注册。以三维标志申请注册商标的,仅由商品自身的性质产生的形状、为获得技术效果而需有的商品形状或者使商品具有实质性价值的形状,不得注册。

第三,不得侵犯他人的在先权利或合法利益。如不得在相同或类似商品上与已注册或申请在先的商标相同或近似、不得以不正当手段抢先注册他人已经使用并有一定影响力的商标、不得侵犯他人的在先权利等。

第四,不以使用为目的的恶意商标注册申请,应当予以驳回。

### (二)商标注册的申请

#### 1. 商标注册申请的原则

(1)申请在先原则

两个或者两个以上申请人,先后在同一或类似商品或者服务上,以相同或类似的商标申请注册的,商标权授予申请在先的人。申请先后的确定以申请日为准。两个或者两个以上的申请人,在同一或类似商品或者服务上,以相同或类似的商标在同一天申请注册的,商标权授予使用在先的人。同日使用或者均未使用的,各申请人可以自收到商标局通知之日起三十日内自行协商;不愿协商或者协商不成的,商标局通知各申请人以抽签的方式确定一个申请人,驳回其他人的注册申请。

(2)自愿注册原则

自愿注册,是指商标使用人是否申请商标注册取决于自己的意愿。依自愿注册原则,商标无论注册与否均可使用。同时,我国对极少数商品采取强制注册。

(3)优先权原则

优先权原则是商标权取得程序中的一项重要原则。根据《商标法》的规定,商标注册申请程序中优先权表现在两个方面:一是商标注册申请人自其商标在外国第一次提出商标注册申请之日起六个月内,又在中国就相同商品以同一商标提出商标注册申请的,依照该外国同中国签订的协议或者共同参加的国际条约,或者按照相互承认优先权原则,可以享有优先权。二是商标在中国政府主办的或承认的国际展览会展出的商品上首次使用的,自该商品展出之日起六个月内,该商标的注册申请人可以享有优先权。

#### 2. 申请商标注册的文件和费用

申请商标注册应提供的文件包括:商标注册申请书、商标图样及相关证明文件。同时,应按照国家工商行政管理局的规定,缴纳申请费、注册费。

### (三)商标注册的审查核准

商标注册的审查核准主要包括形式审查、实质审查、公告核准。

#### 1. 形式审查

商标局收到商标注册申请文件后,应当首先进行形式审查。其内容主要包括:申请手续是否齐备;申请人是否具备申请资格;申请文件是否齐全,填写是否正确;是否按规定缴纳了申请注册费等。经形式审查,凡符合规定的,商标局予以受理。

#### 2. 实质审查

实质审查,是指商标局对经过形式审查、决定受理的商标注册申请,对构成商标的文字、图形、字母、数字、三维标志、颜色组合、声音或者上述要素的组合,通过检索、分析、对比和必要的调查研究,审核其实质要件的合法性,以确定是否准予初步审定并予以公告的行为。实质审查主要涉及商标是否具有显著性、是否使用了法律禁用的文字、是否与在先权利相冲突等。

#### 3. 公告核准

对申请注册的商标,商标局应当自收到商标注册申请文件之日起九个月内审查完毕,符合有关规定的,予以初步审定公告。对驳回申请、不予公告的商标,商标局应当书面通知商标注册申请人。商标注册申请人不服的,可以自收到通知之日起十五日内向商标评审委员会申请复审。当事人对商标评审委员会作出的决定不服的,可以自收到通知之日起三十内向人民法院起诉。

#### 4. 异议及其复审

对初步审定公告的商标,自公告之日起三个月内,在先权利人、利害关系人认为违反《商标法》第十三条第二款和第三款、第十五条、第十六条第一款、第三十条、第三十一条、第三十二条规定的,或任何人认为违反本法第四条、第十条、第十一条、第十二条、第十九条第四款规定的,可以向商标局提出异议。

对初步审定公告的商标提出异议的,商标局应当听取异议人和被异议人陈述事实和理由。商标局作出准予注册决定的,发放商标注册证,并予公告。异议人不服的,可以依照相关规定向商标评审委员会请求宣告该注册商标无效。商标局作出不予注册决定,被异议人不服的,可以自收到通知之日起十五日内向商标评审委员会申请复审。商标评审委员会应当在规定期限内作出复审决定。被异议人对商标评审委员会的决定不服的,可以自收到通知之日起三十日内向人民法院起诉。人民法院应当通知异议人作为第三人参加诉讼。

#### 5. 商标的核准注册

对初步审定并公告的商标,公告期满无异议或者经裁定异议不能成立的,由商标局核准注册,发放注册证并予以登记和公告。商标获准注册后,由商标局将核准的商标和核定使用的商品登记在商标注册簿上,并刊登在商标注册公告上;同时颁发商标注册证,自此商标注册人享有商标专用权。

## 二、注册商标的续展、转让、使用许可

### (一)注册商标的续展

注册商标的续展,是指注册商标所有人为了在注册商标有效期满后,继续享有注册商标专用权,按规定申请并经批准延续其注册商标有效期的一种制度。根据《商标法》的规定,注册商标的有效期为十年,自核准注册之日起计算。注册商标有效期满,需要继续使用的,应当在期满前十二个月内申请续展注册;在此期间未能提出申请的,可以给予六个月的宽展期。宽展期满仍未提出申请的,注销其注册商标。续展注册无次数限制,每次续展注册的有效期为十年,自该商标上一次有效期满次日起计算。

### (二)注册商标的转让

注册商标的转让,是指注册商标所有人依法将商标权转让给他人的行为。转让注册商标的,转让人和受让人应当签订转让协议,并共同向商标局提出申请。受让人应当保证使用该注册商标的商品质量。转让注册商标经核准后,予以公告。受让人自公告之日起享有商标专用权。

### (三)注册商标的使用许可

注册商标的使用许可,是指注册商标所有人通过签订商标使用许可合同,许可他人使用其注册商标,同时收取许可使用费的行为。商标使用许可类型包括独占使用许可、排他使用许可和普通使用许可。许可人应当将其商标使用许可报商标局备案,由商标局公告。商标使用许可未经备案不得对抗善意第三人。

## 三、商标注册的无效宣告

### (一)商标注册无效宣告的含义

商标注册无效宣告,是指商标不具备注册条件但取得注册时,商标局可以依据职权,或由商标评审委员会根据第三人的请求宣告该注册商标无效的制度。

### (二)商标注册无效宣告的事由

**1. 商标局和其他人均可提出商标注册无效宣告的事由**

已经注册的商标,违反《商标法》第四条、第十条、第十一条、第十二条、第十九条第四款规定的,或是以欺骗手段或者其他不正当手段取得注册的,由商标局宣告该注册商标无效;其他单位或个人可请求商标评审委员会宣告该注册商标无效。

当事人对商标局的决定不服的,可以自收到通知之日起十五日内向商标评审委员会申请复审。当事人对商标评审委员会的决定不服的,可以自收到通知之日起三十日内向人民法院起诉。其他单位或个人请求商标评审委员会宣告注册商标无效的,当事人对商标评审委员会的裁定不服的,可以自收到通知之日起三十日内向人民法院起诉。人民法院应当通知商标裁定程序的对方当事人作为第三人参加诉讼。

**2. 仅商标所有人或利害关系人可提出商标注册无效宣告的事由**

已经注册的商标,违反《商标法》第十三条第二款和第三款、第十五条、第十六条第一款、第三十条、第三十一条、第三十二条规定的,自商标注册之日起五年内,在先权利人或者利害关系人可以请求商标评审委员会宣告该注册商标无效。对恶意注册的,驰名商标所有人不受五年的时间限制。

当事人对商标评审委员会的裁定不服的,可以自收到通知之日起三十日内向人民法院起诉。人民法院应当通知商标裁定程序的对方当事人作为第三人参加诉讼。

### (三)商标注册无效宣告的法律效力

商标注册无效宣告的,注册商标专用权视为自始不存在。宣告注册商标无效的决定或者裁定,对宣告无效前人民法院作出并已执行的商标侵权案件的判决、裁定、调解书和工商行政管理部门作出并已执行的商标侵权案件的处理决定以及已经履行的商标转让或者使用许可合同不具有追溯力。但是,因商标注册人的恶意给他人造成的损失,应当给予赔偿。不返还商标侵权赔偿金、商标转让费、商标使用费,明显违反公平原则的,应当全部或者部分返还。

## 四、商标使用的管理

商标的使用,是指将商标用于商品、商品包装或者容器以及商品交易文书上,或者将商标用于广告宣传、展览以及其他商业活动中,用于识别商品来源的行为。商标使用的管理是指商标局对注册商标、未注册商标的使用进行监督管理,并对违反《商标法》规定的行为予以制裁的活动。

### (一)注册商标使用管理

**1. 使用注册商标的管理**

商标注册人在使用注册商标的过程中,自行改变注册商标、注册人名义、地址或者其他注册事项的,由地方工商行政管理部门责令限期改正;期满不改正的,由商标局撤销其注册商标。

注册商标成为其核定使用的商品的通用名称或者没有正当理由连续三年不使用的,任何单位或者个人均可以向商标局申请撤销该注册商标。

**2. 被撤销、注销和宣告无效商标的管理**

注册商标被撤销、被宣告无效或者期满不再续展的,自撤销、宣告无效或者注销之日起一年内,商标局对与该商标相同或者近似的商标注册申请,不予核准。

**3. 必须使用注册商标商品的管理**

按照国家规定必须使用注册商标的商品,未申请注册而在市场销售的,由地方工商行政管理部门责令限期申请注册,可以并处罚款。

### (二)未注册商标使用的管理

未注册商标不享有商标专用权,但未注册商标的使用同样涉及商标专用权的保护、消费者权益的保障,因而商标管理工作也包括未注册商标使用的管理。

将未注册商标冒充注册商标使用的,或者使用未注册商标违反《商标法》规定的,由地

189

方工商行政管理部门予以制止,限期改正,并可以予以通报与罚款。

### 五、注册商标专用权的保护

根据《商标法》的规定,注册商标专用权,以核准注册的商标和核定使用的商品为限。

#### (一)侵犯注册商标专用权的行为

(1)未经商标注册人的许可,在同一种商品上使用与其注册商标相同的商标的;

(2)未经商标注册人的许可,在同一种商品上使用与其注册商标近似的商标,或者在类似商品上使用与其注册商标相同或者近似的商标,容易导致混淆的;

(3)销售侵犯注册商标专用权的商品的;

(4)伪造、擅自制造他人注册商标标识或者销售伪造、擅自制造的注册商标标识的;

(5)未经商标注册人同意,更换其注册商标并将该更换商标的商品又投入市场的;

(6)故意为侵犯他人商标专用权行为提供便利条件,帮助他人实施侵犯商标专用权行为的;

(7)给他人的注册商标专用权造成其他损害的。

#### (二)侵犯注册商标专用权的法律责任

**1. 民事责任**

民事责任主要包括:停止侵犯;消除影响;赔偿损失等。其中,赔偿损失的数额,按照权利人因被侵权所受到的实际损失确定;实际损失难以确定的,可以按照侵权人因侵权所获得的利益确定;权利人的损失或者侵权人获得的利益难以确定的,参照该商标许可使用费的倍数合理确定。对恶意侵犯商标专用权,情节严重的,可以在按照上述方法确定数额的一倍以上五倍以下确定赔偿数额。赔偿数额应当包括权利人为制止侵权行为所支付的合理开支。权利人因被侵权所受到的实际损失、侵权人因侵权所获得的利益、注册商标许可使用费难以确定的,由人民法院根据侵权行为的情节判决给予五百万元以下的赔偿。

**2. 行政责任**

行政责任主要包括:责令立即停止侵权行为;没收、销毁侵权商品和专门用于制造侵权商品、伪造注册商标标识的工具;罚款等。

**3. 刑事责任**

对情节严重、构成犯罪的商标侵权行为应当依法追究其刑事责任,主要包括有期徒刑、拘役、管制和罚金。

#### (三)注册商标专用权侵权纠纷的解决

对侵犯注册商标专用权的案件,首先由当事人协商解决;当事人不愿协商或者协商不成的,由商标注册人或者利害关系人请求工商行政管理部门处理,或向人民法院起诉。

侵犯注册商标专用权的诉讼时效为三年,自商标注册人或者利害关权利人知道或者应当知道侵权行为之日起计算。商标注册人或者利害关系人超过三年起诉的,如果侵权行为在起诉时仍在持续,在该注册商标专用权有效期限内,人民法院应当判决被告停止侵权行为,侵权损害赔偿数额应当自权利人向人民法院起诉之日起向前推算三年计算。

## 复习思考题

1. 简述知识产权的概念与特征。
2. 不受《著作权法》保护的作品有哪些？
3. 著作权合理使用的情形有哪些？
4. 《专利法》规定的不授予专利权的对象有哪些？
5. 专利实施强制许可的情形有哪些？
6. 简述注册商标宣告无效的法律效力。
7. 侵犯商标权的行为有哪些？

## 案例分析题

1. 约翰，英国人，2014年1月作出一项有关齿轮变速技术的发明创造，2014年2月5日其就该发明创造在英国提起专利申请，2015年3月在英国获得发明专利权。2014年6月3日约翰就该发明创造在中国提起专利申请，若：

（1）我国公民陈某2013年12月作出同样的发明创造，2014年3月7日就同样的发明创造向我国专利管理部门提出申请，若该专利申请符合实质性要求，该项专利权应授予约翰还是陈某，为什么？

若该发明创造2015年12月在中国获得专利权，那么：

（2）张某在该专利申请日以前已经制造相同产品，在2016年2月在原有范围内继续制造，张某是否侵犯了其专利权，为什么？

（3）2016年4月，赵某在某大型商场购得黄某制造的相同产品，有合法发票为证，赵某购买后进行零售，其行为是否侵犯了其专利权，为什么？

（4）凯文系在美国登记的轮船船主，2016年1月临时通过中国领海，为其轮船安装了上述专利产品，其行为未经专利权人的同意，是否侵犯了其专利权，为什么？

2. 邻省华鸣公司拥有注册商标的"华鸣"牌电热取暖器畅销本地，本地阳光百货商厦从邻省大型老牌国有企业九峰公司进货1 000台"华鸣"牌电热取暖器并且销售一空。后来"华鸣"公司将阳光百货商厦、九峰公司一起诉至法院，指控两被告共同侵犯了其"华鸣"注册商标权，要求停止侵权、赔偿损失并登报道歉。法院一经查实，九峰公司委托华立电器厂仿冒生产"华鸣"牌电热取暖器供其销售；华立电器厂明知九峰公司仿冒"华鸣"牌电热取暖器还接受委托生产；阳光百货商厦误以为真，不知仿冒，从九峰公司购进上述"华鸣"牌电热取暖器。此后华鸣公司追加华立电器厂为第三被告。请回答：

（1）九峰公司是否侵犯了"华鸣"注册商标权？如构成侵权，应承担哪些法律责任？

（2）华立电器厂是否侵犯了"华鸣"注册商标权？如构成侵权，应承担哪些法律责任？

（3）阳光百货商厦是否侵犯了"华鸣"注册商标权？如构成侵权，应承担哪些法律责任？

# 第十章

# 票据法律制度

## 本章学习目的与要求

通过本章的学习,了解票据的概念和特征、票据的种类、票据法律关系,掌握票据行为的概念和特征、票据权利的概念、票据权利的取得与消灭、票据权利的瑕疵,理解违反票据法的法律责任。

## 课程思政

通过对我国票据法律制度的介绍,引导学生意识到一定要坚守民族经济的阵地,国家强、民族兴才能为我们每个人的发展提供坚实的基础。中国特色社会主义进入新时代,新时代需要新担当,新担当需要新作为。

## 第一节 票据法律制度概述

### 一、票据的概念和沿革

#### (一)票据与票据法的概念

票据一般是指商业上由出票人签发,无条件约定自己或委托他人无条件支付一定金额,并可流通转让的有价证券,是持有人具有一定权利的凭证。具体包括:汇票、本票、支票、提单、存单、股票、债券等。因此,《中华人民共和国票据法》(以下简称《票据法》)规定,票据是指出票人依法签发的,约定自己或委托他人在见票时或指定的日期向收款人或持票人无条件支付一定金额并可转让的有价证券。

票据有广义和狭义之分。广义的票据泛指各种有价证券和凭证,如债券、股票、提单、国库券、发票等。狭义的票据仅指以支付金钱为目的的有价证券,即出票人根据《票据法》签发的,由自己无条件支付确定金额或委托他人无条件支付确定金额给收款人或持票人的有价证券。

票据一般是指汇票(银行汇票和商业汇票)、本票(银行本票)和支票三种。

票据法也有广义和狭义之分。广义的票据法是指一切关于票据的法律法规。狭义的票据法仅指专门调整票据关系的法律法规。在我国,狭义的票据法除《中华人民共和国票据法》以外,还包括其他一些附属法令,如票据管理实施办法、票据贴现业务等法律规范。因此,票据法是专指调整票据关系的法律规范的总称。

### (二)我国票据的起源与发展

我国票据的起源可以追溯到唐代。我国唐代出现了一种名为"飞钱"的票券；学者们多认为"飞钱"是我国现代汇票的起源。唐宪宗(806—820)时期,各地茶商交易,往来频繁,但交通不便,携带款项困难。为方便起见,创制了飞钱。

商人在京城长安(今西安)把现金支付给地方(各道)驻京的进奏院及各军各使等机关,或者在各地方设有联号的富商,由他们发给半联票券,另半联票券则及时送往有关的院、号,持券的商人到达目的地后,凭半联票券与地方的有关院、号进行"合券",然后支取现金。当时,飞钱只是一种运输、支取现金的工具,不是通用的货币。唐代还使用过一种叫"帖"的票券,有学者认为,"帖"可作为我国支票的起源。

到了宋代,出现了"便钱"和"交子"。宋太祖开宝三年(970),官府设官号"便钱务"。商人向"便钱务"交付现金,请求发给"便钱"；商人持"便钱"到目的地向地方官府提示付款时,地方官府应当日付款,不得停滞。这种"便钱"类似现代的"见票即付"的汇票。宋真宗时期,蜀地(今四川)出现了"交子",地方富户联办"交子铺",发行称为"交子"的票券,供作异地运送现款之工具。后来,官府设"交子务"专办此事,发行"官交子"。"交子"与现代的本票相似。

明朝末年,山西地区商业发达,商人设立"票号"(又叫票庄、汇兑庄),在各地设立分号,经营汇兑业务以及存放款业务。名为汇券、汇兑票、汇条、庄票、期票等的金钱票券大为流行,票号逐渐演变,叫作"钱庄",19世纪中叶进入盛期。票号签发的这些票券,类似现代的汇票和本票。

清朝末年,西方银行业进入我国,钱庄逐渐衰落。我国固有的票据规则终被外来票据制度取代。1929年,国民政府制定票据法,规定票据为汇票、本票和支票,与西方国家票据制度接轨,我国原有的各种票据遂被淘汰。

中华人民共和国成立后,曾一度限制票据的使用,当时规定：汇票、本票在国内不得使用,汇票仅限国际贸易中使用,个人不得使用支票,企业与其他单位使用以转账支票为主。进入20世纪80年代,随着改革开放的深入发展,票据在我国逐渐开始大规模使用,目前我国《票据法》和《支付结算办法》规定的票据基本上与国际通行的票据一致,我国的票据使用和发展也进入了一个崭新的时期。

《中华人民共和国票据法》于1995年5月10日正式颁布,1996年1月1日起实施。根据2004年8月28日第十届全国人民代表大会常务委员会第十一次会议《关于修改〈中华人民共和国票据法〉的决定》修正。

## 二、票据的特征与功能

### (一)票据的特征

#### 1. 票据是一种设权证券

票据权利的产生,必须由当事人做成票据；票据权利的转移,必须由当事人向受让方交付票据；票据权利的行使必须由持票人出示票据。由此我们可以看出,票据与股票、债券及提单等证券不同。

### 2. 票据是一种无因证券

无因性是指票据是否有效,与出票或者转让原因无关。票据权利与票据原因关系发生后,票据权利即与该原因关系相分离,成为独立的票据债权关系,不受先前原因关系的影响。只要票据符合法定形式,其持票人即能取得票据文义所载明的权利,票据到期时,付款人必须无条件付款。无因性的实质是票据关系与其基础关系的分离。

### 3. 票据是一种要式证券

票据的要式性是指票据的制成必须符合法定的要求。根据《票据法》的规定,票据的要式性集中体现在以下几点:

(1)票据签章。

(2)票据金额。

(3)记载事项。

(4)记载更改。

票据金额、日期、收款人名称不得更改,更改的票据无效;对票据上其他事项的记载,原记载人可以更改,更改时应当由原记载人签章证明。

### 4. 票据是一种文义证券

票据所表现的权利,完全依据票据上的文义确定,并以法律规定的方式进行解释,而不能依据票据以外的其他文书确定,也不能进行任意解释。凡在票据上签章的人,必须对票据上所载文字负责。这一特征有利于保护持票人的权益以及交易的安全。

### 5. 票据是一种可流通证券

除不得转让的票据以外,票据均可以流通转让。票据流通通过背书或其他转让方式把票据权利转让给他人,不必事先通知债务人就可对债务人发生法律效力。谁持有合法票据,谁就拥有权利,而无论票据流通了多少次。

## (二)票据的功能

### 1. 支付功能

支付功能是票据的原始功能,汇票、本票和支票都有这一功能。

### 2. 信用功能

在市场经济中,利用信用发展经济是经济主体常用的手段,而票据就是信用的证券化。在通常情况下,背书制度增加了票据的信用程度。此外,票据还可以作为担保手段,发挥其信用功能。

### 3. 结算功能

票据的结算功能是指当事人之间互相持有对方的票据,双方可以互相抵销清算,其实质是支付功能的一种延伸。

### 4. 融资功能

票据的融资功能就是通过票据贴现来融通资金。在现代金融中,票据贴现已成为银行一项重要的业务。

### 5. 汇兑功能

票据的汇兑功能是指一国货币所具有的购买外国货币的能力。

### 三、票据金额的书写办法

票据金额是票据上的必要记载事项,如果缺少,将会导致票据的无效。同时,票据金额也有大小写的区分,在我国是严格要求书写的金额在大小写方面是一致的,如果不一致,则会导致票据的无效。

另外,在书写票据金额的时候,应该注意以下几点:(1)书写中文数字和阿拉伯数字时应该工整,字迹清楚,不能用草书或者行书书写,一般应该使用楷书书写。在书写时不应该涂改、粘贴。(2)书写时应该使用钢笔或者毛笔书写,一般不使用铅笔或圆珠笔书写,使用的墨水最好是碳素墨水。(3)中文和阿拉伯数字的书写应该一致,特别是对于中文数字的书写,应该规范。

## 第二节 票据关系与票据行为

### 一、票据法律关系

票据法律关系,是指有关当事人之间因设立、变更或消灭票据上权利义务而表现的一种票据债权债务关系。包括票据行为所产生的法律关系和与票据有关的法律关系两种。前者一般称为票据关系,后者是基于《票据法》和其他法律规定而产生的权利义务关系,简称非票据关系。

#### (一)票据关系

票据关系是由当事人的票据行为而发生的债权债务关系,主要内容是持票人的付款请求权和追索权,债务人的付款义务和清偿义务。具体来说,票据关系主要有以下几种:①基于出票行为产生的出票人与受票人之间的付款关系;②基于受款人与付款人之间产生的请求付款关系;③基于承兑人与持票人之间产生的请求付款关系;④基于背书行为而产生的前手与后手的关系;⑤基于票据担保而产生的保证人与持票人之间的关系。

#### (二)非票据关系

非票据关系是与票据相关的法律关系,一般是基于《票据法》和其他法律的规定而产生的权利义务关系,包括票据原因关系、票据预约关系和票据资金关系三种。

**1. 票据原因关系**

票据原因关系是当事人之间授受票据的理由。如出票人与受款人之间签发和接受票据的理由,背书人与被背书人之间转让票据的理由等。当事人之间授受票据尽管是基于一定的原因,但票据一经做成,即与其原因关系相脱离。无论这一原因关系是否有效,均不影响票据权利的存在。票据权利人在行使票据权利时,无须证明票据原因,票据债务人也不得以无原因或原因无效为由对善意持票人进行抗辩。这一原则主要是保护善意第三人的权利,促进票据流通。

**2. 票据预约关系**

票据预约关系是基于票据当事人之间就授受票据达成的契约而产生的法律关系。如果当事人之间发生交易往来,经过商定双方以票据的方式了结,随后双方要商定票据的种类、签发的时间、付款时间,这就是票据预约关系,起到媒介作用。

### 3. 票据资金关系

票据资金关系,是指汇票或支票的付款人与其他票据资金义务人之间所发生的法律关系。简单来说,就是出票人之所以委托付款人付款的原因。如出票人向付款人提供过资金或付款人对出票人有债务,或出票人与付款人之间订有信用合同等。一般情况下,资金关系与票据关系相分离,不论资金关系存在与否及有效与否,均不影响票据关系的效力。

## 二、票据行为

### (一)票据行为的概念和种类

票据行为,是指以产生票据上载明的债权债务关系为目的的要式行为。票据的出票、背书、承兑、保证等行为都是票据行为。

票据行为分为基本票据行为和附属票据行为。在我国出票是创造票据的基本行为;票据上的权利和义务都是根据票据的出票而产生的,因此称为附属票据行为。

### (二)票据行为的特点

#### 1. 票据的独立性

票据的独立性,是指票据行为之间互不依赖而各自独立发生效力,一种票据行为被认为无效或者被撤销,不影响其他票据行为的效力,其他票据行为继续有效。例如,甲的出票行为被认定为无效,收款人乙已将此票据转让给丙,这时乙不能以甲的出票行为无效而推托自己背书行为的责任,乙仍对票据负责。

#### 2. 票据的抽象性

票据的抽象性,是指票据关系超脱于票据的基础关系而发生。票据行为的存在,只追求票据的目的即支付一定的金额,而不追求票据产生的原因是由买卖、劳务、还是由租赁承揽等引起的。票据的内容并不表示票据所产生的原因,而是只要具备了规定的书面形式就成立生效。

#### 3. 票据的要式性

票据的要式性,是指制成的票据必须具备《票据法》所规定的应记载事项的全部要件,否则该票据无效。

### (三)票据行为的代理

票据行为可以代理,《票据法》规定,票据当事人可委托其代理人在票据上签章,并应在票据上表明其代理人关系。设立票据代理制度的目的是为了适应票据交易范围的扩大、距离遥远所造成的票据流通的需要,同时也是为了方便票据当事人能够及时、有效地利用票据进行各项经济活动。

票据行为的代理必须做到以下几点:第一,明示本人的名义;第二,记明为本人代理的意思;第三,代理人名章或盖章;第四,经本人的授权。《票据法》对票据行为的代理实行严格的"显名主义",要求代理人必须在票据上记载本人的姓名或名称,记载为本人代理的意思,否则代理人自己负责。

代理分为法定代理和意定代理两种。法定代理是依法律规定或法院指定而授权的代理;意定代理是因委任、雇用等合同而由本人授权的代理。票据代理是基于法定代理或意定代理而代本人进行法律行为的一种活动。代理人在代理权限内所做的代理行为,实际上就是本人的行为,因此其后果应由本人负责。没有代理权而以代理人名义在票据上签章的,应当由签章人承担票据责任;代理人超越代理权限的,应当就其超越权限的部分承担票据责任。

## 第三节 汇 票

### 一、汇票概述

#### (一)汇票的概念

汇票是由出票人签发的,委托付款人在见票时或者在指定的日期无条件支付确定的金额给收款人或持票人的票据。

汇票具有以下特征:①三个基本当事人,即出票人、付款人和收款人。但随着票据的背书转让和设立保证,汇票将存在被背书人、保证人等非基本当事人。②汇票是一种委托证券,即由出票人委托他人支付的票据,而非自付的票据。③汇票是一种信用证券,而非支付证券。④汇票独有承兑制度,需要在指定到期日内付款。

#### (二)汇票的种类

汇票可以根据不同的标准进行分类:

汇票的种类

**1. 根据付款期限不同,可分为即期汇票和远期汇票**

即期汇票是以收款人或持票人提示日为付款到期日,付款人在见票时付款票据。这种汇票的收款人和持票人可以随时行使自己的票据权利,无须提前通知付款人。远期汇票是指约定一定日期付款的票据,可分为定期付款票据、出票后定日付款票据、见票定期付款票据三种。

**2. 根据有无附属单据,可分为光单汇票和跟单汇票**

光单汇票是指汇款人只需根据汇票即应付款;而跟单汇票则是指附带货运单据的汇票。

**3. 根据出票人的不同,可分为银行汇票和商业汇票**

银行汇票是指由汇款人将款项交存当地银行,再由银行签发给汇款人持往异地办理结算或支取现金的票据。商业汇票是指由收款人或付款人签发,承兑人承兑并于到期日向收款人或被背书人支付款项的票据。

根据我国现行《票据法》的规定,目前我国的汇票分为商业汇票和银行汇票两种。

中国人民银行下发的《关于规范和促进电子商业汇票业务发展的通知》(银发〔2016〕

224号)关于有效提升电票业务占比的规定,"各金融机构应严格落实电票业务各项制度规定,采取有效措施,规范有序开展电票业务,有效提升电票业务占比,确保办理的电票承兑业务在本机构办理的全部商业汇票承兑业务中金额占比逐年提高。自2017年1月1日起,单张出票金额在300万元以上的商业汇票应全部通过电票办理;自2018年1月1日起,原则上单张出票金额在100万元以上的商业汇票应全部通过电票办理。"该通知明确了必须通过电票办理大额(300万元、100万元)商业汇票,强制提升电票业务占比。

### 二、出票

出票,是指出票人签发票据并将其交付给收款人的票据行为。出票行为由两个部分组成:一是出票人按照有关票据法的规定制成票据;二是将制成的票据交付给收款人。

汇票的出票人必须与付款人具有真实的委托付款关系,并且具有支付汇票金额的可靠资金来源。

汇票是一种要式证券,出票是一种要式行为,所以票据的制成必须符合法定的形式。

#### (一)汇票必须记载的事项

**1. 表明汇票的字样**

即在汇票上必须记载足以表明该票据是汇票的字样。如果没有该文字,汇票无效。

**2. 无条件支付的委托**

即出票人委托付款人支付汇票金额是不附带任何条件的。如果附有条件,汇票无效。

**3. 确定的金额**

即汇票上记载的金额必须是固定的数额。如果记载的金额是不确定的,汇票无效。

**4. 付款人名称**

即出票人在汇票上的委托支付汇票金额的人,即汇票的主债务人。如果汇票上未记载付款人的名称,汇票无效。

**5. 收款人名称**

即出票人在汇票上记载的受领汇票金额的最初票据权利人。

**6. 出票日期**

即出票人在票据上记载的签发汇票的日期。出票日期不明确的,汇票无效。

**7. 出票人签章**

即出票人在票据上亲自书写自己的姓名或签章。无出票人签章的,汇票无效。

汇票上未记载上述规定事项之一的,汇票无效。

#### (二)汇票应记载的事项

这也是汇票必须记载的内容。但如果汇票未记载这些内容,并不影响汇票本身的效力,汇票仍然有效。

**1. 付款日期**

即支付汇票金额的日期。

**2. 付款地**

即汇票金额的支付地。

**3. 出票地**

即出票人签发汇票的地点。

出票人签发汇票以后,即承担保证该汇票承兑和付款的责任。出票人在汇票得不到承兑或者付款时,应当向持票人承担清偿有关金额和费用的责任。

## 三、背书

背书,是指由持票人在汇票背面签上自己的名字,并将汇票交付给受让人的行为。

### (一)背书的形式

背书须有背书人签名并记载背书日期,同时还要记载被背书人名称。

### (二)背书的效力

**1. 转让权利的效力**

票据上的一切权利,依背书由背书人转让给被背书人,被背书人取代背书人而取得票据所有权利及其他一切权利。

**2. 担保责任的效力**

背书人虽因背书而丧失了票据上的权利,但他的责任并没有解除,还应对其后手负责担保承兑和担保付款的责任。

**3. 证明权利资格的效力**

通过背书的连续性,可以证明持票人是正当地取得票据权利的,背书的连续性是指在票据的转让过程中,转让汇票的背书人与受让汇票的背书人在汇票上的签章依次前后衔接。

### (三)背书转让的限制

有下列背书情况的汇票不得转让:①出票人在汇票上记有"不得转让"字样的,汇票不得转让;②背书不得附有条件,否则背书无效;③汇票被拒绝承兑、被拒绝付款或者超过付款提示期限的,不得背书转让。

### (四)背书人与被背书人的权利与义务

背书人一般要承担两项义务:(1)担保付款的义务;(2)保证背书的真实性和连续性的义务。

被背书人有权取得汇票上的一切权利。这些权利主要有:可以以自己的名义向付款人要求承兑、付款;可以将汇票再度转让给他人;当汇票遭到付款人拒绝时,被背书人有权向其直接的背书人以及曾在汇票上签名的一切前手进行追索。

被背书人承担的义务是须向其直接前手背书的真实性负责。

## 四、承兑

承兑,是指汇票付款人承诺在汇票到期日支付汇票金额的票据行为。

承兑包括单纯承兑和不单纯承兑。单纯承兑,是指付款人完全以票面文义而不附加任何条件限制所为的承兑。不单纯承兑,是指付款人对原汇票文义或附加限制或予以变更的承兑。我国《票据法》规定，付款人承兑汇票，不得附有条件；承兑附有条件的，视为拒绝承兑。即只承认单纯承兑，而不允许不单纯承兑。

承兑的程序包括持票人提示承兑和付款人承兑或拒绝承兑。

### （一）持票人提示承兑

提示承兑，是指持票人向付款人出示汇票，并要求付款人承诺付款的行为。

### （二）付款人承兑或拒绝承兑

付款人对向其提示承兑的汇票，应当自收到提示承兑的汇票之日起三日内承兑或拒绝承兑。付款人收到持票人提示承兑汇票时，应当向持票人签发收到汇票的回单，回单上应记明汇票提示承兑日期并签章。付款人承兑汇票的，应当在汇票正面记载"承兑"字样和承兑日期并签章。

如果持票人到期没有提示承兑，就免除了出票人、前手和付款人的票据责任，不能行使追索权。

## 五、票据保证

票据保证，是指票据债务人以外的第三人，为了向票据债权人担保票据债务的履行而在票据上记载法定事项，承诺于债务人不履行债务时承担责任的行为。票据保证的意义在于加强持票人票据权利的实现，确保票据付款义务的履行，进而促进票据流通、发展经济。

### （一）票据保证的特点

①票据保证是一种要式行为；②票据保证以担保票据债务履行为目的；③票据保证是一种附属票据行为；④票据保证是一种单方法律行为；⑤票据保证具有独立性。

### （二）票据保证应记载的主要事项

保证人在办理票据保证手续时，应在汇票或粘单上载明以下事项：①标明"保证"的字样；②保证人名称和住所；③被保证人的名称；④保证日期；⑤保证人签章。

## 六、付款

付款有广义和狭义之分。广义的付款是指一切票据关系人依票据文义向票据债权人支付票据所载金额的行为。狭义的付款则仅指付款人支付票据金额以消灭票据关系的行为。本章所谓的付款仅指狭义的付款。

付款在程序上可分为两个步骤，即提示和付款。

### （一）提示

提示是指持票人向付款人出示票据以请求付款的行为。提示是付款的前提。合法的提示对持票人及其义务人发生下列法律效力：

**1. 持票人**

对持票人来讲，提示产生保全追索权的效果。持票人如在法定期间内不作付款提示，对于前手丧失追索权;如不在约定期间内提示,对于约定的前手丧失追索权。因此提示是付款的必经程序。

**2. 付款人**

对于付款人来讲经提示后如不付款,即构成债务不履行,应负迟延履行的责任。

## (二)付款

**1. 付款日期**

《票据法》规定,持票人依照规定提示付款的,付款人在当日必须足额付款。

**2. 付款货币**

《票据法》规定,汇票金额为外币的,按照付款日的市场汇价,以人民币支付。汇票当事人对汇票支付的货币另有约定的,从其约定。

**3. 付款人的审查义务**

付款人对于持票人的资格仅负有形式上的审查义务,即对票据格式是否合法、绝对应记载事项是否齐全、背书是否连续进行审查。

**4. 付款人的权利**

汇票付款人付款时必须要求持票人交出汇票并记载收清字样。持票人如不记载并交回票据,付款人可拒绝付款。汇票经全额付款后,汇票上的权利义务全部消灭,不仅付款人免除票据责任,在汇票上签名的所有票据债务人均因此而免除责任。

## 七、追索权

追索权,是指在汇票到期被拒绝付款或到期前被拒绝承兑或有其他法定原因出现时,持票人请求债务人偿还汇票金额及有关损失和费用的权利。

### (一)追索权的当事人

**1. 追索权人**

汇票上的追索权人有两种,即持票人和因清偿而得到票据的人。

**2. 被追索人**

被追索人包括出票人、背书人、保证人、承兑人。

### (二)追索权的要件

行使追索权必须具备一定的要件,包括实质要件和形式要件两个方面。

**1. 实质要件**

一是汇票被拒绝承兑;二是承兑人或付款人死亡、逃匿;三是承兑人或付款人被依法宣告破产或因违法被责令停止业务活动。

**2. 形式要件**

汇票追索权的行使一般要求具备以下三项形式要件:第一,持票人必须依有效的票据进行提示。无论提示承兑还是提示付款都必须依有效票据进行,才能发生提示效力,在被拒绝时方可发生追索权。第二,持票人必须在法定期限内进行提示。即持票人只能在法律规定的提示承兑期间或提示付款期间提示。第三,取得有关证明。

追索原因出现以后,持票人必须依法作出票据权利保全行为,然后才能行使追索权。保全是持票人行使追索权的前提,持票人不履行保全手续,将产生丧失追索权的不利后果。

被追索人清偿债务时,持票人应当交出汇票和有关拒绝证明,并出具所收到利息和费用的收据。被追索人向持票人清偿债务后,可以向其他汇票债务人行使再追索权。

## 第四节 本 票

### 一、本票概述

本票是由出票人签发并承诺自己在见票时无条件支付确定的金额给收款人或持票人的票据。根据《票据法》的规定,我国法律只承认银行本票,商业本票目前还不能使用。

本票具有如下特点:(1)本票是自付票据。即由出票人本人签发,本人付款。(2)出票人必须有支付本票金额的可靠资金来源,并保证支付。(3)见票即付,无须承兑。

本票的背书、保证、付款和追索权的行使,除有特别规定外,适用汇票的有关规定。

### 二、本票的记载事项

本票的出票人必须具有支付本票金额的可靠资金来源,并保证支付。本票记载的内容,与汇票一样,包括绝对记载事项和相对记载事项。

#### (一)绝对记载事项

(1)标明"本票"的字样;(2)无条件支付的承诺;(3)确定的金额;(4)收款人名称;(5)出票日期;(6)出票人签章。

#### (二)相对记载事项

(1)到期日;(2)付款地;(3)出票地。

### 三、本票的付款

本票自出票之日起,付款期限最长不能超过2个月。本票的出票人在持票人提示见票时,必须承担付款的责任。如果持票人未按规定期限提示见票的,将丧失对出票人以外的前手的追索权,即没有按期提示的本票,持票人就不能向其前手追索。

## 第五节 支 票

### 一、支票概述

支票是出票人签发的,委托办理支票存款业务的银行或其他金融机构在见票时无条件支付确定的金额给收款人或者持票人的一种票据。支票是一种委托证券,与汇票相同,与本票不同。支票与汇票、本票相比有两方面显著不同：一是以银行和其他金融机构作为付款人；二是见票即付。

根据《票据法》的规定，支票按照支付方式的不同，可以分为以下三种：

### (一)普通支票

普通支票是指不限定支付方式的支票。这种支票可以支付现金，也可以转账。

### (二)现金支票

现金支票是指专用于支取现金的支票。持票人持现金支票向付款人提示后，即可取得支票金额的现金。

### (三)转账支票

转账支票是指专门用于转账的支票。其主要付款程序是：收款人或持票人向付款人提示转账支票后，付款人不得以现金支付，而以记入收款人或持票人账户的方式支付，收款人或持票人再从自己的账户提取现金。转账支票较现金支票优越之处在于能够避免因支付现金而可能被他人冒领的危险。

## 二、支票的记载事项

支票是要式证券，出票人除了应在票面上签名或盖章以外，还必须在票面记载法定必记事项。其记载的内容，分为绝对记载事项和相对记载事项。

### (一)绝对记载事项

绝对记载事项需要记载的内容有：(1)表明"支票"的字样。(2)无条件支付的指示。(3)付款人名称。(4)出票日期。(5)出票人签章。

### (二)相对记载事项

相对记载事项属于应当记载事项，若当事人不予记载，适用法律有关规定而不导致票据无效。其内容包括：(1)确定的金额。(2)收款人名称。(3)付款地。(4)出票地。

## 三、支票兑付程序及当事人的责任

### (一)提示付款

支票的持票人应当自出票日起十日内提示付款；异地使用的支票，其提示付款的期限由人民银行另行规定。

### (二)出票人的责任

出票人必须按照签发的支票金额，承担向持票人付款的责任；付款人不予付款的，出票人仍应当对持票人承担票据责任。

### (三)付款人的责任

当出票人在付款人处的存款足以支付支票金额时，付款人应当在当日足额付款。持票人超过提示付款期限的，付款人可以不予付款。付款人依法支付支票金额后，对出票人不再承担受委托付款的责任,对持票人不再承担付款的责任;但是付款人以恶意付款或者付款有重大过失的除外。

## 复习思考题

1. 简述票据的概念与性质。
2. 简述票据的功能。
3. 简述票据权利的概念与特征。
4. 简述票据行为的概念与特征。
5. 什么是汇票?汇票的绝对记载事项有哪些?
6. 简述票据抗辩制度。
7. 《票据法》对汇票的转让背书有哪些规定?
8. 什么是本票?本票的绝对记载事项有哪些?
9. 什么是支票?支票的绝对记载事项有哪些?
10. 试比较汇票、本票与支票的不同。

票据抗辩

## 案例分析题

1. A公司为支付货款,于2015年3月1日向B公司签发一张金额为50万元、见票后1个月付款的银行承兑汇票。B公司取得汇票后,将汇票背书转让给C公司。C公司在汇票的背面记载"不得转让"字样后,将汇票背书转让给D公司。其后,D公司将汇票背书转让给E公司,但D公司在汇票粘单上记载"只有E公司交货后,该汇票才发生背书转让效力"。后E公司又将汇票背书转让给F公司。2015年3月25日,F公司持汇票向承兑人甲银行提示承兑,甲银行以A公司未足额交存票款为由拒绝承兑,且于当日签发拒绝证明。

2015年3月27日,F公司向A、B、C、D、E公司同时发出追索通知。B公司以F公司应先向C、D、E公司追索为由拒绝承担担保责任;C公司以自己在背书时记载"不得转让"字样为由拒绝承担担保责任。

根据上述情况和票据法律制度的有关规定,回答下列问题:

(1) D公司背书所附条件是否具有票据上的效力?简要说明理由。
(2) B公司拒绝承担担保责任的主张是否符合法律规定?简要说明理由。
(3) C公司拒绝承担担保责任的主张是否符合法律规定?简要说明理由。

2. 甲公司派业务员A赴某县收购粮食,在与该县乙公司签订粮食买卖合同后,A拟将甲公司作为收款人的汇票背书给乙公司,由于A和乙公司的业务员B不熟悉票据背书规则,于是A、B委托当地农行的工作人员C代为完成背书。C将乙公司的公章盖在背书人栏,将甲公司的公章盖在了被背书人栏,并将汇票交给B,之后乙公司又将该汇票背书给了丙公司,用以支付所欠的购货款。

根据票据法律制度的规定,简要回答下列问题:

(1)丙公司若持该汇票提示付款,付款人应否付款?为什么?

(2)票据背书的绝对记载事项是什么?

3.甲公司为向乙公司支付货款签发了商业承兑汇票。此前,甲公司的股东A曾在甲公司请求代为付款的报告上签字同意,故甲公司将汇票的付款人记载为A。票据到期前,乙公司向A提示承兑,A拒绝承兑。乙公司以甲公司、A为被告向法院提起票据诉讼,请求判令甲公司和A对支付票据金额承担连带责任。

问题:

(1)A是否是该商业承兑汇票的当事人?

(2)A拒绝承兑是否合法?

(3)乙公司的诉讼请求是否应当支持?

4.甲公司在出票人栏中加盖甲公司印章,并记载:"受乙公司委托,代其出票。"持票人向乙公司提示付款被乙公司以"从未委托甲出票"为由拒绝。持票人以甲、乙公司为被告向法院起诉,要求判令甲、乙公司连带支付票据金额。

问题:

(1)如果有证据证明乙公司委托甲公司出票,甲公司的行为构成什么?在此情况下,票据债务人是谁?

(2)如果没有证据证明乙公司委托甲公司出票,甲公司的行为构成什么?在此情况下,票据债务人是谁?

(3)持票人要求判令甲、乙公司连带支付票据金额的主张是否有法律依据?

5.A公司为还债向B公司背书转让了一张由C公司为出票人的经过D银行承兑的汇票。B公司将该汇票质押给E银行作为贷款担保。贷款到期后B公司未还款,E银行向D银行提示付款遭拒绝,理由是E银行并非持票人而只是质权人;且由于C公司申请承兑时涉嫌诈骗,现正接受警方调查。

问题:

(1)D银行的抗辩理由是否成立,为什么?

(2)在D银行拒绝付款后,E银行可怎样依据票据法维护自己利益?

# 第十一章

# 合同法律制度

## 本章学习目的与要求

通过本章的学习,了解合同的概念与分类、买卖合同、赠与合同、借款合同、租赁合同、承揽合同、运输合同;掌握要约与承诺、合同有效的要件、无效合同、可撤销合同、效力待定合同、双务合同的履行抗辩权、合同的保全、合同的担保、合同的转让和终止、违约责任的承担方式等。

## 课程思政

通过对合同的订立、合同的履行、合同的担保、合同的保全和违约责任等基本制度的讲授,结合社会主义核心价值观,重点分析诚实信用原则这一私法领域的"帝王条款",挖掘中华民族重视诚实守信传统资源,培养学生以诚为本、知法守法的意识和契约精神。

## 第一节 合同与合同编

### 一、合同的概念与分类

#### (一)合同的概念

合同也称契约、协议。根据《民法典》第四百六十四条的规定,合同是民事主体之间设立、变更、终止民事权利义务关系的协议。

#### (二)合同的分类

基于一定标准,合同可划分为不同类型。根据合同法律制度是否对合同赋予特定名称为标准,合同分为有名合同与无名合同;根据当事人是否相互负有对价义务为标准,合同分为单务合同与双务合同;根据当事人取得权益是否须支付相应代价为标准,合同分为有偿合同与无偿合同;根据合同成立除当事人的意思表示外,是否还须现实给付为标准,合同分为诺成合同与实践合同;根据合同的成立是否必须符合一定的形式为标准,合同分为要式合同与非要式合同;根据两个或者多个合同相互间的主从关系为标准,合同分为主合同与从合同;根据时间因素在合同履行中所处的地位为标准,合同分为一时性合同与继续性合同;根据合同约束的对象不同,合同分为己合同与涉他合同等。

## 二、合同编概述

### (一)合同编的调整范围

合同编调整平等主体的自然人、法人、非法人组织之间因合同产生的民事关系。婚姻、收养、监护等有关身份关系的协议,适用有关该身份关系的法律规定;没有规定的,可以根据其性质参照适用《民法典》合同编的规定。

### (二)合同编的基本内容

合同制度是市场经济的基本法律制度。《民法典》第三编"合同"在原来《合同法》的基础上,贯彻全面深化改革的精神,坚持维护契约、平等交换、公平竞争,促进商品和要素自由流动,完善合同制度。合同编共三个分编、二十九章、五百二十六条,主要内容有:

第一分编为通则,规定了合同编的调整范围与适用、合同的订立、效力、履行、保全、变更和转让、终止、违约责任等一般性规则。第二分编为典型合同。典型合同在市场经济活动和社会生活中应用普遍。为适应现实需要,合同编在原来《合同法》规定的买卖合同、供用电(水、气、热力)合同、赠与合同、借款合同、租赁合同、融资租赁合同、承揽合同、建设工程合同、运输合同、技术合同、保管合同、仓储合同、委托合同、行纪合同、居间(中介)合同等15种典型合同的基础上,增加了四种典型合同:一是吸收了原来《担保法》中关于保证的内容,增加了保证合同;二是适应我国保理行业发展和优化营商环境的需要,增加了保理合同;三是针对物业服务领域的突出问题,增加规定了物业服务合同;四是根据原来《民法通则》中有关个人合伙的规定,增加了合伙合同。第三分编为准合同,分别对无因管理和不当得利的一般性规则作了规定。无因管理、不当得利与合同规则同属债发生的原因,又与合同规则有所区别,因此称之为"准合同"。

# 第二节 合同的订立

合同订立,是指缔约双方为意思表示并达成合意,建立合同关系的行为。合同的订立是合同双方动态行为和静态协议的统一,它既包括缔约双方在达成协议之前接触和洽谈的整个动态过程,也包括双方达成合意、确定合同的主要条款之后所形成的协议。

## 一、合同订立程序

订立合同可以采取要约、承诺或者其他方式。当事人意思表示真实一致,合同即可成立。

要约

### (一)要约

**1. 要约的概念**

要约,是指希望与他人订立合同的意思表示。发出要约的人为要约人,接受要约的人为受要约人。在商业实践中,要约常被称作发盘、出盘、发价、报价等。

**2. 要约的构成要件**

(1)要约是特定合同当事人的意思表示

要约的目的在于订立合同,要约人必须能够确定,以便受要约人向要约人作出承诺。作为要约人只要能够特定即可,并不一定需要知道要约人的具体情况,如自动售货机,消费者不需要了解谁为真正的要约人,只要投入货币,作出承诺,便可完成交易。

(2)向特定或不特定的相对人发出

合同因相对人的承诺而成立,所以要约必须向希望与其订立合同的相对人发出。相对人可以特定,亦可不特定。如自动售货机、悬赏广告所针对的相对人即是不特定的。

(3)要约须具有缔约的目的

要约应表明,一经受要约人承诺,要约人即受该意思表示的约束,并与之建立合同关系。

(4)要约的内容必须确定和完整

所谓确定,是指要约的内容必须明确清楚,不能模棱两可、产生歧义。所谓完整,是指要约的内容必须满足构成一个合同所必备的条件,但并非要事无巨细、面面俱到,只要其内容具备使合同成立的基本条件即可。

**3. 要约邀请**

要约邀请,又称要约引诱,是希望他人向自己发出要约的意思表示。其目的不是订立合同,而是邀请相对人向其发出要约的意思表示。

拍卖公告、招标公告、招股说明书、债券募集说明书、基金招募说明书、商业广告和宣传寄送的价目表等,性质为要约邀请。但若商业广告和宣传的内容符合要约,则构成要约。

**4. 要约的生效时间**

以对话方式作出的意思表示,相对人知道其内容时生效。以非对话方式作出的意思表示,到达相对人时生效。采用数据电文形式订立合同,收件人指定特定系统接收数据电文的,该数据电文进入该特定系统的时间,视为到达时间;未指定特定系统的,该数据电文进入收件人的任何系统的首次时间,视为到达时间。

**5. 要约的撤回与撤销**

要约的撤回,是指要约人在要约生效之前使要约不发生法律效力的行为。由于撤回要约不会损害相对人的利益,因此,要约可以撤回。撤回要约的通知应当在要约到达受要约人之前或者与要约同时到达受要约人。

要约的撤销,是指要约到达受要约人之后,受要约人同意之前,要约人取消要约从而使要约归于消灭的行为。要约的撤销不同于要约的撤回,前者针对的是已经生效的要约,后者针对的是尚未生效的要约。要约可以撤销,但要约人确定了承诺期限的,或以其他形式明示要约不可撤销的,或受要约人有理由认为要约是不可撤销的,并已为履行合同作了合理准备工作的,要约不得撤销。撤销要约的意思表示以对话方式作出的,该意思表示的内容应当在受要约人作出承诺之前为受要约人所知道;撤销要约的意思表示以非对话方式作出的,应当在受要约人作出承诺之前到达受要约人。

**6. 要约的失效**

要约的失效又称为要约的消灭,是指要约丧失法律效力,要约人与受要约人均不再受其约束。要约失效的情形有:拒绝要约的通知到达要约人;要约人依法撤销要约;承诺期限届满,受要约人未作出承诺;受要约人对要约的内容作出实质性变更。

### (二)承诺

**1. 承诺的概念**

所谓承诺,是指受要约人同意接受要约的全部条件以缔结合同的意思表示。在商业交易中,承诺称作"接盘"。在一般情况下,承诺生效后合同即告成立。

**2. 承诺的构成要件**

(1)承诺必须由受要约人作出

受要约人是要约人选定的交易相对方,受要约人进行承诺的权利是要约人赋予的,只有受要约人才有承诺的资格。如果要约是向不特定人发出的,则不特定人中的任何人均可以作出承诺。

(2)承诺须向要约人作出

承诺是对要约的同意,是受要约人同意与要约人订立合同,当然要向要约人作出。

(3)承诺的内容须与要约保持一致

承诺必须是对要约完全的、单纯的同意,这在学理上称为"镜像规则"。如果受要约人对要约的内容作出实质性变更的,视为新要约。有关合同标的、数量、质量、价款或者报酬、履行期限、履行地点和方式、违约责任和解决争议方法等内容的变更,是对要约内容的实质性变更。承诺对要约的内容作出非实质性变更的,除要约人及时表示反对或者要约表明承诺不得对要约的内容作出任何变更的以外,该承诺有效,合同的内容以承诺的内容为准。

(4)承诺必须在要约的有效期内作出

如果要约规定了承诺期限,则承诺应在规定的承诺期限内作出,如果要约未规定承诺期限,则承诺应当在合理的期限内作出。

**3. 承诺期限**

承诺应当在要约确定的期限内到达要约人。要约没有确定承诺期限的,承诺应当依照下列规定确定:要约以对话方式作出的,应当即时作出承诺,但当事人另有约定的除外;要约以非对话方式作出的,承诺应当在合理期限内到达。所谓合理期限,是指依照通常情形可期待承诺到达的期间,一般包括要约到达受要约人的期间、受要约人作出承诺的期间、承诺通知到达要约人的期间。

**4. 承诺的生效时间**

承诺自通知到达要约人时生效。承诺不需要通知的,根据交易习惯或者要约的要求而作出承诺的行为时生效;采用数据电文形式订立合同,收件人指定特定系统接收数据电文的,该数据电文进入该特定系统的时间,视为承诺到达时间;未指定特定系统的,该数据电文进入收件人的任何系统的首次时间,视为承诺到达时间。承诺到达时合同成立。

**5. 承诺的撤回**

承诺的撤回是指受要约人阻止承诺发生法律效力的意思表示。由于承诺一经送达要约人即发生法律效力,合同即成立,所以撤回承诺的通知应当在承诺通知到达之前或与承诺通知同时到达要约人。如果撤回承诺的通知晚于承诺的通知到达要约人,则承诺已经生效,合同已成立,受要约人便不能撤回承诺。

**6. 承诺的迟延**

受要约人超过承诺期限发出承诺的,为迟延承诺,除要约人及时通知受要约人该承诺有效的以外,迟延的承诺应视为新要约。受要约人在承诺期限内发出承诺,按照通常情形能够及时到达要约人。但因其他原因使承诺到达要约人时超过承诺期限的,为迟到承诺,除要约人及时通知受要约人因承诺超过期限不接受该承诺的以外,迟到的承诺为有效承诺。

### (三)合同成立的时间与地点

**1. 合同成立的时间**

承诺生效时合同成立,这是大部分合同成立的时间标准。当事人采用合同书形式订立合同的,自双方当事人签字、盖章或者按指印时合同成立。在签字、盖章或者按指印之前,当事人一方已经履行主要义务,对方接受时,该合同成立。法律、行政法规规定或者当事人约定合同应当采用书面形式订立,当事人未采用书面形式但是一方已经履行主要义务,对方接受时,该合同成立。当事人采用信件、数据电文等形式订立合同的,可以要求在合同成立之前签订确认书,则签订确认书时合同成立。当事人一方通过互联网等信息网络发布的商品或者服务信息符合要约条件的,对方选择该商品或者服务并提交订单成功时合同成立,但是当事人另有约定的除外。

**2. 合同成立的地点**

承诺生效的地点为合同成立的地点。采用数据电文形式订立合同的,收件人的主营业地为合同成立的地点;没有主营业地的,其住所地为合同成立的地点。当事人采用合同书形式订立合同的,双方当事人最后签字、盖章或者按指印的地点为合同成立的地点。合同约定的签订地与实际签字或者盖章地点不符的,人民法院应当认定约定的签订地为合同签订地;合同没有约定签订地,双方当事人签字或盖章不在同一地点的,人民法院应当认定最后签字或盖章的地点为合同签订地。

## 二、缔约过失责任

### (一)缔约过失责任的概念

缔约过失责任,是指在订立合同的过程中,一方当事人违背诚实信用原则致使对方当事人信赖利益受到损害时,依法应当承担的赔偿责任。

## (二)缔约过失责任的构成要件

### 1. 责任发生于合同订立阶段

当事人为订立合同而进行接触、磋商,已由一般民事主体间的关系进入特定的权利义务关系(信赖关系)。判断当事人是否进入这一关系的标准主要是当事人之间是否有缔结合同的意图。

### 2. 一方当事人违反了先合同义务

所谓先合同义务,是指合同订立过程中,双方当事人根据诚实信用原则应当承担的义务,如告知、协作、忠实、保护、保密等义务。

### 3. 一方当事人有过错

顾名思义,缔约过失责任是过错责任,一方当事人因过错违反了先合同义务,才可能承担缔约过失责任。

### 4. 造成对方信赖利益的损失

所谓信赖利益损失,是指相对人因信赖合同会有效成立却由于合同不成立或无效而受到的利益损失。

## (三)缔约过失行为的类型

### 1. 假借订立合同,恶意进行磋商

所谓"假借",是指根本没有与对方订立合同的意思,只是借口与对方谈判,目的是损害订约对方当事人的利益。所谓"恶意",是指假借磋商、谈判,而故意给对方造成损害的主观心理状态。如甲知道乙有转让餐馆的意图,甲并不想购买该餐馆,但是为了阻止乙将餐馆卖给竞争对手丙,却假意与乙进行了长时间的谈判。待丙买了另一家餐馆后,甲中断了谈判。后来乙以比丙出价更低的价格将餐馆转让。

### 2. 故意隐瞒与订立合同有关的重要事实或提供虚假情况

缔约当事人依诚实信用原则负有一定的告知义务,若违反此项义务,即构成欺诈,如因此致对方受到损害,应负缔约过失责任。

### 3. 其他违背诚实信用原则的行为

主要表现为:一方当事人未尽到通知、协助、告知、照顾等义务而造成对方当事人人身或财产损失的;泄露或者不正当使用在订立合同的过程中知悉的商业秘密的;因一方当事人的过错,致使合同被宣告无效或被撤销的;违反初步协议或许诺等。

## (四)缔约过失责任的赔偿范围

缔约过失责任的形式是损害赔偿。损害赔偿的范围,是相对人因缔约过失而遭受的信赖利益损失,包括直接损失和间接损失。

### 1. 直接损失

主要包括:缔约费用,如为了订约而赴实地考察所支付的合理费用;准备履约和实际履约所支付的费用,如运送标的物至购买方所支付的合理费用;因缔约过失导致合同失

效、被变更或被撤销所造成的实际损失;因支出缔约费用或准备履约和实际履行支出费用所失去的利息等。

**2. 间接损失**

主要包括:因信赖合同有效成立而放弃的获利机会损失,即丧失与第三人签订合同机会所蒙受的损失;利润损失,即无过错方在现有条件下从事正常经营活动所获得的利润损失;身体受到伤害而减少的误工收入;其他可得利益损失。

## 第三节 合同的内容与形式

### 一、合同的内容

合同的内容,是指合同当事人的权利与义务,具体体现为合同的各项条款。

#### (一)合同的条款

合同的内容由当事人约定,一般包括下列条款:当事人的姓名或者名称和住所;标的;数量;质量;价款或者报酬;履行期限、地点和方式;违约责任;解决争议的方法。当事人可以参照各类合同的示范文本订立合同。

#### (二)格式条款

**1. 格式条款的含义**

格式条款,又称为标准条款、格式合同、定式合同、附合合同,是指当事人为了重复使用而预先拟定,并在订立合同时未与对方协商的条款。

格式条款1

格式条款2

**2. 格式条款的订立规则**

采用格式条款订立合同的,提供格式条款的一方应当遵循公平原则确定当事人之间的权利和义务,并采取合理的方式提请对方注意免除或者限制其责任等与对方有重大利害关系的条款,按照对方的要求,对该条款予以说明。"采取合理的方式"是指提供格式条款的一方对格式条款中免除或者限制其责任的内容,在合同订立时采用足以引起对方注意的文字、符号、字体等特别标识,并按照对方的要求对该格式条款予以说明。提供格式条款的一方未履行提示或者说明义务,致使对方没有注意或者理解与其重大利害关系的条款的,对方可以主张该条款不成为合同的内容。

格式条款有下列情形之一的,该格式条款无效:具有《民法典》第一编第六章第三节(民事法律行为无效的规定)规定的情形;合同中约定造成对方人身损害的、因故意或者重大过失造成对方财产损失的免责条款无效;提供格式条款一方不合理地免除或者减轻其责任、加重对方责任、限制对方主要权利;提供格式条款一方排除对方主要权利。

## 二、合同的形式

合同的形式,是指合同当事人意思表示的外在表现形式。当事人订立合同,可以采取书面形式、口头形式和其他形式。书面形式是指以合同书、信件、电报、电传、传真等可以有形地表现所载内容的形式。以电子数据交换、电子邮件等方式能够有形地表现所载内容,并可以随时调取查用的数据电文,视为书面形式。其他形式主要包括推定形式和默示形式等。推定形式,是指当事人以其行为作出意思表示。沉默也可为意思表示的方式,但只有在法律有明确规定或当事人有明确约定的情况下才能适用。

# 第四节 合同的效力

## 一、合同的效力概述

### (一)合同的效力的概念

合同的效力,是指已经成立的合同在当事人之间产生的法律约束力,即法律效力。"法律效力"并非说合同本身是法律,而是指由于合同当事人的意志符合法律规定,国家赋予当事人的意志以约束力,合同当事人应严格履行,否则应承担违约责任。

### (二)合同的生效

**1. 合同的生效的概念**

合同的生效,是指已成立的合同因符合法律规定的有效要件而具有法律效力。合同生效不同于合同成立。合同的成立是一个事实问题;合同的生效是一个价值判断问题,需要考察当事人之间的合同是否符合法律的规定。

**2. 合同的生效的要件**

合同是民事法律行为的一种,民事法律行为的生效要件就是合同的生效要件,包括:行为人具有相应的民事行为能力;意思表示真实;不违反法律、行政法规的强制性规定,不违背公序良俗。同时有些合同还要求合同必须具备某一特定的形式,这是合同生效的形式要件。

**3. 合同的生效的时间**

依法成立的合同,自成立时生效,但是法律另有规定或者当事人另有约定的除外。依照法律、行政法规的规定,合同应当办理批准等手续的,依照其规定。未办理批准等手续影响合同生效的,不影响合同中履行报批等义务条款以及相关条款的效力。应当办理申请批准等手续的当事人未履行义务的,对方可以请求其承担违反该义务的责任。

## 二、无效合同

无效合同,是指合同虽然成立,但因其违反法律、行政法规或公共利益,不具有法律约束力的合同。无效合同自始无效,合同一旦被确认无效,就产生溯及既往的效力。

### (一)合同无效的情形

合同无效的情形除包括无效民事法律行为的种类外,还包括《民法典》第五百零六条所规定的合同中免责条款无效的情形,即造成对方人身损害的免责条款无效,因故意或者重大过失造成对方财产损失的免责条款无效。

### (二)合同无效的法律后果

合同无效或者被撤销后,因该合同取得的财产,应当予以返还;不能返还或者没有必要返还的,应当折价补偿。有过错的一方应当赔偿对方因此所受到的损失,双方都有过错的,应当各自承担相应的责任。

合同部分无效,不影响其他部分效力的,其他部分仍然有效。合同无效,不影响合同中独立存在的有关解决争议方法的条款的效力。

## 三、可撤销合同

可撤销合同,是指因合同当事人意思表示的瑕疵,撤销权人可以请求人民法院或者仲裁机构予以撤销或者变更的合同。

### (一)可撤销合同的类型

#### 1. 因重大误解订立的合同

重大误解,是指当事人对合同的性质、对方当事人、标的物的种类、质量、数量等涉及合同后果的重要事项存在错误认识,违背真实意思表示而订立合同,并因此可能受到较大损失的行为。

#### 2. 显失公平的合同

显失公平,是指一方当事人利用其优势或者对方没有经验,在订立合同时致使双方的权利与义务明显违反公平、等价有偿原则的行为。显失公平必须发生在合同订立时,如果合同订立以后,因为情况发生变化而导致的权利义务不对等不属于显失公平,而属于情势变更。

#### 3. 以欺诈、胁迫的手段或者乘人之危订立的合同

若因一方欺诈、胁迫而订立的合同不损害国家利益的,为可撤销合同,损害国家利益的则属于无效合同。对乘人之危订立的合同,则不用考虑是否损害国家利益,均属可撤销合同。

### (二)撤销权

撤销权在性质上是一种形成权,即依撤销权人单方面的意思表示即可使双方当事人之间的法律关系发生变动。只有合同的受损害方,即受欺诈方、受胁迫方才享有撤销权。撤销权行使期限详见第一章第三节的相关内容。

### (三)合同被撤销后的法律后果

可撤销的合同在被撤销后自始无法律约束力,产生与无效合同一样的法律后果。

## 四、效力待定的合同

效力待定的合同,是指合同订立后尚未生效,须经权利人追认才能生效的合同。效力待定的合同主要有以下几种类型:

### (一)限制民事行为能力人订立的合同

根据《民法典》第十九条和第二十二条的规定,限制民事行为能力人订立的与其年龄、智力和精神健康状况不相适应的合同,为效力待定的合同,经法定代理人追认后,该合同生效。但纯获利益的合同或者与其年龄、智力、精神健康状况相适应而订立的合同,不必经法定代理人追认。相对人可以催告法定代理人在 30 日内予以追认。法定代理人未作表示的,视为拒绝追认。合同被追认之前,善意相对人有撤销的权利。撤销应当以通知的方式作出。其中的"善意"是指相对人在订立合同时不知道与其订立合同的人欠缺相应的行为能力。

### (二)无权代理人订立的合同

《合同典》第一百七十一条规定,行为人没有代理权、超越代理权或者代理权终止后以被代理人名义订立的合同,未经被代理人追认,对被代理人不发生效力,由行为人承担责任,但构成表见代理的除外。被代理人已经开始履行合同义务或者接受相对人履行的,视为对合同的追认。相对人可以催告被代理人在 1 个月内予以追认。被代理人未作表示的,视为拒绝追认。合同被追认之前,善意相对人有撤销的权利。撤销应当以通知的方式作出。

### (三)超越权限订立的合同

《民法典》第五百零四条的规定,法人的法定代表人或者非法人组织的负责人超越权限订立的合同,除相对人知道或者应当知道其超越权限外,该代表行为有效,订立的合同对法人或者非法人组织发生效力。根据该规定,如果相对人知道或者应当知道法定代表人或非法人组织的负责人超越权限订立的合同,合同的效力待定,法人或者非法人组织有权机关追认,合同有效;拒绝追认的,合同无效。

此外,根据《民法典》第五百零五条的规定,当事人超越经营范围订立的合同的效力,不得仅以超越经营范围确认合同无效。此种合同效力的判断应当依照《民法典》关于民事法律行为效力的有关规定确定。

## 第五节 合同的履行

合同的履行是债务人完成合同债务的行为,即债务人为给付行为。合同成立的目的在于实现合同的内容,而合同内容的实现,有赖于合同义务的履行。当合同规定的义务履行完毕,当事人订立合同的目的得以实现,合同也因目的实现而消灭。

## 一、合同履行的原则

合同履行的原则,是指法律规定的所有种类合同的当事人在履行合同义务的整个过程中所必须遵循的一般准则。

### (一)全面履行原则

全面履行原则,是指当事人应依合同约定的标的、质量、数量、期限、地点,以适当的方式,全面完成合同义务的原则。

### (二)协作履行原则

协作履行原则,是指在合同履行过程中,双方当事人应互助合作共同完成合同义务的原则。在合同履行的过程中,债务人比债权人更多地应受诚实信用、适当履行等原则的约束,协作履行往往是对债权人的要求。债务人履行合同债务时,债权人应适当受领给付;债务人因故不能履行或不能完全履行合同义务时,债权人应积极采取措施防止损失扩大。

### (三)绿色原则

所谓绿色原则,是指当事人在履行合同过程中,应当避免浪费资源、污染环境和破坏生态。该原则旨在实践绿色发展理念,促进生态文明建设,促进人与自然共处。

## 二、合同履行的规则

债务人在合同履行的过程中,应当遵守合同履行的基本规则。

### (一)履行主体

合同履行主体不仅包括债务人,也包括债权人。除法律规定、当事人约定、性质上必须由债务人本人履行的债务以外,可以由债务人或债权人的代理人代为受领。当事人约定由债务人向第三人履行债务,债务人未向第三人履行债务或者履行债务不符合约定的,应当向债权人承担违约责任。法律规定或者当事人约定第三人可以直接请求债务人向其履行债务,第三人未在合理期限内明确拒绝,债务人未向第三人履行债务或者履行债务不符合约定的,第三人可以请求债务人承担违约责任;债务人对债权人的抗辩,可以向第三人主张。当事人约定由第三人向债权人履行债务,第三人不履行债务或者履行债务不符合约定的,债务人应当向债权人承担违约责任。债务人不履行债务,第三人对履行该债务具有合法利益的,第三人有权向债权人代为履行;但是,根据债务性质、按照当事人约定或者依照法律规定只能由债务人履行的除外。债权人接受第三人履行后,其对债务人的债权转让给第三人,但是债务人和第三人另有约定的除外。

### (二)履行标的

合同标的是合同债务人必须实施的特定行为,是合同当事人订立合同的目的所在。合同标的的质量和数量是衡量合同标的的基本指标,必须严格按约定履行。质量没有约定或者约定不明确的,按照强制性国家标准履行;没有强制性国家标准的,按照推荐性国家标准履行;没有推荐性国家标准的,按照行业标准履行;没有国家标准、行业标准的,按照通常标准或者符合合同目的的特定标准履行。在标的数量上，应全部履行，在不损害债权人利益的前提下，也允许部分履行。

### （三）履行期限

合同履行期限，是指债务人履行合同义务和债权人接受履行行为的时间。当事人应在约定的履行期限内履行债务，履行期限未约定并且其他方式确定不了的，债权人也可以随时要求履行，但应当给对方必要的准备时间。迟延履行的，当事人应承担迟延履行责任。债权人可以拒绝债务人提前履行债务，但提前履行不损害债权人利益的除外。提前履行债务给债权人增加的费用，由债务人负担。

### （四）履行地点

履行地点是债务人履行债务、债权人受领给付的地点。合同中明确约定了履行地点的，债务人应当在该地点向债权人履行债务，债权人应当在该地点接受债务人的履行。如果确定不了的，合同约定给付货币的，在接受货币一方所在地履行；交付不动产的，在不动产所在地履行；其他标的，在履行义务一方所在地履行。

### （五）履行方式

履行方式是合同双方当事人约定以何种形式来履行义务。履行方式主要包括运输方式、交货方式、结算方式等。履行义务人应按照合同约定的方式履行。如果未约定或约定不明确的，当事人可以协议补充；协议不成的，可以根据合同的有关条款和交易习惯来确定；仍然无法确定的，按照有利于实现合同目的的方式履行。

### （六）履行费用

履行费用，是指债务人履行合同所支出的费用。当事人应当按照合同的约定负担费用，没有约定或者约定不明确并确定不了的，由履行义务一方负担。因债权人变更住所或者其他行为而导致履行费用增加时，增加的费用由债权人承担。

### （七）电子合同标的的交付时间

通过互联网等信息网络订立的电子合同的标的为交付商品并采用快递物流方式交付的，收货人的签收时间为交付时间。电子合同的标的为提供服务的，生成的电子凭证或者实物凭证中载明的时间为提供服务时间；前述凭证没有载明时间或者载明时间与实际提供服务时间不一致的，以实际提供服务的时间为准。电子合同的标的物为采用在线传输方式交付的，合同标的物进入对方当事人指定的特定系统且能够检索识别的时间为交付时间。电子合同当事人对交付商品或者提供服务的方式、时间另有约定的，按照其约定。

## 三、双务合同的履行抗辩权

双务合同的履行抗辩权，是指已符合法定条件时，双务合同的一方当事人有权拒绝对方当事人的履行请求，暂时拒绝履行其债务的权利。

### （一）同时履行抗辩权

同时履行抗辩权，是指双务合同的当事人没有先后履行顺序的，一方在对方未履行前,有拒绝对方请求自己履行合同的权利。《民法典》规定,当事人互负债务,没有先后履行顺序的,应当同时履行。一方在对方履行之前有权拒绝其履行请要求,一方在对方履行债务不符合约定时,有权拒绝其相应的履行请要求。

### (二)先履行抗辩权

先履行抗辩权,又称为顺序履行抗辩权,是指当事人互负债务而有先后履行顺序时,应当先履行一方未履行之前,后履行一方有权拒绝其履行请求,先履行一方履行债务不符合合同的约定时,后履行一方有权拒绝其相应的履行请求。

### (三)不安抗辩权

不安抗辩权,是指双务合同中应先履行义务的一方当事人,有确切证据证明对方经营状况严重恶化,或转移财产、抽逃资金,以逃避债务,或丧失商业信誉,或有丧失或者可能丧失履行债务能力的其他情形,可以中止履行。

主张不安抗辩权的当事人如果没有确切证据而中止履行的,则应当承担违约责任。当事人行使不安抗辩权中止履行的,应当及时通知对方。对方提供适当担保的,应当恢复履行。中止履行后,对方在合理期限内未恢复履行能力且未提供适当担保的,视为以自己的行为表明不履行主要债务,中止履行的一方可以解除合同并可以请求对方承担违约责任。

## 四、合同的保全

合同的保全是为保护合同债权人的债权不受债务人不当行为的损害而赋予合同债权人采取一定保护措施的法律制度。合同的保全包括代位权与撤销权,前者是针对债务人消极不行使自己债权的行为,后者则是针对债务人积极侵害债权人债权的行为。

### (一)代位权

代位权,是指债务人怠于行使其债权或者与该债权有关的从权利,危及债权人的到期债权实现时,债权人为保障其债权,可以向人民法院请求以自己的名义代位行使债务人对相对人的权利。

#### 1.代位权行使的条件

(1)债权人与债务人之间须有合法的债权债务关系存在。债权的存在是代位权存在的基础,如果合同关系不成立,或合同被撤销、被宣告无效、被解除等,债权人自然不应该享有代位权。

(2)债务人须有对相对人享有可代位行使的到期债权。除债务人对相对人享有合法的到期债权外,还要求债务人的债权不是专属于债务人自身的债权。所谓专属于债务人自身的债权,是指基于扶养关系、抚养关系、赡养关系、继承关系产生的给付请求权和劳动报酬、退休金、养老金、抚恤金、安置费、人寿保险、人身伤害赔偿请求权等权利。这些权利必须由债务人亲自行使,而不能由债权人代位行使。

债权人的债权到期前,债务人的债权或者与该债权有关的从权利存在诉讼时效期间即将届满或者未及时申报破产债权等情形,影响债权人的债权实现的,债权人可以代位向债务人的相对人请求其向债务人履行、向破产管理人申报或者作出其他必要的行为。

(3)债务人怠于行使其到期债权并对债权人造成损害。所谓怠于行使,是指应当且能够行使权利却不以诉讼方式或者仲裁方式向相对人主张到期债权,且怠于行使权利必须影响到债务人的债务履行,危及债权人的债权,否则债权人不能行使代位权。

(4)债权人代位行使的范围应以保全债权为必要。如果债权人行使债务人对相对人的一项或者某些债权,已足以保全自己的债权,则不应就债务人的其他债权行使代位权。

**2. 代位权的行使**

债权人的债权到期前,债务人的债权或者与该债权有关的从权利存在诉讼时效期间即将届满或者未及时申报破产债权等情形,影响债权人的债权实现的,债权人可以代位向债务人的相对人请求其向债务人履行、向破产管理人申报或者作出其他必要的行为。在代位权诉讼中,债权人是原告,相对人是被告,债务人为诉讼上的第三人。代位权诉讼由被告住所地人民法院管辖。债权人行使代位权所支出的必要费用(如律师代理费、差旅费等)由债务人承担。如在代位权诉讼中,债权人胜诉的,诉讼费由相对人承担,且从实现的债权中优先支付。

相对人对债务人的抗辩,可以向债权人主张。代位权行使范围以债权人的到期债权为限。

**3. 代位权行使的法律效果**

人民法院认定代位权成立的,由债务人的相对人向债权人履行义务,债权人接受履行后,债权人与债务人、债务人与相对人之间相应的权利义务终止。债务人对相对人的债权或者与该债权有关的从权利被采取保全、执行措施,或者债务人破产的,依照相关法律的规定处理。

**(二)撤销权**

撤销权,是指因债务人放弃其到期债权或者无偿转让财产,对债权人造成损害的,债权人可以请求人民法院撤销债务人行为的权利。

**1. 撤销权的成立要件**

撤销权的成立要件,因债务人所为的行为系无偿行为抑或有偿行为而有所不同。若为无偿行为,仅须具备客观要件;若为有偿行为,则必须同时具备客观要件与主观要件。

(1)客观要件

客观要件即债务人实施了有害于债权的行为。债务人有下列情形之一的,债权人可以向人民法院提起撤销权诉讼:债务人放弃或者延展其到期债权,以致不能清偿其债务,对债权人造成损害的;债务人无偿转让财产,对债权人造成损害的;债务人放弃其到期债权,又无其他财产清偿到期债务,可能影响债权人实现其债权的;债务人以自己的财产设定担保,对债权人造成损害的;债务人以明显不合理的低价转让财产或者以明显不合理的高价收购他人财产。

不以财产为标的的行为,因与债务人的责任财产无关,债权人不得撤销。基于身份关系的行为,如结婚、收养或解除收养、继承的承认或抛弃,债权人不得撤销。

(2)主观要件

主观要件是指行为人行为时具有的主观恶意,即债务人与第三人为法律行为时,明知行为有害于债权而为之的心理状态。债务人为无偿行为而有害于债权时,只需具备客观要件,债权人即可请求法院予以撤销。债务人所为行为为有偿时,除须具备客观要件外,还须具备债务人及受益人恶意的主观要件。

**2. 撤销权的行使**

撤销权由债权人以自己的名义通过诉讼方式行使。债权人提起撤销权诉讼时,只以债务人为被告,未将受益人或受让人列为第三人的,人民法院可以追加该受益人或受让人为第三人。两个或两个以上债权人以同一债务人为被告,就同一标的提起撤销权诉讼的,人民法院可以合并审理。撤销权诉讼由被告住所地人民法院管辖。

撤销权应自债权人知道或者应当知道撤销事由之日起 1 年内行使,自债务人的行为发生之日起 5 年内没有行使撤销权的,该撤销权消灭。

**3. 撤销权行使的效力**

债务人的行为被依法撤销后,自始失去法律效力。受益人已受领债务人财产的,负有返还义务,不能返还的,应折价赔偿。受益人向债务人支付对价的,对债务人享有不当得利返还请求权。行使撤销权的债权人有权请求受益人向自己返还所受利益,并将所受利益加入债务人的一般财产,作为全体一般债权人的共同担保(无优先受偿权)。撤销权的行使范围以债权人的债权为限。债权人行使撤销权所支付的必要费用,由债务人承担。

## 第六节　合同的担保

### 一、合同担保概述

#### (一)合同担保的概念

合同担保,实际上是合同债的担保,是促使债务人履行其债务,保障债权人利益实现的法律措施。合同的担保有一般担保和特别担保之分。一般担保,是债务人以其全部财产作为履行债务的总担保,它不是特别针对某一项合同债,而是面向债务人成立的全部合同。特别担保,是指以债务人的特定财产或第三人的财产作为履行债务的一种担保,即通常所言之担保。合同担保具有从属性、补充性、保障性等特征。

#### (二)合同担保的种类

**1. 人的担保**

人的担保,是指在债务人的全部财产之外,又附加了第三人的一般财产作为债权实现的担保。保证是最为典型的人的担保。

**2. 物的担保**

物的担保,是以债务人或其他人的特定财产作为抵偿债权的标的,在债务人不履行其债务时,债权人可以将该财产变价,并从中优先受偿,使其债权得以实现的担保方式。主要包括抵押、质押、留置。

### 3. 金钱担保

金钱担保,是在债务以外又支付一定数额的金钱,该金钱的得失与债务履行与否相联系,以促使当事人积极履行债务,保障债权实现的制度。定金就是典型的金钱担保。

### 4. 反担保

反担保是指为债务人担保的第三人,为了保证其追偿权的实现,要求债务人提供的担保。反担保人可以是债务人,也可以是债务人之外的其他人。

## 二、保证

### (一)保证的概念

保证,是指第三人和债权人约定,当债务人不履行其债务时,该第三人按照约定履行债务或承担责任的行为。第三人称作保证人;保证人所负担的义务为保证债务或保证责任。保证具有从属性、无偿性、补充性等特征。

### (二)保证合同

保证合同,是指为保障债权的实现,保证人和债权人约定,当债务人不履行到期债务或者发生当事人约定的情形时,保证人履行债务或者承担责任的合同。保证合同可以是单独订立的书面合同,也可以是主债权债务合同中的保证条款。第三人单方以书面形式向债权人作出保证,债权人接收且未提出异议的,保证合同成立。

保证合同当事人为债权人和保证人。债权人可以是一切享有债权之人,自然人、法人抑或其他组织,均无不可。保证人应具有代偿能力,但不能以保证人不具有代偿能力为由认定保证合同无效。除法律另有规定者外,自然人、法人或者其他组织都可以作为保证人。根据《民法典》第六百八十三条的规定,机关法人不得为保证人,但是经国务院批准为使用外国政府或者国际经济组织贷款进行转贷的除外。以公益为目的的非营利法人,非法人组织不得为保证人。

保证合同的内容一般包括被保证的主债权的种类、数额,债务人履行债务的期限,保证的方式、范围和期间等条款。

### (三)保证方式

#### 1. 一般保证和连带责任保证

依据保证人承担责任方式的不同,保证分为一般保证和连带责任保证。一般保证,是指当事人在保证合同中约定,债务人不能履行债务时,由保证人承担保证责任的保证。连带责任保证,是指保证人与债务人在保证合同中约定,债务人在主合同规定的债务履行期届满没有履行债务的,债权人可以要求债务人履行债务,也可以要求保证人在其保证范围内承担保证责任。一般保证的保证人享有先诉抗辩权,连带责任保证的保证人则不享有。如果当事人在保证合同中对保证方式没有约定或者约定不明确的,按照一般保证承担保证责任。

所谓先诉抗辩权,是指在主合同纠纷未经审判或仲裁,并就债务人财产依法强制执行仍不能履行债务前,有权拒绝向债权人承担保证责任。但是有下列情形之一的除外:债务人下落不明,且无财产可供执行;人民法院已经受理债务人破产案件;债权人有证据证明债务人的财产不足以履行全部债务或者丧失履行债务能力;保证人书面表示放弃先诉抗辩权。

### 2. 单独保证和共同保证

根据保证人的数量不同划分,保证分为单独保证和共同保证。单独保证,是指只有一个保证人担保同一债权的保证。同一债务有两个以上保证人的,保证人应当按照保证合同约定的保证份额,承担保证责任;没有约定保证份额的,债权人可以请求任何一个保证人在其保证范围内承担保证责任。

## (四)保证担保的效力

### 1. 保证债务的范围

保证债务的范围,是指保证担保效力所及的范围。保证效力所及的范围分为有限保证和无限保证。前者是保证人与债权人在保证合同中明确约定保证债务范围的保证。后者是指当事人未明确约定保证债务范围的保证。当事人对保证担保的范围没有约定或者约定不明确的,保证人应当对全部债务承担责任,包括主债、利息、违约金、损害赔偿金、实现债权的费用。

### 2. 保证人与主债权人之间的关系

债权人对保证人享有请求承担保证责任(履行保证债务)的权利。该权利的行使以主债务人不履行其债务为前提,以保证责任已届承担期为必要。

主债务人对债权人享有的抗辩权,保证人均享有。一般债务人应享有的权利,如保证人主张保证合同无效、保证债务消灭的抗辩,保证人均可向债权人主张。

### 3. 保证人与主债务人之间的关系

保证人与主债务人的关系,主要表现为保证人的求偿权,即保证人承担保证责任后,可以向主债务人请求偿还的权利。主债务人破产时,已经履行保证债务的保证人可以其求偿权作为破产债权,参加破产程序。法院受理债务人破产案件后,债权人未申报债权的,保证人可以参加破产财产分配,预先行使追偿权。

## (五)保证期间和诉讼时效

保证期间是确定保证人承担保证责任的期间,不发生中止、中断和延长。债权人与保证人可以约定保证期间,但是约定的保证期间早于主债务履行期限或者与主债务履行期限同时届满的,视为没有约定;没有约定或者约定不明确的,保证期间为主债务履行期限届满之日起六个月。债权人与债务人对主债务履行期限没有约定或者约定不明确的,保证期间自债权人请求债务人履行债务的宽限期届满之日起计算。

一般保证的债权人未在保证期间对债务人提起诉讼或者申请仲裁的,保证人不再承担保证责任。连带责任保证的债权人未在保证期间请求保证人承担保证责任的,保证人不再承担保证责任。

一般保证的债权人在保证期间届满前对债务人提起诉讼或者申请仲裁的,从保证人拒绝承担保证责任的权利消灭之日起,开始计算保证债务的诉讼时效。连带责任保证的债权人在保证期间届满前请求保证人承担保证责任的,从债权人请求保证人承担保证责任之日起,开始计算保证债务的诉讼时效。

### (六)保证责任的免除

保证责任的免除,又称保证债务的免除,是指对已经存在的保证责任基于法律的规定或当事人的约定而加以除去的现象。保证责任免除的事由主要有:

(1)债权人和债务人未经保证人书面同意,协商变更主债权债务合同内容,减轻债务的,保证人仍对变更后的债务承担保证责任;加重债务的,保证人对加重的部分不承担保证责任。债权人和债务人变更主债权债务合同的履行期限,未经保证人书面同意的,保证期间不受影响。

(2)债权人转让全部或者部分债权,未通知保证人的,该转让对保证人不发生效力。保证人与债权人约定禁止债权转让,债权人未经保证人书面同意转让债权的,保证人对受让人不再承担保证责任。

(3)债权人未经保证人书面同意,允许债务人转移全部或者部分债务,保证人对未经其同意转移的债务不再承担保证责任,但是债权人和保证人另有约定的除外。第三人加入债务的,保证人的保证责任不受影响。

(4)一般保证的保证人在主债务履行期限届满后,向债权人提供债务人可供执行财产的真实情况,债权人放弃或者怠于行使权利致使该财产不能被执行的,保证人在其提供可供执行财产的价值范围内不再承担保证责任。

## 三、抵押

抵押是指为担保债务的履行,债务人或第三人不转移财产的占有,将该财产抵押给债权人,债务人不履行到期债务或者发生当事人约定的实现抵押权的情形,债权人有权就该财产优先受偿。

### (一)抵押权的设立

**1. 抵押合同**

设定抵押权,当事人应当签订抵押合同。抵押合同的当事人为抵押人和抵押权人。抵押权人即债权人,抵押人是提供抵押财产的人,既可能是债务人,也可能是第三人。抵押合同应当采用书面形式。抵押权人在债务履行期限届满前,与抵押人约定债务人不履行到期债务时抵押财产归债权人所有的,只能依法就抵押财产优先受偿。

**2. 抵押登记**

抵押登记的效力有两种情形:一是登记要件主义。即登记是抵押权的设立条件,不登记,抵押权不产生。根据《民法典》的规定,以不动产设定抵押的,应当办理抵押物登记。抵押权自登记之日起设立。二是登记对抗主义。即登记与否,不影响抵押权的设立,但不登记不能对抗第三人。根据《民法典》规定，以动产设定抵押的，抵押权自抵押合同生效时设立。未经登记，不得对抗善意第三人。

### (二)抵押财产

抵押财产，是指抵押人用以设定抵押权的财产。可抵押的财产包括：建筑物和其他土地附着物；建设用地使用权；海域使用权；生产设备、原材料、半成品、产品；正在建造的建筑物、船舶、航空器；交通运输工具；法律、行政法规未禁止抵押的其他财产。

不得抵押的财产包括：土地所有权；宅基地、自留地、自留山等集体所有的土地使用权，但是法律规定可以抵押的除外；学校、幼儿园、医院等以公益为目的成立的非营利法人的教育设施、医疗卫生设施和其他社会公益设施；所有权、使用权不明或者有争议的财产；依法被查封、扣押、监管的财产；法律、行政法规规定不得抵押的其他财产。

### (三)抵押权的效力

**1. 抵押权的担保范围**

抵押权的担保范围包括主债权及其利息、违约金、损害赔偿金、实现抵押权的费用。

**2. 抵押权对抵押财产的效力**

抵押权对抵押财产的效力，是指当抵押权人实现抵押权时可就哪些财产优先受偿。抵押权设定前为抵押物的从物的，抵押权的效力及于抵押物的从物。原则上抵押权的效力不及于抵押物的孳息。但债务人不履行到期债务或者发生当事人约定的实现抵押权的情形，致使抵押财产被人民法院依法扣押的，自扣押之日起抵押权人有权收取该抵押财产的天然孳息或者法定孳息，但抵押权人未通知应当清偿法定孳息的义务人的除外。建设用地使用权抵押后，该土地上新增的建筑物不属于抵押财产。该建设用地使用权实现抵押权时，应当将该土地上新增的建筑物与建设用地使用权一并处理，但新增建筑物所得的价款，抵押权人无权优先受偿。

**3. 抵押权对抵押权人的效力**

(1)保全抵押物。抵押人的行为足以使抵押财产价值减少的，抵押权人有权要求抵押人停止其行为。抵押财产价值减少的，抵押权人有权要求恢复抵押财产的价值，或提供与减少的价值相应的担保。

(2)放弃抵押权或者变更抵押权的顺位。抵押权人可以放弃抵押权或者抵押权的顺位。抵押权人与抵押人可以协议变更抵押权顺位以及被担保的债权数额等内容。但抵押权的变更，未经其他抵押权人书面同意，不得对其他抵押权人产生不利影响。债务人以自己的财产设定抵押，抵押权人放弃该抵押权、抵押权顺位或者变更抵押权的，其他担保人在抵押权人丧失优先受偿权益的范围内免除担保责任，但是其他担保人承诺仍然提供担保的除外。

(3)优先受偿权

在债务人不履行债务时，抵押权人可以与抵押人协议以抵押财产折价或者以拍卖、变卖该抵押财产所得的价款优先于普通债权人受偿。

### 4. 抵押权对抵押人的效力

（1）抵押物的占有权。抵押设定以后，除法律和合同另有约定以外，抵押人有权继续占有抵押物。

（2）抵押物的转让。抵押期间，抵押人可以转让抵押财产。当事人另有约定的，按照其约定。抵押财产转让的，抵押权不受影响。抵押人转让抵押财产的，应当及时通知抵押权人。抵押权人能够证明抵押财产转让可能损害抵押权的，可以请求抵押人将转让所得的价款向抵押权人提前清偿债务或者提存。转让的价款超过债权数额的部分归抵押人所有，不足部分由债务人清偿。

（3）抵押物的出租。抵押权设立前抵押财产已经出租并转移占有的，原租赁关系不受该抵押权的影响。

## （四）抵押权的实现

### 1. 抵押权实现的条件

抵押权实现的条件包括：存在有效的抵押权；债务人不履行到期债务或发生当事人约定的实现抵押权的情形；未超过法定期间（抵押权人应当在主债权诉讼时效期间行使抵押权）。

### 2. 抵押权实现的方法

债务人不履行到期债务或者发生当事人约定的实现抵押权的情形，抵押权人可以与抵押人协议以抵押财产折价或者以拍卖、变卖该抵押财产所得的价款优先受偿。协议损害其他债权人利益的，其他债权人可以请求人民法院撤销该协议。抵押权人与抵押人未就抵押权实现方式达成协议的，抵押权人可以请求人民法院拍卖、变卖抵押财产。抵押财产折价或者变卖的，应当参照市场价格执行。

### 3. 清偿顺序

同一财产向两个以上债权人抵押的，拍卖、变卖抵押财产所得的价款依照下列规定清偿：抵押权已经登记的，按照登记的时间先后确定清偿顺序；抵押权已经登记的先于未登记的受偿；抵押权未登记的，按照债权比例清偿。同一财产既设立抵押权又设立质权的，拍卖、变卖该财产所得的价款按照登记、交付的时间先后确定清偿顺序。动产抵押担保的主债权是抵押物的价款，标的物交付后十日内办理抵押登记的，该抵押权人优先于抵押物买受人的其他担保物权人受偿，但是留置权人除外。

## （五）特殊抵押

### 1. 最高额抵押

最高额抵押，是指为担保债务的履行，债务人或者第三人对一定期间内将要连续发生的债权提供担保财产的，债务人不履行到期债务或者发生当事人约定的实现抵押权的情形，抵押权人有权在最高债权额限度内就该担保财产优先受偿。

抵押权人的债权在下列情况下确定：约定的债权确定期间届满；没有约定债权确定期间或者约定不明确，抵押权人或者抵押人自最高额抵押权设立之日起满二年后请求确定债权；新的债权不可能发生；抵押权人知道或者应当知道抵押财产被查封、扣押；债务人、抵押人被宣告破产或者解散;法律规定债权确定的其他情形。

　　抵押权人实现最高额抵押权时,如果实际发生的债权余额高于最高限额的,以最高限额为限,超过部分不具有优先受偿的效力;如果实际发生的债权余额低于最高限额的,以实际发生的债权余额为限对抵押物优先受偿。

#### 2. 浮动抵押

　　浮动抵押,是指企业、个体工商户、农业生产经营者可以将现有的以及将有的生产设备、原材料、半成品、产品抵押,债务人不履行到期债务或者发生当事人约定的实现抵押权的情形,债权人有权就抵押财产确定时的动产优先受偿。

　　企业、个体工商户、农业生产经营者以现有的以及将有的生产设备、原材料、半成品、产品抵押的,应当向抵押人住所地的工商行政管理部门办理登记。抵押权自浮动抵押合同生效时设立;未经登记,不得对抗善意第三人。浮动抵押不得对抗正常经营活动中已支付合理价款并取得抵押财产的买受人。

　　浮动抵押的抵押财产自下列情形之一发生时确定:债务履行期届满,债权未实现;抵押人被宣告破产或者解散;当事人约定的实现抵押权的情形;严重影响债权实现的其他情形。

### 四、质押

　　所谓质押,是指债务人或者第三人将其动产或权利移交债权人占有,将该财产作为债的担保,当债务人不履行债务或者发生当事人约定的实现质权的情形,债权人有权依法以该财产变价所得优先受偿。质押分为动产质押与权利质押。

#### (一)动产质押

　　动产质押,是指为担保债务的履行,债务人或者第三人将其动产出质给债权人占有的,债务人不履行到期债务或者发生当事人约定的实现质权的情形,债权人有权就该动产优先受偿。债务人或者第三人为出质人,债权人为质权人,交付的动产为质押财产。

##### 1. 动产质押的设立

(1)质押合同

　　设定动产质押,出质人和质权人应当订立书面质押合同。质押合同一般包括下列条款:被担保债权的种类和数额;债务人履行债务的期限;质押财产的名称、数量等情况;担保的范围;质押财产交付的时间、方式。质权人在债务履行期限届满前,与出质人约定债务人不履行到期债务时质押财产归债权人所有的,只能依法就质押财产优先受偿。

(2)交付

　　质权自质物移交给质权人占有时设立。出质人根据合同约定应当交付质物,拒绝交付的,质权人依据质权合同可要求交付质物;造成损失的,可要求损害赔偿;质权人交付的质物,与合同约定的质物不一致的,以实际交付的质物为质押财产。

##### 2. 动产质押的效力

(1)动产质押的担保债权范围。动产质权的担保债权范围包括:原债权、利息、违约金、损害赔偿金、保管担保的财产和实现担保物权的费用。

(2)动产质押标的物的范围。动产质权的效力及于质物的从物,但是从物未随同质物移交质权人占有的,质权的效力不及于从物。动产质押设立后,在主债务清偿以前,质权人有权占有质物,并有权收取质物所生的孳息。收取的孳息应当先充抵收取孳息的费用。质权的效力及于质押财产的代位物,如赔偿金、补偿金和保险金。

(3)质权人的权利与义务。质权人的权利主要包括:占有权、收取孳息权、质权保全权、优先受偿权等。质权人的义务主要包括:妥善保管质押财产;返还质押财产;不得擅自使用、处分质押财产;不得擅自转质。

(4)出质人的权利与义务。出质人的权利主要包括:质物的处分权;损害赔偿请求权;代位求偿权;返还质物请求权等。出质人的主要义务包括:返还质权人保管质押财产所发生的必要费用和损害赔偿,如出质人对因质押财产的瑕疵所造成的损害应承担赔偿责任。

### 3. 动产质押的实现

债务人不履行到期债务或者发生当事人约定的实现质权的情形,质权人可以与出质人协议以质押财产折价,也可以就拍卖、变卖质押财产所得的价款优先受偿。质押财产折价或者变卖的,应当参照市场价格执行。质押财产折价或者拍卖、变卖后,其价款超过债权数额的部分归出质人所有,不足部分由债务人清偿。

出质人可以请求质权人在债务履行期届满后及时行使质权;质权人不行使的,出质人可以请求人民法院拍卖、变卖质押财产。出质人请求质权人及时行使质权,因质权人怠于行使权利造成出质人损害的,由质权人承担赔偿责任。

## (二)权利质押

权利质押是为了担保债权清偿,就债务人或第三人所享有的权利设定的质押。权利质押除有特殊规定外,适用动产质押的规定。

### 1. 票据、债券、存款单、仓单、提单的质押

以汇票、支票、本票、债券、存款单、仓单、提单出质的,当事人应当订立书面合同。质权自权利凭证交付质权人时设立。没有权利凭证的,质权自有关部门办理出质登记时设立。

汇票、支票、本票、债券、存款单、仓单、提单的兑现日期或者提货日期先于主债权到期的,质权人可以兑现或者提货,并与出质人协议将兑现的价款或者提取的货物提前清偿债务或者提存。

### 2. 基金份额、股权质押

以基金份额、股权出质的,质权自办理出质登记时设立。基金份额、股权出质后,不得转让,但经出质人与质权人协商同意的除外。出质人转让基金份额、股权所得的价款,应当向质权人提前清偿债务或者提存。

### 3. 知识产权的质押

以注册商标专用权、专利权、著作权等知识产权中的财产权出质的,质权自办理出质登记时设立。知识产权中的财产权出质后,出质人不得转让或者许可他人使用,但经出质人与质权人协商同意的除外。出质人转让或者许可他人使用出质的知识产权中的财产权

所得的价款,应当向质权人提前清偿债务或者提存。

#### 4. 应收账款的质押

应收账款,是指因对外销售商品、材料、提供劳务及其他原因,应向购货单位或接受劳务的单位及其他单位收取的款项。以应收账款出质的,质权自办理出质登记时设立。应收账款出质后,不得转让,但经出质人与质权人协商同意的除外。出质人转让应收账款所得的价款,应当向质权人提前清偿债务或者提存。

### 五、留置

留置是债权人按照合同约定占有债务人的动产,债务人不按照合同约定履行到期债务时,债务人有权留置该项财产,以留置的财产折价或者以拍卖、变卖该财产的价款优先受偿的担保方式。债权人为留置权人,占有的动产为留置财产。

#### (一)留置权的成立要件

##### 1. 留置权成立的积极要件

(1)债权人占有债务人的动产。这里"债务人的动产"应理解为基于债务关系由债权人占有的财产,并非仅指债务人所有的财产。因此,在债权人善意占有第三人的财产上亦可成立留置权,例如某人将借来的手表送到表店修理,表店就可以对此表行使留置权。

(2)占有的动产与债权属于同一法律关系,但企业之间留置的除外。企业之间留置权的成立,不以同一债权债务关系为要件。

(3)债权已届清偿期且债务人未按规定期限履行义务。

##### 2. 留置权成立的消极要件

(1)须留置财产与对方交付财产前或交付财产时所为指示不相抵触。债务人与债权人在合同中明确表示债权人不得留置标的物时,债权人不得留置。

(2)须留置债务人财产不违反法律规定、公共秩序或善良风俗。如留置他人的居民身份证,留置他人待用的殡丧物,均违法,债权人不能为之。

(3)须留置财产与债权人所承担义务不相抵触。若债权人在合同中的义务即是交付标的物,则债权人不得以债务人不履行义务为由行使留置权,否则与其所承担义务的本旨相悖。

#### (二)留置权的效力

##### 1. 留置权所担保债权的范围

一般而言,凡与留置权属同一法律关系的债权,均属留置权担保的范围。因此,原债权、利息、迟延利息、实行留置权的费用及债权人因保管留置物所支出的必要费用,均为留置权所担保债权的范围。

##### 2. 留置权标的物的范围

留置权效力所及标的物的范围,除留置物本身外,一般应包括从物、孳息、代位物。留置权人对所留置财产的从物,依"从随主"原则,可以行使留置权。留置权人在留置标的物期间,可以收取留置物的孳息,该孳息应当先充抵收取孳息的费用。

### (三) 留置权的实现

**1. 留置标的物**

债权人在其债权没有得到清偿时,有权留置债务人的财产。留置权人与债务人应当约定留置财产后的债务履行期间;没有约定或者约定不明确的,留置权人应当给债务人六十日以上履行债务的期限,但鲜活易腐等不易保管的动产除外。

**2. 优先受偿**

债务人超过规定期限仍不履行其债务时,留置权人可依法以留置物折价或拍卖、变卖所得价款优先受偿。留置财产折价或者拍卖、变卖后,其价款超过债权数额的部分归债务人所有,不足部分由债务人清偿。同一动产上已设立抵押权或者质权,该动产又被留置的,留置权人优先受偿。

### (四) 留置权的消灭

物权消灭的一般原因如标的物灭失、混同、抛弃,以及担保物权消灭的一般原因如主债权消灭,对留置权均适用。另外,根据《民法典》第四百五十七规定,留置权人对留置资产丧失占有或者留置权人接受债务人另行提供担保的,留置权消灭。

## 六、定金

定金,是指合同当事人为了确保合同的履行,依据法律规定或者当事人双方的约定,由当事人一方在合同订立时,或者订立后、履行前,按合同标的额的一定比例,预先给付对方当事人的金钱或其他代替物。

定金属于金钱担保。定金罚则的适用以违反有效合同为前提,其基本内容是:给付定金的一方违约,就丧失了定金的所有权,无权要求返还;接受定金的一方违约,根据对等原则,应当双倍返还定金。

### (一) 定金与相关制度的区别

**1. 定金与预付款的区别**

定金与预付款都是合同一方当事人在合同订立时或者履行前向对方当事人交付的货币,但二者在性质上截然不同。

(1)定金合同属于主合同的从合同,是相对独立的法律关系。交付定金是为了担保债权。预付款为主合同给付的一部分,属于履行债务行为。

(2)定金虽有预付款的作用,但定金的交付不是清偿,而是担保合同的履行。预付款为价款的一部分的先行给付,在性质上仍属于清偿。

(3)定金的效力在于,交付定金的一方当事人不履行合同,无权要求返还定金,收受定金的一方当事人不履行合同,应当双倍返还定金。而预付款却无此效力,无论哪一方当事人不履行合同致使合同解除时,预付款都应当返还。

**2. 定金与违约金的区别**

定金是当事人预先交付的违约金,因此,定金属于特殊担保而非一般担保。违约金是约定或者法律规定的、由违约人向被违约人交付的货币。违约金在确定违约责任后交付，而不是预先交付。定金与违约金虽然性质不同，但是合并适用会产生不公平的后果，因此《民法典》规定，当事人既约定违约金，又约定定金的，一方违约时，对方可以选择适用违约金或者定金条款。

### (二)定金的成立与生效

定金合同应当采用书面形式订立。定金合同从实际交付定金之日起生效。关于定金交付的时间，立约定金应于合同成立之前交付；成约定金应于合同订立时交付；违约定金和解约定金既可以在主合同成立时交付，也可以在主合同成立后、履行前交付。

定金合同是主合同的从合同，因而其成立和有效以主合同的成立和有效为前提。主合同无效或者被撤销时，定金合同不发生效力，主合同因解除或其他原因消灭时，定金合同也消灭。

定金的数额由当事人约定的，但不得超过主合同标的额的百分之二十，超过部分不产生定金的效力。当事人可以约定一方向对方给付定金作为债权的担保。实际交付的定金数额多于或者少于约定数额，视为变更定金合同。收受定金的一方提出异议并拒绝接受定金的，定金合同不生效。

### (三)定金的消灭

定金主要因为下列原因发生而消灭：

(1)因定金的担保目的实现而消灭。合同当事人均已履行了定金担保的合同义务，定金的担保目的实现，定金归于消灭。

(2)因所担保债权的消灭而消灭。定金担保的债权因为当事人的清偿、抵销、提存、免除、法律规定等原因的发生而终止效力时，定金的效力也随之消灭。

(3)因当事人的放弃消灭。定金担保为债权性担保，当事人可以放弃或者抛弃依照定金合同所享有的权利。

## 第七节 合同的变更、转让和终止

### 一、合同的变更

合同的变更有广义和狭义之分。广义的合同变更是指合同主体和内容的变更，狭义的合同变更仅指合同内容的变更。

#### (一)合同变更的条件

**1. 原已存在有效的合同关系**

无原合同关系就无变更的对象，合同的变更离不开原已存在合同关系这一前提条件。原合同若无效、被撤销，自始就不存在有效的合同关系，也就不存在合同变更。

**2. 须遵守法定程序**

当事人可以协商一致，变更合同；也可根据人民法院或仲裁机关的裁定变更合同，如订立合同时显失公平的,一方当事人可请求人民法院或仲裁机关变更该合同;还可根据一方当事人的意思变更合同,如在承运人将货物交付收货人之前,托运人可以要求承运人中止运输。

法律、行政法规规定变更合同应当办理批准、登记等手续的,依照其规定。当事人对合同变更的内容约定不明确的,推定为未变更。

#### 3. 须有合同内容的变化

狭义的合同变更仅指合同的内容发生变化,不包括合同主体的变更。当然,合同变更必须是非实质性内容的变更,变更后的合同关系与原合同关系应保持同一性。

### (二)合同变更的效力

合同变更的实质在于使变更后的合同代替原合同。因此,合同变更后,当事人应按变更后的合同内容履行。合同变更原则上指向将来发生效力,未变更的权利义务继续有效,已经履行的债务不因合同的变更而失去合法性。合同的变更不影响当事人要求赔偿的权利。

## 二、合同的转让

合同的转让,即合同主体的变更,是指当事人将合同的权利和义务全部或者部分转让给第三人,包括合同债权的转让、合同债务的承担、合同债权债务的概括移转。

### (一)合同债权的转让

合同债权的转让,是指债权人将合同的权利全部或者部分转让给第三人的法律制度。其中债权人是转让人,第三人是受让人。

合同债权的转让应具备如下条件:第一,须存在有效的合同,这是合同让与的根本前提。第二,被让与的债权须具有可让与性。根据合同性质不得转让的合同债权、按照当事人的约定不得转让的债权、依法不得转让的债权不得转让。第三,让与人与受让人须就债权转让达成协议。第四,合同债权让与的通知。债权人转让权利的,应当通知债务人。未经通知,该转让对债务人不发生效力。债权人转让权利的通知不得撤销,但经受让人同意的除外。

债权全部让与的,受让人取代让与人而成为合同关系的新债权人,债权部分让与的,让与人和受让人共同享有债权;债权人让与权利的,受让人取得与债权有关的从权利,但该从权利专属于债权人自身的除外;受让人取得从权利不因该从权利未办理转移登记手续或者未转移占有而受到影响。债务人收到债权让与通知后,应当将受让人作为债权人而履行债务;债务人对让与人的抗辩,可以向受让人主张;债务人对让与人享有债权的,债务人可依法向受让人主张抵销。因债权转让增加的履行费用,由让与人负担。

### (二)合同债务的承担

合同债务的承担,是指在不改变债的内容的前提下,债权人、债务人通过与第三人订立转让债务的协议,将债务全部或部分移转给第三人承担的法律事实。合同债务的承担可分为免责的债务承担和并存的债务承担。免责的债务承担是指债务人将债务的全部或者部分转移给第三人，此种债务承担应当经债权人同意。债务人或者第三人可以催告债权人在合理期限内予以同意，债权人未作表示的，视为不同意。免责的债务承担又分全部免责的债务承担和部分免责的债务承担。前者是指债务人与第三人达成协议，将其全部债务转移给第三人；后者是指债务人与第三人达成协议，将其部分债务转移给第三人，由第三人对债权人承担该部分债务。

并存的债务承担是指债务人不脱离债的关系，第三人加入债的关系，与债务人共同承担债务。《民法典》第五百五十二条规定，第三人与债务人约定加入债务并通知债权人，或者第三人向债权人表示愿意加入债务，债权人未在合理期限内明确拒绝的，债权人可以请求第三人在其愿意承担的债务范围内和债务人承担连带债务。债务人转移债务的，新债务人可以主张原债务人对债权人的抗辩；原债务人对债权人享有债权的，新债务人不得向债权人主张抵销。债务人转移债务的，新债务人应当承担与主债务有关的从债务（如利息债务），但是该从债务专属于原债务人自身的除外。

### （三）合同债权债务的概括移转

合同债权债务的概括移转，是指原合同当事人一方将其债权债务一并移转给第三人。根据概括转移的范围，可分为全部债权债务转移和部分债权债务转移。

根据《民法典》的规定，当事人一方经对方同意，可以将自己在合同中的权利和义务一并转让给第三人。合同的权利和义务一并转让的，适用债权转让、债务转移的有关规定。

债权债务概括转移的，由于承受人完全取代了原当事人的法律地位，合同内容移转于新当事人，依附于原当事人的一切权利和义务，如解除权、撤销权等，都将移转于承受人。

## 三、合同的终止

合同的终止，是指因发生法律规定或当事人约定的情形，使当事人之间的权利义务关系消灭，而使合同法律效力终止。合同的权利义务终止，不影响合同中结算和清理条款的效力。合同的权利义务终止后，当事人应当遵循诚实信用原则，根据交易习惯履行通知、协助、保密、旧物回收等义务。债权债务终止时，债权的从权利同时消灭，但是法律另有规定或者当事人另有约定的除外。

### （一）清偿

清偿，是当事人实现债权目的的行为，是指债务人根据法律的规定或合同约定履行自己的债务以解除债权债务关系的行为。清偿与履行的意义相同，只不过履行是从债的效力、债的动态方面而言的，而清偿是从债的消灭的角度而言的。

债务清偿抵充，是指债务人对同一债权人负担数宗同种类债务，但债务人的履行不足清偿全部债务时，确定该履行抵充其中某宗或某几宗债务的制度。《民法典》第五百六十条规定，债务人对同一债权人负担的数项债务种类相同，债务人的给付不足以清偿全部债务的，除当事人另有约定外，由债务人在清偿时指定其履行的债务。债务人未作指定的，应当优先履行已经到期的债务;数项债务均到期的,优先履行对债权人缺乏担保或者担保最少的债务;均无担保或者担保相等的,优先履行债务人负担较重的债务;负担相同的,按照债务到期的先后顺序履行;到期时间相同的,按照债务比例履行。

债务人在履行主债务外还应当支付利息和实现债权的有关费用,其给付不足以清偿全部债务的,除当事人另有约定外,应当按照下列顺序履行:实现债权的有关费用;利息;主债务。

### (二)合同的解除

合同的解除,是指合同有效成立以后,没有履行或者没有完全履行之前,双方当事人通过协议或者一方行使解除权的方式,使得合同关系终止的法律制度。合同的解除,分为合意解除与法定解除。

#### 1. 合意解除

合意解除,是指根据当事人事先约定或经当事人协商一致而解除合同,包括约定解除和协议解除。前者是一种单方解除,即双方在订立合同时,约定了合同当事人一方解除合同的条件。一旦该条件成就,解除权人即可通过行使解除权而终止合同。后者是以一个新的合同解除旧的合同。

#### 2. 法定解除

法定解除,是指根据法律规定而解除合同。当事人可以解除合同的情形有:因不可抗力致使不能实现合同目的;在履行期限届满之前,当事人一方明确表示或者以自己的行为表明不履行主要债务;当事人一方迟延履行主要债务,经催告后在合理期限内仍未履行;当事人一方迟延履行债务或者有其他违约行为致使不能实现合同目的;法律规定的其他情形。以持续履行的债务为内容的不定期合同,当事人可以随时解除合同,但是应当在合理期限之前通知对方。

#### 3. 解除权的行使期限与规则

法律规定或者当事人约定解除权行使期限,期限届满当事人不行使的,该权利消灭。法律没有规定或者当事人没有约定解除权行使期限,自解除权人知道或者应当知道解除事由之日起一年内不行使,或者经对方催告后在合理期限内不行使的,该权利消灭。

当事人一方依法主张解除合同的,应当通知对方。合同自通知到达对方时解除;通知载明债务人在一定期限内不履行债务则合同自动解除,债务人在该期限内未履行债务的,合同自通知载明的期限届满时解除。对方对解除合同有异议的,任何一方当事人均可以请求人民法院或者仲裁机构确认解除行为的效力。当事人一方未通知对方,直接以提起诉讼或者申请仲裁的方式依法主张解除合同,人民法院或者仲裁机构确认该主张的,合同自起诉状副本或者仲裁申请书副本送达对方时解除。

#### 4. 合同解除的法律后果

合同解除后,尚未履行的,终止履行;已经履行的,根据履行情况和合同性质,当事人可以要求恢复原状、采取其他补救措施,并有权请求赔偿损失。合同因违约解除的,解除权人可以请求违约方承担违约责任,但是当事人另有约定的除外。主合同解除后,担保人对债务人应当承担的民事责任仍应当承担担保责任,但是担保合同另有约定的除外。

### (三)抵销

抵销,是指两人互负债务时,各以其债权充当债务之清偿,而使其债务与对方的债务在对等额内相互消灭。抵销的债权,称为自动债权、抵销债权或主动债权。被抵销的债权,称为受动债权或被动债权。抵销分为法定抵销与约定抵销。

**1. 法定抵销**

法定抵销,是指合同当事人互负到期债务,该债务的标的物种类、品质相同,依当事人一方的意思表示即可发生抵销的效力。法定抵销的要件包括:

第一,双方当事人互负债务、被动债权已到期。

第二,双方互负的债务标的物的种类、品质相同。双方当事人给付物的种类虽然相同,但品质不同时,如甲级刀鱼和乙级刀鱼,原则上不允许抵销,但允许以高品质的给付抵销低品质的给付。

第三,不是不得抵销的债务。不得抵销的债务主要有:依债的性质不得抵销的债务;依约定不得抵销的债务;法律规定不得抵销的债务,如《合伙企业法》规定,合伙人发生与合伙企业无关的债务,相关债权人不得以其债权抵销其对合伙企业的债务。

当事人主张抵销的,应当通知对方。通知自到达对方时生效。抵销不得附条件或者附期限。

**2. 约定抵销**

约定抵销,是指合同当事人经过协商一致而发生的抵销。约定抵销的要件与法定抵销不同的是,当事人互负债务的标的物种类、品质可以不相同,只要双方协商一致,也可抵销。

### (四)提存

提存,是指非因可归责于债务人的原因,导致债务人无法履行债务或者难以履行债务的情况下,债务人将标的物交由提存机关保存,以终止合同权利义务关系的行为。

**1. 提存的事由**

《民法典》规定,有下列情形之一,难以履行债务的,债务人可以将标的物提存:(1)债权人无正当理由拒绝受领;(2)债权人下落不明;(3)债权人死亡未确定继承人、遗产管理人,或者丧失民事行为能力未确定监护人;(4)法律规定的其他情形。例如,抵押人转让抵押物所得的价款,应当向抵押权人提前清偿所担保的债权或者向与抵押权人约定的第三人提存。标的物不适于提存或者提存费用过高的,债务人依法可以拍卖或者变卖标的物,提存所得的价款。

**2. 提存成立的时间和效力**

债务人将标的物或者将标的物依法拍卖、变卖所得价款交付提存部门时,提存成立。提存成立的,视为债务人在其提存范围内已经交付标的物。

标的物提存后,债务人应当及时通知债权人或者债权人的继承人、遗产管理人、监护人、财产代管人。标的物提存后,毁损、灭失的风险由债权人承担。提存期间,标的物的孳息归债权人所有。提存费用由债权人负担。债权人可以随时领取提存物,但债权人对债务人负有到期债务的,在债权人未履行债务或者提供担保之前,提存部门根据债务人的要求应当拒绝其领取提存物。债权人领取提存物的权利,自提存之日起五年内不行使而消灭,提存物扣除提存费用后归国家所有。但是,债权人未履行对债务人的到期债务,或者债权人向提存部门书面表示放弃领取提存物权利的,债务人负担提存费用后有权取回提存物。

### (五)免除

免除,是指债权人向债务人表示免除其债务,从而使债的关系归于消灭的法律行为。免除属于无偿的单方法律行为,只要债权人一方向债务人表示免除的意思,债就归于消灭。

**1. 免除的方法**

免除应由债权人向债务人以意思表示为之。免除可由债权人的代理人为之,也可附条件或期限。免除的意思表示自向债务人或其代理人表示后,即产生债务消灭的效果,不得撤回。《民法典》第五百七十五条规定,债权人免除债务人部分或者全部债务的,债权债务部分或者全部终止,但是债务人在合理期限内拒绝的除外。

**2. 免除的法律后果**

免除产生债务绝对消灭的效力。主债务消灭的,主债务的从债务也归于消灭。债务全部免除的,债务全部消灭;债务一部分免除的,则仅该免除部分消灭。债权人向连带债务人中的一人免除债务,而无消灭全部债务的意思表示的,除该债务人应分担的部分外,其他债务人仍不免除其责任。主债务免除的,保证债务随之消灭。债的免除不得损害第三人利益。

### (六)混同

债的混同有广义与狭义之分。广义的混同包括三种情形:所有权与他物权归属于同一人;债权与债务归属于同一人;主债务与保证债务归属于同一人。狭义的混同仅指债权与债务归属于同一人使合同关系消灭的事实。通常所说的混同仅指狭义的混同。

**1. 混同的原因**

合同关系的存在,必须有债权人和债务人,当事人双方混同,合同便失去了存在的基础,自然应当终止。

(1)概括承受。即债权债务概括转移于债权人或者债务人。如企业合并,合并前的两个企业之间的债权债务因同归于合并后的企业而消灭。

(2)特定承受。即债权人承受债务人对自己的债务,或者债权人受让债权人对自己的债权。如债权人甲与债务人乙签订合同后,甲将合同权利转让给乙。又如甲、乙二人签订合同后,债务人乙的债务转移给债权人甲。

**2. 混同的效力**

债的混同使债的关系消灭,债权消灭,债权的从权利同归消灭。但当债权为他人的权利标的时,为保护第三人的利益,债权不消灭。如债权为他人质权的标的时,为保护质权人的利益,债权不因混同而消灭。

## 第八节 违约责任

### 一、违约责任概述

（一）违约责任的概念

违约责任也称为违反合同的民事责任，是指合同当事人因违反合同义务所承担的责任。《民法典》规定，当事人一方不履行合同义务或者履行合同义务不符合约定的，应当承担继续履行、采取补救措施或者赔偿损失等违约责任。

（二）违约责任的构成要件

《民法典》规定的违约责任归责原则为严格责任原则。因此只要合同当事人有违约行为存在，不问导致违约的原因，除了法定或者约定的免责事由以外，均不得主张免责。

（三）违约的种类

违约行为总体上分为预期违约和实际违约。前者包括明示违约和默示违约；后者包括不履行、迟延履行和不适当履行。

**1. 预期违约**

预期违约也称先期违约，包括明示预期违约和默示预期违约。前者是指在合同有效成立后至合同约定的履行期届至前，一方当事人明确肯定地向另一方当事人明示他将不履行合同约定的主要义务。后者是指在合同有效成立后至合同履行期到来前，一方当事人以其行为表明在履行期到来后将不履行或不能履行合同约定的主要义务。

预期违约是一种可选择的违约救济手段，在一方当事人明确表示违约情况下，当事人一方可直接解除合同，使合同关系消灭，并可要求预期违约方承担损害赔偿责任；也可以等待合同履行期的到来，在对方实际违约时，请求其承担违约责任。在默示预期违约时，一方当事人可以中止履行合同，要求预期违约方提供充分的保证，如果在合理的期限内默示违约方未能提供充分担保的，可以解除合同，并可以要求损害赔偿。

**2. 不履行**

不履行即完全不履行，是指当事人根本未履行任何合同义务的违约情形。其包括拒绝履行和履行不能。拒绝履行，又称毁约，是指债务人能够履行其债务而在履行期限届满时对债权人表示不履行债务。在一方拒绝履行的情况下，另一方有权要求其继续履行合同，也有权要求其承担违约金和损害赔偿责任。履行不能是指债务人由于某种原因不能履行其义务。违约方原则上应承担履行不能的违约责任，除非存在法定的免责事由。非违约方在请求违约方承担违约责任时，可以要求其赔偿损失，支付违约金，但不得再要求其实际履行。

**3. 迟延履行**

（1）给付迟延

给付迟延，是指债务人在履行期限到来时，能够履行而没有按期履行债务。给付迟延的,债务人应赔偿因迟延而给债权人造成的损失。一方迟延履行其主要债务,经催告后在合理期限内仍未履行,或一方迟延履行债务致使不能实现合同目的的,当事人可以解除合同并请求赔偿损失。

(2)受领迟延

受领迟延,是指债权人对于债务人的履行应当受领而不为受领。在迟延受领的情况下,债权人应依法支付违约金,由此给债务人造成损害的,则应负损害赔偿责任。债务人可以依法自行消灭其债务,如以提存的方式消灭债务。

### 4. 不适当履行

不适当履行,是指虽有履行但履行不符合合同约定或法律规定的违约情形,包括瑕疵履行和加害给付。瑕疵履行一般是指履行质量不合格的违约情形。债权人可以要求对方承担修理、更换、重作、退货、减少价款或者报酬等违约责任。加害给付,是指债务人因交付的标的物的缺陷而造成他人的人身、财产损害的行为。因当事人一方的违约行为,侵害对方人身、财产权益的,受损害方有权选择要求其承担违约责任或者依照其他法律要求其承担侵权责任。

## 二、承担违约责任的方式

承担违约责任的方式主要包括:继续履行、补救措施、损害赔偿、支付违约金、定金等。

### (一)继续履行

继续履行,又称实际履行,是指债权人在债务人不履行合同义务时,可请求人民法院或者仲裁机构强制债务人实际履行合同义务。当事人一方未支付价款、报酬、租金、利息,或者不履行其他金钱债务的,对方可以请求其支付。当事人一方不履行非金钱债务或者履行非金钱债务不符合约定的,对方可以要求履行,但法律上或者事实上不能履行,或债务的标的不适于强制履行或者履行费用过高或债权人在合理期限内未请求履行的除外。无法实际履行致使不能实现合同目的的,人民法院或者仲裁机构可以根据当事人的请求终止合同权利义务关系,但是不影响违约责任的承担。

### (二)补救措施

补救措施,是债务人履行合同义务不符合约定,债权人在请求人民法院或者仲裁机构强制债务人实际履行合同义务的同时,可要求债务人采取的补救履行措施。如要求违约方承担修理、更换、重作、退货、减少价款或者报酬等违约责任。

### (三)赔偿损失

赔偿损失,是指违约方依据合同的约定或者法律的规定承担赔偿对方当事人所受损失的责任。违约损害赔偿的方式以金钱赔偿为主。

赔偿损失的范围应当相当于因违约所造成的损失,包括合同履行后可以获得的利益;但是,不得超过违约一方订立合同时预见到或者应当预见到的因违约可能造成的损失。

当事人一方违约后,对方应当采取适当措施防止损失的扩大。没有采取适当措施致使损失扩大的,不得就扩大的损失要求赔偿。当事人因防止损失扩大而支出的合理费用,由违约方负担。当事人一方违约造成对方损失,对方对损失的发生有过错的,可以减少相应的损失赔偿额。

### (四)支付违约金

违约金,是按照当事人约定或者法律规定,一方当事人违约时应当根据违约情况向对方支付的一定数额的货币。《民法典》第五百八十五条规定,当事人可以约定一方违约时应当根据违约情况向对方支付一定数额的违约金,也可以约定因违约产生的损失赔偿额的计算方法。

约定的违约金低于造成的损失的,当事人可以请求人民法院或者仲裁机构予以增加;约定的违约金过分高于造成的损失的,当事人可以请求人民法院或者仲裁机构予以适当减少。

### (五)定金

关于定金罚则的规定,详见合同担保部分关于定金的阐述。

当事人在合同中既约定违约金,又约定定金的,一方违约时,对方可以选择适用违约金或者定金条款。定金不足以弥补一方违约造成的损失的,对方可以请求赔偿超过定金数额的损失。

此外,根据《民法典》第九百九十六条的规定,因当事人一方的违约行为,损害对方人格权并造成严重精神损害,受损害方选择请求其承担违约责任的,不影响受损害方请求精神损害赔偿。

## 三、免责事由

免责事由,又称免责条件,是指法律规定或者合同中约定的当事人对其不履行或者不适当履行合同义务免于承担违约责任的条件。

### (一)不可抗力

不可抗力,是指不能预见、不能避免且不能克服的客观情况。常见的不可抗力有:自然灾害,如地震、台风、洪水、海啸等;政府行为,如运输合同订立后,由于政府颁布禁运的法律,使合同不能履行;社会事件,如战争、罢工等。根据合同自由原则,当事人可以在订立不可抗力条款时,具体列举各种不可抗力的事由。

因不可抗力不能履行合同的,根据不可抗力的影响,部分或者全部免除责任,但是法律另有规定的除外。因不可抗力不能履行合同的,应当及时通知对方,以减轻可能给对方造成的损失,并应当在合理期限内提供证明。当事人迟延履行后发生不可抗力的,不能免除其违约责任。当事人迟延履行后发生不可抗力的,不能免除责任。

### (二)债权人的过错

债权人过错,是指债权人对违约行为或者违约损害后果的发生或者扩大存在过错。

违约责任实行严格责任,是针对违约方(债务人)而言的,债权人的过错可以成为违约方全部或者部分免除责任的依据。如在约定检验期间的买卖合同中,买受人就标的物数量或者质量不符合约定的情形怠于通知出卖人,出卖人不承担违约责任。债务人按照约定履行债务,债权人无正当理由拒绝受领的,债务人可以请求债权人赔偿增加的费用。在债权人受领迟延期间,债务人无须支付利息。

### (三)免责条款

免责条款,是指合同当事人约定的排除或者限制其将来可能发生的违约责任的条款。当事人在订立合同时,可以约定免责条款。但约定的免责条款不能违反法律规定,否则无效。

此外,关于免责的事由,在具体的合同类型中也有规定。如承运人证明货物的毁损、灭失是因货物本身的自然性质或者合理损耗造成的,不承担损害赔偿责任。

## 复习思考题

1. 简述合同订立的过程。
2. 简述缔约过失责任的概念及其构成要件。
3. 简述可撤销合同的情形。
4. 简述不安履行抗辩权的行使条件。
5. 简述代位权的行使条件。
6. 简述合同终止的情形。
7. 违约责任的承担方式有哪些?

## 案例分析题

1. 甲公司与乙袜厂于2020年4月6日签订了一份丝袜供应合同。合同规定:乙袜厂向甲公司供应丝袜2万双,总价款人民币4万元,同年4月20日交货,货到付款,合同有效期至同年4月30日止,双方若有违约应支付违约金。5月9日,乙袜厂送来2万双丝袜。甲公司以交货已过合同有效期为由拒收货物。经乙袜厂再三请求,甲公司同意接受2万双丝袜。次日,甲公司销售人员将丝袜售出5 000双,其余入库存放。6月底乙袜厂电话催付货款,甲公司原签约人称,丝袜已卖出5 000双,其余存在库中。同年10月8日,乙袜厂派人来收取货款,甲公司认为此批货系暂时代为保管,除已代售的5 000双丝袜货款如数支付外,其余丝袜应由乙袜厂取回。但乙袜厂要求给付全部货款。试分析:

(1)甲公司起初拒收货物是否有法律依据?
(2)乙袜厂要求甲公司给付全部货款是否有理?为什么?
(3)乙袜厂和甲公司在履约过程中各应承担什么违约责任?

2. 甲公司为开发新项目,急需资金。2020年3月12日,甲公司向乙公司借款15万元。双方谈妥,乙公司借给甲公司15万元,借期6个月,月息为银行贷款利息的1.5倍,至同年9月12日本息一起付清,甲公司为乙公司出具了借据。

甲公司因新项目开发不顺利,未盈利,到了9月12日无法偿还欠乙公司的借款。某日,乙公司向甲公司催促还款无果,但得到一信息,某单位曾向甲公司借款20万元,现已到还款期,某单位正准备还款,但甲公司让某单位不用还款。于是,乙公司向法院起诉,请求甲公司以某单位的还款来偿还债务,甲公司辩称该债权已放弃,无法清偿债务。试分析:

(1)甲公司的行为是否构成违约?为什么?

(2)乙公司是否可针对甲公司的行为行使撤销权?为什么?

(3)乙公司是否可以行使代位权?并说明理由。

# 第十二章

# 劳动法律制度

## 本章学习目的与要求

通过本章学习,了解劳动法的概念及其调整对象、劳动合同和集体合同的概念与特征、职业安全卫生制度;掌握劳动法律关系,劳动合同的内容和效力、劳动合同的变更与终止、劳动合同的解除;掌握工作时间和休息休假、工资制度;掌握劳动争议的处理等。

## 课程思政

围绕"知识传授"与"价值引领"有机结合的教学目标,将劳动法原则和规则与社会主义核心价值观相对接,充分发掘劳动法律背后的人文关怀,寻找劳动法与德育知识体系的"触点",包括平等、公正、和谐等,使法律知识技能的获得与思想品德的形成相辅相成、相互促进。

## 第一节 劳动法律制度概述

### 一、劳动法的概念及其调整对象

#### (一)劳动法的概念

劳动法是调整劳动关系以及与劳动关系密切联系的其他社会关系的法律规范的总和。劳动法旨在保护劳动者的合法权益,维护、发展和谐稳定的劳动关系,维护社会安定,促进经济发展。

劳动法的主要法律规范有:《中华人民共和国劳动法》(以下简称《劳动法》)《中华人民共和国劳动合同法》(以下简称《劳动合同法》)《中华人民共和国劳动争议调解仲裁法》(以下简称《劳动争议调解仲裁法》)等。

#### (二)劳动法调整的社会关系

劳动法的调整对象是劳动关系,但并非所有劳动关系均由劳动法调整,劳动法调整的劳动关系一般是指劳动者与用人单位之间在实现劳动过程中发生的社会关系,不包括个人劳动、农业劳动和家庭劳动关系。其特征如下:

**1. 劳动关系的当事人特定**

劳动关系的当事人是劳动者和用人单位。劳动者是自然人,是劳动力的所有者。在我国,劳动者包括在法定劳动年龄内具有劳动能力的我国公民、外国人、无国籍人。用人单位是指具有用人权利能力和用人行为能力,运用劳动力组织生产劳动,且向劳动者支付劳动报酬的组织。在我国用人单位包括依法成立的企业、个体经济组织、国家机关、事业组织、社会团体，不包括自然人。

### 2. 劳动关系兼具人身和财产属性

劳动者向用人单位提供劳动力，将其人身在一定限度内交由用人单位支配，因而劳动关系具有人身属性。人身属性决定了劳动者必须亲自履行劳动义务，并遵守用人单位的内部劳动原则，按照用人单位的要求进行劳动。劳动者提供劳动力，用人单位向劳动者支付劳动报酬，因而劳动关系具有财产属性。无偿、义务、慈善性劳动关系不由劳动法调整。

### 3. 劳动关系具有平等、从属关系的属性

劳动关系通过劳动合同确立，双方当事人依平等、自愿、协商原则建立、变更或终止劳动关系，因而劳动关系具有平等关系的属性。同时劳动关系具有从属性，劳动关系一经确立，劳动者成为用人单位的职工，与用人单位存在身份、组织和经济上的从属关系，双方形成管理与被管理、支配与被支配的关系。

劳动法还调整与劳动关系密切联系的其他社会关系，如劳动行政关系、社会保险关系、劳动市场服务关系、劳动团体关系、劳动争议处理关系等。

## 二、劳动法的基本原则

劳动法的基本原则是劳动法规范体系的基本精神和指导思想，具有综合性、本原性和稳定性。基本原则的内容与性质直接决定了各项劳动法律制度的内容与性质。劳动法的基本原则如下：

### (一) 劳动权平等原则

劳动权平等原则是宪法的平等原则在劳动法中的具体体现。

#### 1. 平等就业

平等就业原则的关键在于反对就业歧视，其内容是指劳动者应该获得平等的就业机会，不因性别、年龄、种族和宗教信仰等方面的不同而受到差别待遇。我国《劳动法》第十二条规定："劳动者就业，不因民族、种族、性别、宗教信仰不同而受歧视。"根据《就业促进法》的相关规定，平等就业主要体现为：国家（各级人民政府）应创造公平就业环境，消除就业歧视；制定并实施积极的财政政策、失业保险制度、税收金融政策等促进就业；用人单位以及劳动市场服务机构应向劳动者提供平等的就业服务和公平的就业条件，不得有就业歧视。

#### 2. 待遇平等

待遇平等，主要指报酬平等或同工同酬。"同工同酬"是指用人单位对于从事相同工作，付出等量劳动且取得相同劳动业绩的劳动者，应支付同等的劳动报酬。我国《劳动法》第46条规定："工资分配应当遵循按劳分配原则，实行同工同酬。"

#### 3. 劳动条件平等

劳动条件平等是指劳动者的工作环境以及劳动保护平等，其核心在于劳动者平等地享有劳动保护。主要包括两个方面：一是劳动条件应根据具体的工作岗位确定，针对特殊的工作种类和岗位应设置相应的劳动条件，如矿山、井下工作在工作时间、劳动保护等方面都应有特别要求；二是针对特定的劳动者群体，其劳动条件也应不同。如《劳动法》规定

了对妇女以及未成年劳动者的特殊劳动保护措施。

### (二)劳动自由原则

劳动自由原则仅指劳动者的劳动自由,不包括用人单位的用工自由。其内容主要体现为:

#### 1. 契约自由

在劳动合同领域的契约自由主要包括两个方面:一是劳动者的缔约自由,即劳动者可以决定是否与某一用人单位建立劳动关系,签订劳动合同;二是劳动者的辞职自由,即劳动者仅需遵守相关的程序性规定,便可解除劳动合同。《劳动合同法》第三十七条规定:"劳动者提前三十日以书面形式通知用人单位,可以解除劳动合同。"

#### 2. 结社自由

我国宪法规定公民享有结社权,《劳动法》第七条规定:"劳动者有权依法参加和组织工会。"劳动者的结社权体现为两个方面:一是积极结社权,即劳动者享有积极组建和参加工会组织的自由;二是消极结社权,即劳动者享有不参加工会或者退出工会的自由。

#### 3. 禁止强迫劳动

劳动自由原则在劳动保护领域体现为禁止强迫劳动。国际劳工组 1930 年《强迫劳动公约》(第 29 号公约)禁止所有形式的强迫或强制劳动,但允许某些例外,如服兵役、服刑人员的劳动和紧急情况(如战争、火灾和地震)下的劳动。我国《劳动法》第九十六条、《劳动合同法》第八十八条明确规定禁止强迫劳动。

### (三)倾斜保护原则

倾斜保护原则,是指劳动法倾斜保护劳动者合法权益。该原则具体体现为:

#### 1. 在劳动合同法中,主要体现为解雇保护

根据《劳动合同法》的规定,依法成立且生效的劳动合同对当事人双方的约束力并不对等。用人单位解除劳动合同受到严格限制,如《劳动合同法》第四十一条规定,用人单位进行经济性裁员时,必须符合裁员前提、人数、工会参与、裁减方案审批等实体和程序要件。而对于劳动者而言,劳动者提前三十日以书面形式通知用人单位,即可以解除劳动合同。

#### 2. 在劳动基准法中,主要体现为基准法定

劳动基准法,是指国家对工资、工时以及休息休假等劳动条件的基准应符合法律强制性规定,通常包括最低工资制度、最高工时等基准。劳动基准法实际上是国家对于用人单位基于强势地位可能的肆意行为的限制,倾斜保护劳动者。

#### 3. 在《劳动争议调解仲裁法》中,主要体现为劳动者的救济保障

在劳动争议处理中,倾斜保护原则具体表现为:一是劳动争议仲裁免费制度。劳动者提起劳动仲裁,免交仲裁费用。二是举证责任倒置。《劳动争议调解仲裁法》第六条规定:"与争议事项有关的证据属于用人单位掌握管理的,用人单位应当提供;用人单位不提供的,应当承担不利后果。"三是有限的一裁终局。《劳动争议调解仲裁法》第四十七、四十八条规定,对于小额(不超过当地月最低工资标准十二个月金额)的劳动争议案件以及执行国家的劳动标准发生的劳动争议案件,实行一裁终局。但劳动者对该仲裁裁决不服的,可

以自收到仲裁裁决书之日起十五日内向人民法院提起诉讼。

### 三、劳动法律关系

劳动法律关系是当事人依据劳动法律规范,在实现劳动过程中形成的权利义务关系。劳动法律关系由主体、客体和内容三要素构成。

#### (一)劳动法律关系的主体

劳动法律关系主体,是指参与劳动法律关系并在其中享有权利和承担义务的当事人。主要包括劳动者、劳动者团体、用人单位、用人单位团体四种类型。

劳动者,是指达到法定就业年龄(我国规定为年满十六周岁)、具有劳动能力并与用人单位建立劳动关系的公民。劳动者又称为雇员、雇工、受雇人、工人、职工等。一个公民要成为劳动者,必须具备一定的条件,即具有劳动权利能力和劳动行为能力。劳动权利能力,是指公民享有参加劳动的机会,并领受劳动报酬的资格。劳动行为能力,是指公民能够以自己的行为行使劳动权利和履行劳动义务的能力。

劳动者团体,通常指工会。工会是以维护和改善雇工的劳动条件、提高雇工的经济地位为主要目的,由雇工自愿组织起来的团体或联合团体。劳动者组建并参加工会,是其行使结社权(又称团结权、组织权)的体现。

用人单位,又称雇主、雇佣人,是指在劳动法律关系中相对于劳动者(雇员)而存在的另一方主体。在我国,用人单位是指招收录用劳动者,并且按照劳动者提供的劳动量支付工资和其他待遇的一方主体。根据我国劳动法的规定,用人单位包括企业、个体经济组织、民办非企业单位、国家机关、事业组织(事业单位)、社会团体等类型,目前尚未涵盖至自然人。

用人单位团体,又称用人单位组织、雇主团体、企业代表组织等,是由用人单位依法组成的,旨在代表、维护和增进各用人单位(雇主)在劳动关系中的共同利益而与工会抗衡和交涉的团体。用人单位组织的基本职责是维护用人单位的合法权益,享有与劳动者组织(工会)进行集体协商和签订集体合同的权利。

#### (二)劳动法律关系的内容

劳动法律关系的内容,是指劳动法律关系双方当事人所享有的权利和所承担的义务。

劳动者的劳动权利主要有:平等就业和选择职业的权利;取得劳动报酬的权利;休息休假的权利;获得劳动安全卫生保护的权利;接受职业技能培训的权利;享受社会保险和福利的权利;依法参加工会和职工民主管理的权利;提请劳动争议处理的权利;法律规定的其他劳动权利。劳动者的劳动义务主要有:劳动者应按时完成劳动任务;提高职业技能;执行劳动安全卫生规程,遵守劳动纪律和职业道德;爱护和保卫公共财产;保守国家秘密和用人单位商业秘密等。

用人单位的权利主要有:招工权,即用人单位根据本单位需要招用职工的权利;用人权,即用人单位依照法律和合同的规定,使用和管理劳动者的权利;奖惩权,即用人单位依照法律和本单位的劳动纪律,决定对职工奖惩的权利;分配权,即用人单位在法律和合同规定的范围内,决定劳动报酬分配方面的权利。用人单位的主要义务有:支付劳动报酬;

保护职工和帮助职工;培训职工;执行劳动法规、劳动政策和劳动标准;接受国家劳动计划的指导,服从劳动行政部门以及其他有关国家机关的管理和监督。

### (三)劳动法律关系的客体

劳动法律关系的客体,是指劳动权利和劳动义务指向的对象。主要包括:

#### 1. 劳动行为

劳动行为,即劳动者为完成用人单位安排的劳动任务而支出劳动力的活动,是劳动法律关系的基本客体。它作为被支出和使用的劳动力的外在形态,存在于劳动过程中,在劳动法律关系双方当事人的利益关系中主要承载或体现用人单位的利益。

#### 2. 劳动待遇和劳动条件

劳动待遇和劳动条件,即劳动者因支出劳动力而有权获得的、用人单位因使用劳动力而提供的各种待遇和条件,是劳动法律关系的辅助客体。其中,劳动待遇是对劳动者支出劳动力的物质补偿,劳动条件是劳动者完成劳动任务和保护安全健康所必需的物质技术条件。它们从属和受制于劳动行为,主要承载或体现劳动者的利益。

## 第二节 劳动合同

### 一、劳动合同的概念和特征

劳动合同,是指劳动者与用人单位之间确立劳动关系,明确双方权利和义务的书面协议。劳动合同具有如下特征:

#### (一)劳动合同主体具有特定性

即劳动合同的主体一方是劳动者,另一方是用人单位。

#### (二)劳动合同具有从属性

即劳动者在身份、组织、经济上从属于用人单位。

#### (三)劳动合同具有法定性

即劳动合同主体双方在建立、变更、解除、终止劳动合同时,须遵守劳动法律、法规的强制性和禁止性规定。

#### (四)劳动合同是诺成、双务、有偿合同

劳动合同经双方意思表示一致即可成立;劳动合同主体双方互负义务,互享权利;劳动者向用人单位提供劳动,用人单位须支付劳动报酬。

### 二、劳动合同的种类和形式

劳动合同的种类和形式

#### (一)劳动合同的种类

##### 1. 固定期限的劳动合同

固定期限的劳动合同,又称定期劳动合同,是指劳动者与用人单位约定明确的合同终止时间,期限届满,可以依法续订,否则终止双方劳动合同关系。

**2. 无固定期限的劳动合同**

无固定期限的劳动合同,又称不定期劳动合同,是指劳动合同双方当事人只约定合同的起始日期,不约定其终止日期的劳动合同。对于无固定期限的劳动合同只要不出现法律、法规或合同约定的可以变更、解除、终止劳动合同的情况,双方当事人就不得擅自变更、解除、终止劳动关系。

应当订立无固定期限劳动合同的情形有:(1)劳动者在该用人单位连续工作满十年的;(2)用人单位初次实行劳动合同制度或者国有企业改制重新订立劳动合同时,劳动者在该用人单位连续工作满十年且距法定退休年龄不足十年的;(3)连续订立两次固定期限劳动合同后再次续订劳动合同且劳动者没有《劳动合同法》第三十九条规定的情形和第四十条第一项、第二项规定的情形,续订劳动合同的;(4)用人单位自用工之日起满一年不与劳动者订立书面劳动合同的,视为用人单位与劳动者已订立无固定期限劳动合同。

**3. 以完成一定工作为期限的劳动合同**

以完成一定工作为期限的劳动合同,是指用人单位与劳动者约定以某项工作的完成为合同期限的劳动合同。用人单位与劳动者协商一致,可以订立以完成一定工作任务为期限的劳动合同。该种劳动合同是以某一项工作开始之日,作为其期限起算之日,以劳动者完成该项工作之日,作为其期限终止之日,因此,存在变更、解除、中止或终止,但不存在续签问题。

### (二)劳动合同的形式

劳动合同应当以书面形式订立,即应采用书面协议。其书面形式有主件、附件之分,劳动合同的主件即为劳动合同书;附件一般是指作为劳动合同书补充内容的书面文件,如岗位协议书、专项劳动协议、用人单位依法制定的劳动规章制度等。

用人单位与劳动者建立劳动关系,应当订立书面劳动合同。对于已经建立劳动关系,但没有同时订立书面劳动合同的情况,会产生以下四种法律后果:

(1)用人单位与劳动者应当自用工之日起一个月内订立书面劳动合同;

(2)用人单位自用工之日起满一年不与劳动者订立书面劳动合同的,视为用人单位与劳动者已订立无固定期限劳动合同;

(3)用人单位自用工之日起超过一个月但不满一年未与劳动者订立书面劳动合同的,应当向劳动者支付两倍的月工资;

(4)用人单位未在用工的同时订立书面劳动合同,与劳动者约定的劳动报酬不明确的,新招用的劳动者的劳动报酬按照集体合同规定的标准执行;没有集体合同或者集体合同未规定的,实行同工同酬。

劳动关系均自用工之日起成立。劳动合同由用人单位与劳动者协商一致,并经用人单位与劳动者在劳动合同文本上签字或者盖章方能生效。用工为劳动关系建立的唯一标准。

## 三、劳动合同的内容

劳动合同的内容,是指劳动者与用人单位在平等协商基础上就双方的权利义务达成的具体条款,即劳动合同的条款。一般分为必备条款和可备条款。

### (一)必备条款

必备条款是法律规定的生效劳动合同必须具备的条款。根据《劳动法》第十九条规定,劳动合同应当具备以下条款:劳动合同期限;工作内容;劳动保护和劳动条件;劳动报酬;劳动纪律;劳动合同终止的条件;违反劳动合同的责任等。

### (二)可备条款

可备条款是法律规定的生效劳动合同可以具备的条款。当事人可以协商约定可备条款,缺少可备条款不影响劳动合同的成立。根据我国劳动法的规定,可备条款包括:

#### 1. 试用期条款

劳动合同的试用期是劳动者和用人单位为相互了解、选择而约定的考察期。试用期内劳动者、用人单位有权随时解除劳动合同。试用期包含在劳动合同期限内;劳动合同仅约定试用期的,试用期不成立,该期限为劳动合同期限。

以完成一定工作任务为期限的劳动合同或者劳动合同期限不满三个月的,不得约定试用期;劳动合同期限三个月以上不满一年的,试用期不得超过一个月;劳动合同期限一年以上不满三年的,试用期不得超过二个月;三年以上固定期限和无固定期限的劳动合同,试用期不得超过六个月;同一用人单位与同一劳动者只能约定一次试用期。

#### 2. 保守商业秘密条款

商业秘密,是指不为公众所知悉,能为权利人带来经济利益,具有实用性并经权利人采取保密措施的技术信息和经营信息。劳动合同可以约定劳动者保守用人单位商业秘密的有关事项,双方当事人可以就商业秘密的范围、保密期限、保密措施、保密义务及违约责任和赔偿责任等进行约定。

#### 3. 竞业禁止条款

又称"竞业限制",是指承担保密义务的劳动者在劳动关系存续期间或在解除、终止劳动关系后的一定期限内不得自营或者为他人经营与原用人单位有竞争关系的业务。竞业禁止条款旨在防止不正当竞争。劳动合同双方当事人可以约定劳动者的竞业禁止义务、违约责任及赔偿责任。我国法律规定竞业禁止的期限最长不得超过二年,且在终止或解除劳动关系后,用人单位应给予劳动者一定经济补偿,否则,该约定无效。

其他可备条款还有第二职业条款,违约金和赔偿金条款,补充保险、福利条款等。

## 四、劳动合同的效力

劳动合同依法成立,即具有法律效力,对双方当事人都有约束力。一般情况下,劳动合同依法成立,即双方当事人意思表示一致,签订劳动合同之日,就产生法律效力;双方当事人约定须鉴证或公证方可生效的劳动合同,其生效时间始于鉴证或公证之日。

无效劳动合同,是指当事人违反法律法规,订立的不具有法律效力的劳动合同。无效劳动合同有下列情形:

### (一)合同主体不合格

合同主体不合格是指劳动合同的一方或双方当事人不具有劳动法规定的主体资格而签订劳动合同的情形,即劳动者不具有劳动权利能力和劳动行为能力,或者用人单位不具有劳动权利能力和劳动行为能力。

### (二) 意思表示不真实

以欺诈、胁迫的手段或者乘人之危,使对方在违背其真实意思的情况下订立或变更劳动合同。在这种状况下签订的劳动合同,其内容基础受外力干涉,故不是真实的意思表示。

### (三) 内容不合法或不完整

即合同条款违法或合同缺少法定必备条款。通常表现为违反强制性法律规范、权利义务严重不对等而显失公平或低于法定最低劳动标准,用人单位免除自己法定责任、排除劳动者权利。

无效劳动合同,由劳动争议仲裁委员会或者人民法院确认。无效劳动合同,从订立时起,就无法律效力。劳动合同的部分无效,如果不影响其余部分的效力,其余部分仍然有效。

无效劳动合同的法律后果有:

(1) 撤销劳动合同。适用于被确认全部无效的劳动合同。全部无效的劳动合同是国家不予以承认和保护的,应通过撤销合同来消灭依据该合同而产生的劳动关系。被确认为无效的劳动合同,尚未履行的不得履行,正在履行的停止履行。对已经履行部分,应按事实劳动关系对待,劳动者付出劳动的,应得到相应的报酬和有关待遇。用人单位对劳动者付出的劳动,一般可参照本单位同期、同工种、同岗位的工资标准支付劳动报酬。

(2) 修正劳动合同。修改合同的处理,适用于被确认部分无效的劳动合同及程序不合法而无效的劳动合同。劳动合同中的某项条款被确认无效,该项条款不得执行;应依法予以修改。修改后的合法条款应具有溯及力,溯及到该合同生效之时。

(3) 赔偿损失。无效劳动合同所引起的赔偿责任主体是用人单位,不是劳动者。《劳动法》第97条有规定:"由于用人单位的原因订立的无效合同,对劳动者造成损害的,应承担赔偿责任。"

## 五、劳动合同的履行、变更与终止

### (一) 劳动合同的履行

劳动合同的履行,是指劳动合同的双方当事人按照合同规定,履行各自应承担义务的行为。劳动合同依法订立即具有法律约束力,当事人必须履行合同规定的义务。任何第三方不得非法干预劳动合同的履行。履行劳动合同应遵循亲自履行原则、全面履行原则、协作履行原则。

### (二) 劳动合同的变更

劳动合同的变更,是指当事人双方对尚未履行或尚未完全履行的劳动合同,依照法律规定的条件和程序,对原劳动合同进行修改或增删的法律行为。劳动合同变更应遵守平等自愿、协商一致原则,不得违反法律、行政法规的规定。劳动合同变更的条件应为订立劳动合同的主客观情况发生变化;其变更程序应与订立劳动合同的程序相同,如原劳动合同经过公证、鉴证的,变更后的劳动合同也应当经过公证和鉴证。变更劳动合同应采用书面形式。

### （三）劳动合同的终止

劳动合同的终止，是指符合法律规定或当事人约定的情形时，劳动合同对当事人失去效力。其情形有：劳动合同期满的；劳动者开始依法享受基本养老保险待遇的；劳动者死亡，或者被人民法院宣告死亡或者宣告失踪的；用人单位被依法宣告破产的；用人单位被吊销营业执照、责令关闭、撤销或者用人单位决定提前解散的；法律、行政法规规定的其他情形。其中因劳动合同期满、用人单位被依法宣告破产、被吊销营业执照、责令关闭、撤销或者用人单位决定提前解散而终止劳动合同的，用人单位应当向劳动者支付经济补偿。

## 六、劳动合同的解除

### （一）解除劳动合同的条件

劳动合同的解除，是指劳动合同当事人在劳动合同期限届满之前依法提前终止劳动合同关系的法律行为。劳动合同的解除可分为双方协商解除、用人单位单方解除、劳动者单方解除等。

**1. 双方协商解除劳动合同**

经劳动合同当事人协商一致，劳动合同可以解除。

**2. 用人单位单方解除劳动合同**

具备法律规定的条件时，用人单位享有单方解除权，无须双方协商一致。用人单位单方解除劳动合同有三种情况：

（1）随时解除，即用人单位无须提前告知劳动者，可随时通知劳动者解除合同，且用人单位无须支付劳动者解除劳动合同的经济补偿金。用人单位随时解除劳动合同的情形有：在试用期间劳动者被证明不符合录用条件的；严重违反用人单位的规章制度的；严重失职，营私舞弊，给用人单位造成重大损害的；劳动者同时与其他用人单位建立劳动关系，对完成本单位的工作任务造成严重影响，或者经用人单位提出，拒不改正的；因劳动者以欺诈、胁迫的手段或者乘人之危致使劳动合同无效的；被依法追究刑事责任的。

（2）预告解除，即用人单位提前三十日以书面形式通知劳动者本人或者额外支付劳动者一个月工资后，可以解除劳动合同。预告解除的情形有：劳动者患病或者非因工负伤，在规定的医疗期满后不能从事原工作，也不能从事由用人单位另行安排的工作的；劳动者不能胜任工作，经过培训或者调整工作岗位后，仍不能胜任工作的；劳动合同订立时所依据的客观情况发生重大变化，致使劳动合同无法履行，经用人单位与劳动者协商，未能就变更劳动合同内容达成协议的。

（3）经济性裁员。经济性裁员的主要情形有：依照《企业破产法》规定进行重整的；生产经营发生严重困难的；企业转产、重大技术革新或者经营方式调整，经变更劳动合同后，仍需裁减人员的；其他因劳动合同订立时所依据的客观经济情况发生重大变化，致使劳动合同无法履行的。用人单位需要裁减人员二十人以上或者裁减不足二十人但占企业职工总数百分之十以上的，用人单位提前三十日向工会或者全体职工说明情况，听取工会或者职工的意见后，裁减人员方案经向劳动行政部门报告，可以裁减人员。裁减人员时，应当优先留用下列人员:与本单位订立较长期限的固定期限劳动合同的;与本单位订立无固定期限劳动合同的;家庭无其他就业人员,有需要扶养的老人或者未成年人的。用人单位在六个月内重新招用人员的,应当通知被裁减的人员,并在同等条件下优先招用被裁减的人员。

为保护劳动者的合法权益,防止用人单位滥用解除权,法律规定了用人单位禁止解除劳动合同的情形:从事接触职业病危害作业的劳动者未进行离岗前职业健康检查,或者疑似职业病病人在诊断或者医学观察期间的;在本单位患职业病或者因工负伤并被确认丧失或者部分丧失劳动能力的;患病或者非因工负伤,在规定的医疗期内的;女职工在孕期、产期、哺乳期的;在本单位连续工作满十五年,且距法定退休年龄不足五年的;法律、行政法规规定的其他情形。

### 3. 劳动者单方解除劳动合同

劳动者单方解除劳动合同,即具备法律规定的条件时,劳动者享有单方解除权,无须征得用人单位的同意。劳动者单方解除劳动合同有两种情况:

(1)预告解除。劳动者应当提前三十日以书面形式通知用人单位方可解除劳动合同。劳动者无须说明任何事由,只需履行预先书面告之用人单位的义务即可解除劳动合同,超过三十日,劳动者可以向用人单位提出办理解除劳动合同的手续,用人单位应予办理。

劳动者在试用期内的,提前三日通知用人单位,可以解除劳动合同。

(2)随时解除。一是需要通知的随时解除,即劳动者不需提前预先告之用人单位,只要具备法律规定的情形,劳动者可随时通知用人单位解除劳动合同。主要情形有:未按照劳动合同约定提供劳动保护或者劳动条件的;未及时足额支付劳动报酬的;未依法为劳动者缴纳社会保险费的;用人单位的规章制度违反法律、行政法规的规定,损害劳动者权益的;用人单位因以欺诈、胁迫的手段或者乘人之危,致使劳动合同无效的;法律、行政法规规定劳动者可以解除劳动合同的其他情形。二是无须通知的随时解除。用人单位以暴力、威胁或者非法限制人身自由的手段强迫劳动者劳动的,或者用人单位违章指挥、强令冒险作业危及劳动者人身安全的,劳动者可以立即解除劳动合同,不需事先告知用人单位。

### (二)解除劳动合同的经济补偿

解除劳动合同的经济补偿,是指因解除劳动合同而由用人单位给予劳动者的一次性经济补偿。经济补偿金的目的在于从经济方面制约用人单位的解除行为,并对失去工作的劳动者给予经济上的补偿。

#### 1. 用人单位应当向劳动者支付经济补偿的情形

有下列情形之一的,用人单位应当向劳动者支付经济补偿:劳动者因用人单位违法而提出解除劳动合同的;用人单位与劳动者协商一致解除劳动合同的;用人单位因劳动者非过失性原因解除劳动合同的;用人单位依因经济性裁员解除劳动合同的;除用人单位维持或者提高劳动合同约定条件续订劳动合同,劳动者不同意续订的情形外,因为劳动合同期满终止固定期限劳动合同的;因用人单位被依法宣告破产的或者被吊销营业执照、责令关闭、撤销或者用人单位决定提前解散的而终止劳动合同的;法律、行政法规规定的其他情形。

**2. 经济补偿金的计算**

经济补偿根据劳动者在本单位工作的年限,按每满一年支付一个月工资的标准向劳动者支付。六个月以上不满一年的,按一年计算;不满六个月的,向劳动者支付半个月工资的经济补偿。劳动者月工资高于用人单位所在直辖市、设区的市级人民政府公布的本地区上年度职工月平均工资三倍的,向其支付经济补偿的标准按职工月平均工资三倍的数额支付,向其支付经济补偿的年限最高不超过十二年。

经济补偿的月工资按照劳动者应得工资计算,包括计时工资或者计件工资以及奖金、津贴和补贴等货币性收入。劳动者在劳动合同解除或者终止前十二个月的平均工资低于当地最低工资标准的,按照当地最低工资标准计算。劳动者工作不满十二个月的,按照实际工作的月数计算平均工资。

## 七、违反劳动合同的赔偿责任

违反劳动合同的赔偿责任,是指当事人由于自己的过错造成劳动合同的不履行或不适当履行,所应承担的赔偿责任。

### (一)用人单位应承担的赔偿责任

用人单位有下列情形之一的,由劳动行政部门责令限期支付劳动报酬、加班费或者经济补偿;劳动报酬低于当地最低工资标准的,应当支付其差额部分;逾期不支付的,责令用人单位按应付金额百分之五十以上百分之百以下的标准向劳动者加付赔偿金:未按照劳动合同的约定或者国家规定及时足额支付劳动者劳动报酬的;低于当地最低工资标准支付劳动者工资的;安排加班不支付加班费的;解除或者终止劳动合同,未依法向劳动者支付经济补偿的。

因用人单位以欺诈、胁迫的手段或者乘人之危,致使劳动合同无效,给劳动者造成损害的,用人单位应当承担赔偿责任。

用人单位违反法律规定解除或者终止劳动合同的,应当依照《劳动合同法》第四十七条规定的经济补偿标准的二倍向劳动者支付赔偿金。

用人单位有下列情形之一的,给劳动者造成损害的,应当承担赔偿责任:以暴力、威胁或者非法限制人身自由的手段强迫劳动的;违章指挥或者强令冒险作业危及劳动者人身安全的;侮辱、体罚、殴打、非法搜查或者拘禁劳动者的;劳动条件恶劣、环境污染严重,给劳动者身心健康造成严重损害的。

用人单位违反法律规定未向劳动者出具解除或者终止劳动合同的书面证明,由劳动行政部门责令改正;给劳动者造成损害的,应当承担赔偿责任。

### (二)劳动者应承担的赔偿责任

因劳动者以欺诈、胁迫的手段或者乘人之危,致使劳动合同无效,给用人单位造成损害的,劳动者应当承担赔偿责任。劳动者应赔偿用人单位下列损失:用人单位招收录用其所支付的费用;用人单位为其支付的培训费用,双方另有约定的按约定办理;对生产、经营和工作造成的直接经济损失;劳动合同约定的其他赔偿费用。

劳动者违反法律规定解除劳动合同,或者违反劳动合同中约定的保密义务或者竞业限制，给用人单位造成损失的，应当承担赔偿责任。

### （三）连带赔偿责任

用人单位招用与其他用人单位尚未解除或者终止劳动合同的劳动者，给其他用人单位造成损失的，应当承担连带赔偿责任。劳务派遣单位违反法律规定，给被派遣劳动者造成损害的，劳务派遣单位与用工单位承担连带赔偿责任。个人承包经营违反法律规定招用劳动者，给劳动者造成损害的，发包的组织与个人承包经营者承担连带赔偿责任。

## 第三节　集体合同

### 一、集体合同的概念

集体合同，是指用人单位与本单位职工根据法律、法规、规章的规定，就劳动报酬、工作时间、休息休假、劳动安全卫生、职业培训、保险福利等事项，通过集体协商签订的书面协议。集体合同是协调劳动关系、保护劳动者权益、建立现代企业管理制度的重要手段。

格式条款

### 二、集体协商

集体协商，是指用人单位工会代表或职工代表与相应的用人单位代表，就劳动条件和劳动报酬标准等进行商谈，并签订集体合同的行为。用人单位与本单位职工签订集体合同或专项集体合同确定相关事宜，应当采取集体协商的方式。

集体协商代表，是指按照法定程序产生并有权代表本方利益进行集体协商的人员。集体协商双方的代表人数应当对等，每方至少三人，并各确定一名首席代表。职工一方的协商代表由本单位工会选派。未建立工会的，由本单位职工民主推荐，并经本单位半数以上职工同意。职工一方的首席代表由本单位工会主席担任。工会主席可以书面委托其他协商代表代理首席代表。工会主席空缺的，首席代表由工会主要负责人担任。未建立工会的，职工一方的首席代表从协商代表中民主推举产生。用人单位一方的协商代表，由用人单位法定代表人指派，首席代表由单位法定代表人担任或由其书面委托的其他管理人员担任。

集体协商的程序：(1)以书面形式提出进行集体协商的要求。一方提出进行集体协商要求的，另一方应当在收到集体协商要求之日起二十日内以书面形式给以回应；无正当理由不得拒绝进行集体协商。(2)协商前的准备工作。(3)召开集体协商会议。(4)协商一致形成集体合同草案或专项集体合同草案。集体协商未达成一致意见或出现事先未曾预料的问题时，经双方协商，可以中止协商。中止期限及下次协商时间、地点、内容由双方商定。

### 三、集体合同的订立、变更、解除和终止

集体合同的订立，是指工会或职工代表与企事业单位之间，为规定用人单位和全体职

工的权利义务而依法就集体合同条款经过协商一致,确立集体合同关系的法律行为。集体合同按如下程序订立:(1)讨论集体合同草案或专项集体合同草案。经双方代表协商一致的集体合同草案或专项集体合同草案应提交职工代表大会或者全体职工讨论。(2)通过草案。全体职工代表半数以上或者全体职工半数以上同意,集体合同草案或专项集体合同草案方获通过。(3)集体协商双方首席代表签字。

集体合同的变更,是指集体合同生效后尚未履行完毕之前,由于主客观情况发生变化,当事人依照法律规定的条件和程序,对原集体合同进行修改或增删的法律行为。

集体合同的解除,是指提前终止集体合同的法律行为。经双方代表协商一致,可以变更或解除集体合同或专项集体合同。劳动法规定有下列情形之一的,可以变更或解除集体合同或专项集体合同:用人单位因被兼并、解散、破产等原因,致使集体合同或专项集体合同无法履行的;因不可抗力等原因致使集体合同或专项集体合同无法履行或部分无法履行的;集体合同或专项集体合同约定的变更或解除条件出现的;法律、法规、规章规定的其他情形。变更或解除集体合同或专项集体合同适用本规定的集体协商程序。

集体合同的终止,是指因某种法律事实的发生而导致集体合同法律关系的消灭。集体合同或专项集体合同期限一般为一至三年,期限届满或双方约定的终止条件出现,即行终止。集体合同或专项集体合同期满前三个月内,任何一方均可向对方提出重新签订或续签的要求。

集体合同或专项集体合同签订或变更后,应当自双方首席代表签字之日起十日内,由用人单位一方将文本一式三份报送劳动保障行政部门审查。劳动保障行政部门自收到文本之日起十五日内未提出异议的,集体合同或专项集体合同即行生效。

### 四、集体合同争议处理

#### (一)因集体协商发生争议的处理

集体协商过程中发生争议的,双方当事人协商解决,协商不成可由劳动保障行政部门协调处理。当事人一方或双方可向劳动保障行政部门的劳动争议协调处理机构提出协调处理的书面申请;未提出申请的,劳动保障行政部门认为必要时可视情况协调处理。劳动保障行政部门应当组织同级工会和企业组织等三方面的人员,共同协调处理集体协商争议。劳动保障行政部门处理因集体协商发生的争议,应自决定受理之日起三十日内结束。期满未结束的,可适当延长协调期限,但延长期限不得超过十五日。

#### (二)因履行集体合同发生争议的处理

因履行集体合同发生的争议可以通过协商、仲裁和诉讼解决。《劳动法》规定,因履行集体合同发生争议,经协商解决不成的,工会可以依法申请仲裁、提起诉讼。

## 第四节 劳动基准法

劳动基准法是在劳动法中规定和确认一系列劳动标准,要求用人单位必须遵守。用人单位向劳动者提供的劳动条件只能等于或优于劳动基准,劳动合同和集体合同中约定的劳动条件不得低于劳动基准,以保证劳动者权益的实现。劳动基准法主要由规定劳动标准的各项法律制度所构成,包括工时标准、最低工资标准、职业安全卫生法等。

## 一、工作时间和休息休假

### (一)工作时间的概念

工作时间又称劳动时间,是指法律规定的劳动者在一昼夜和一周内从事劳动的时间。它包括每日工作的小时数,每周工作的天数和小时数。工作时间的种类主要有:

#### 1. 标准工作时间

标准工作时间,又称标准工时,是指法律规定的在一般情况下普遍适用的,按照正常作息办法安排的工作日和工作周的工时制度。按《劳动法》第三十六条,我国的标准工时为劳动者每日工作时间不想超过八小时,每周工作时间不超过四十四小时;第三十八条规定,在一周(七日)至少休息一日;第三十七条规定,实行计件工作的劳动者,用人单位应当根据《劳动法》第三十六条规定的工时制度,合理确定其劳动定额和计件报酬标准。

#### 2. 缩短工作时间

缩短工作时间,是指法律规定的在特殊情况下劳动者的工作时间长度少于标准工作时间的工时制度。即每日工作少于八小时。缩短工作时间适用于:从事矿山井下、高山、有毒有害、特别繁重或过度紧张等作业的劳动者;从事夜班工作的劳动者;哺乳期内的女职工。

#### 3. 延长工作时间

延长工作时间,是指超过标准工作日的工作时间,即日工作时间超过八小时,每周工作时间超过四十四小时。延长工作时间必须符合法律、行政法规的规定。

#### 4. 不定时工作时间和综合计算工作时间

不定时工作时间,又称不定时工作制,是指无固定工作时数限制的工时制度。适用于工作性质和职责范围不受固定工作时间限制的劳动者,如企业中的高级管理人员、外勤人员、推销人员、部分值班人员,从事交通运输的工作人员以及其他因生产特点、工作特殊需要或职责范围的关系,适合实行不定时工作制的职工等。

综合计算工作时间,又称综合计算工时工作制,是指以一定时间为周期,集中安排并综合计算工作时间和休息时间的工时制度。即分别以周、月、季、年为周期综合计算工作时间,但其平均日工作时间和平均周工作时间应与法定标准工作时间基本相同。对符合下列条件之一的职工,可以实行综合计算工作日:交通、铁路、邮电、水运、航空、渔业等行业中因工作性质特殊,需连续作业的职工;地质及资源勘探、建筑、制盐、制糖、旅游等受季节和自然条件限制的行业的部分职工;其他适合实行综合计算工时工作制的职工。

#### 5. 其他工作时间

(1)弹性工作日,即在工作周时数不便确定的前提下,在标准工作日的基础上按照事先规定的工作办法,由职工个人自主安排工作时间长度的工时制度。

(2)非全时工作日。非全日制用工是指以小时计酬为主,劳动者在同一用人单位一般平均每日工作时间不超过四小时,每周工作时间累计不超过二十四小时的用工形式。非全日制用工小时计酬标准不得低于用人单位所在地人民政府规定的最低小时工资标准。非全日制用工劳动报酬结算支付周期最长不得超过十五日。

### (二)休息休假的概念和种类

休息休假,是指劳动者为行使休息权在国家规定的法定工作时间以外,不从事生产或工作而自行支配的时间。

**1. 休息时间的种类**

(1)工作日内的间歇时间,是指在工作日内给予劳动者休息和用膳的时间。一般为一至两小时,最少不得少于半小时。(2)工作日间的休息时间,即两个邻近工作日之间的休息时间,一般不少于十六小时。(3)公休假日,又称周休息日,是劳动者在一周(七日)内享有的休息日,公休假日一般为每周二日,一般安排在周六和周日休息。不能实行国家标准工时制度的企业和事业组织,可根据实际情况灵活安排周休息日,应当保证劳动者每周至少休息一日。

**2. 休假的种类**

(1)法定节假日,是指法律规定用于开展纪念、庆祝活动的休息时间。我国法律规定的法定节假日有:元旦休息一日;春节休息三日;国际劳动节休息一日;国庆节休息三日;清明节、端午节、中秋节各休息一日。(2)探亲假,是指劳动者享有保留工资、工作岗位而同分居两地的父母或配偶团聚的假期。探亲假适用于在国家机关、人民团体、全民所有制企业、事业单位工作满一年的固定职工。(3)年休假,是指职工工作满一定年限,每年可享有的带薪连续休息的时间。

### (三)加班加点的主要法律规定

加班,是指劳动者在法定节日或公休假日从事生产或工作。加点,是指劳动者在标准工作日以外延长工作的时间。加班加点统称为延长工作时间。为保证劳动者休息权,任何单位和个人不得擅自延长职工工作时间。

**1. 一般情况下加班加点的规定**

根据《劳动法》第四十一条规定,用人单位由于生产经营需要,经与工会和劳动者协商后可以延长工作时间,一般每日不得超过一小时;因特殊原因需要延长工作时间的,在保障劳动者身体健康的条件下延长工作时间每日不得超过三小时,但是每月不得超过三十六小时。

**2. 特殊情况下加班加点的规定**

特殊情况下,延长工作时间不受《劳动法》第四十条的限制,主要包括:(1)发生自然灾害、事故或者因其他原因,威胁劳动者生命健康和财产安全,或使人民的安全健康和国家资产遭到严重威胁,需要紧急处理的;(2)生产设备、交通运输线路、公共设施发生故障,影响生产和公共利益,必须及时抢修的;(3)在法定节日和公休假日内工作不能间断,必须连续生产、运输或营业的;(4)必须利用法定节日或公休假日的停产期间进行设备检修、保养的;(5)为了完成国防紧急生产任务,或者完成上级在国家计划外安排的其他紧急生产任务,以及商业、供销企业在旺季完成收购、运输、加工农副产品紧急任务的;(6)法律、行政法规规定的其他情形。

### 3. 加班加点的工资标准

安排劳动者延长工作时间的,支付不低于工资的百分之一百五十的工资报酬;休息日安排劳动者工作又不能安排补休的,支付不低于工资的百分之二百的工资报酬;法定休假日安排劳动者工作的,支付不低于工资的百分之三百的工资报酬。

### 4. 监督检查措施

县级以上各级人民政府劳动保障行政部门对本行政区域内的用人单位组织劳动者加班加点的情况依法监督检查,分别不同情况,予以行政处罚:(1)用人单位未与工会或劳动者协商,强迫劳动者延长工作时间的,给予警告,责令改正,并可按每名劳动者延长工作时间每小时罚款一百元以下的标准处罚;(2)用人单位每日延长劳动者工作时间超过三小时或每月延长工作时间超过三十六小时的,给予警告,责令改正,并可按每名劳动者每超过工作时间一小时罚款一百元以下的标准处罚。

## 二、工资法律制度

### (一)工资的概念和特征

工资,是指用人单位依据国家有关规定和集体合同、劳动合同约定的标准,根据劳动者提供劳动的数量和质量,以货币形式支付给劳动者的劳动报酬。工资分配应当遵循按劳分配原则,实行同工同酬。

工资具有如下特征:工资是基于劳动关系而对劳动者付出劳动的物质补偿;工资标准由工资法规、工资政策、集体合同以及劳动合同事先确定;工资须以法定货币形式定期支付给劳动者本人;工资的支付以劳动者提供的劳动数量和质量为依据。

### (二)工资形式

工资形式,是指计量劳动和支付劳动报酬的方式。用人单位可根据本单位的生产经营特点和经济效益,依法自主确定工资分配方式。工资形式主要有:

(1)计时工资,是按单位时间工资标准和劳动者实际工作时间计付劳动报酬的一种工资形式。我国常见的工资形式有小时工资、日工资、月工资。

(2)计件工资,是按照劳动者生产合格产品的数量或作业量以及预先规定的计件单价支付劳动报酬的一种工资形式。计件工资是计时工资的转化形式。

(3)奖金,是给予劳动者的超额劳动报酬和增收节支的物质奖励。有月奖、季度奖和年度奖;经常性奖金和一次性奖金;综合奖和单项奖等。

(4)津贴,是对劳动者在特殊条件下的额外劳动消耗或额外费用支出给予物质补偿的一种工资形式。主要包括岗位津贴、保健性津贴、技术性津贴等。

(5)补贴,是为了保障劳动者的生活水平不受特殊因素的影响而支付给劳动者的一种工资形式。它与劳动者的劳动无直接联系,其发放根据主要是国家有关政策规定,如物价补贴、边远地区生活补贴等。

(6)特殊情况下的工资,是对非正常工作情况下的劳动者依法支付工资的一种工资形式。主要有:加班加点工资,事假、病假、婚假、探亲假等工资以及履行国家和社会义务期间的工资等。

### (三)工资支付保障

工资支付保障是为保障劳动者劳动报酬权的实现,防止用人单位滥用工资分配权而制定的有关工资支付的一系列规则。

**1. 工资支付的形式**

《劳动法》第五十条明确规定:"工资应当以货币形式支付"。《工资支付暂行规定》第五条规定"工资应当以法定货币支付,不得以实物有价证券替代货币支付。"因而用人单位对于工资的发放必须以法定货币的形式进行,不可以实物或其他形式予以替代。

**2. 工资支付的时间**

用人单位应在劳动合同约定的日期内支付工资,如遇节假日或休息日,则应提前在最近的工作日支付。工资至少每月支付一次,实行周、日、小时工资制的,可按周、日、小时支付工资;对完成一次性临时性劳动或某项具体工作的劳动者,用人单位应按有关协议或合同规定在其完成劳动任务后立即支付工资。

**3. 工资支付的程序**

支付工资时,用人单位必须书面记录支付劳动者工资的数额、时间、领取者的姓名,并保存二年以上备查。同时用人单位在支付工资时,应向劳动者提供一份其个人的工资清单以备核查。

**4. 不得无故拖欠和克扣工资**

无故拖欠,是指用人单位无正当理由超过规定付薪时间未支付劳动者工资。

克扣是指用人单位无正当理由扣减劳动者应得工资。但有下列情况之一的,用人单位可以代扣劳动者工资:①用人单位代扣代缴的个人所得税;②用人单位代扣代缴的应由劳动者个人负担的各项社会保险费用;③法院判决、裁定中要求代扣的抚养费、赡养费;④法律、行政法规规定可以从劳动者工资中扣除的其他费用。

另外,以下减发工资的情况也不属于"克扣":①国家的法律、法规中有明确规定的;②依法签订的劳动合同中有明确规定的;③用人单位依法制定并经职代会批准的厂规、厂纪中有明确规定的;④企业工资总额与经济效益相联系,经济效益下浮时,工资必须下浮的(但支付给提供正常劳动职工的工资不得低于当地的最低工资标准);⑤因劳动者请事假等相应减发工资等。无故拖欠不包括:①用人单位遇到非人力所能抗拒的自然灾害、战争等原因,无法按时支付工资;②用人单位确因生产经营困难、资金周转受到影响,在征得本单位工会同意后,可暂时延期支付劳动者工资,延期时间的最长限制可由各省、自治区、直辖市劳动行政部门根据各地情况确定。除上述情况外,拖欠工资均属无故拖欠。

扣除工资金额的限制:①因劳动者本人原因给用人单位造成经济损失的,用人单位可以按照劳动合同的约定要求劳动者赔偿经济损失。经济损失的赔偿,可从劳动者本人的工资中扣除,但每月扣除金额不得超过劳动者月工资的20%;若扣除后的余额低于当地月最低工资标准的,则应按最低工资标准支付。②用人单位对劳动者的违纪罚款,一般不得超过本人月工资标准的20%。

#### 5. 优先支付

用人单位依法破产时,劳动者有权获得其工资。在破产清偿顺序中用人单位应按《企业破产法》规定的清偿顺序,首先支付本单位劳动者的工资。

### (四)最低工资保障

最低工资保障制度是国家通过立法,强制规定用人单位支付给劳动者的工资不得低于国家规定的最低工资标准,以保障劳动者能够满足自身及其家庭成员基本生活需要的法律制度。最低工资保障制度是国家干预劳动力市场的一种重要手段。最低工资,是指劳动者在法定工作时间内提供了正常劳动的前提下,其所在用人单位应支付的最低劳动报酬。劳动者因探亲、结婚、直系亲属死亡按照规定休假期间,以及依法参加国家和社会活动,视为提供了正常劳动,用人单位支付给劳动者的工资不得低于最低工资标准。劳动者在试用期的工资不得低于用人单位所在地的最低工资标准。

最低工资不包括下列各项:加班加点工资;中班、夜班、高温、低温、井下、有毒有害等特殊工作环境条件下的津贴;国家法律、行政法规和政策规定的劳动者保险、福利待遇;用人单位通过贴补伙食、住房等支付给劳动者的非货币性收入。

最低工资的具体标准由省、自治区、直辖市人民政府规定,报国务院备案。在确定和调整最低工资标准时,综合参考下列因素:劳动者本人及平均赡养人口的最低生活费用;社会平均工资水平;劳动生产率;就业状况;地区之间经济发展水平的差异。最低工资标准应当高于当地的社会救济金和失业保险金标准,低于平均工资。最低工资标准发布实施后,如确定最低工资标准参考的因素发生变化,或本地区职工生活费用价格指数累计变动较大时,应当适时调整,但每年最多调整一次。

## 三、职业安全卫生法

### (一)职业安全卫生的概念

职业安全卫生,包括职业安全、职业卫生两类。职业安全制度是为了防止和消除劳动过程中的伤亡事故而制定的各种法律规范。职业卫生制度是为了保护劳动者在劳动过程中的健康,预防和消除职业病、职业中毒和其他职业危害而制定的各种法律规范。我国职业安全卫生工作方针是:安全第一,预防为主。

### (二)职业安全卫生法律制度的内容

#### 1. 职业安全卫生的一般规定

职业安全卫生的一般规定主要包括:职业安全卫生标准制度、安全生产保障制度、职业卫生与职业病防治制度、职业安全卫生责任制度、职业安全教育制度、职业安全卫生认证制度、安全卫生设施"三同时"制度、安全卫生检查与监察制度、伤亡事故报告处理制度等。

#### 2. 女职工的特殊劳动保护

女职工特殊劳动保护,是指根据女职工生理特点和抚育子女的需要,对其在劳动过程中的安全健康所采取的有别于男子的特殊保护。

为保护女职工的身体健康,法律规定禁止安排女职工从事矿山井下作业、国家规定的第四级体力劳动强度的劳动和其他禁忌从事的劳动;不得安排女职工在经期从事高处、高温、低温、冷水作业和国家规定的第三级体力劳动强度的劳动;不得安排女职工在怀孕期间从事国家规定的第三级体力劳动强度的劳动;对怀孕7个月以上的女职工,不得安排其延长工作时间和夜班劳动;女职工生育享受不少于90天的产假;不得安排女职工在哺乳未满1周岁的婴儿期间从事国家规定的第三级体力劳动强度的劳动和哺乳期禁忌从事的其他劳动,不得安排其延长工作时间和夜班劳动。

#### 3. 未成年工的特殊劳动保护

未成年工,是指年满十六周岁未满十八周岁的劳动者。对未成年工特殊劳动保护的措施主要有:①上岗前培训。未成年工上岗,用人单位应对其进行有关的职业安全卫生教育、培训。②禁止安排未成年工从事有害健康的工作。用人单位不得安排未成年工从事矿山井下、有毒有害、国家规定的第四级体力劳动强度和其他禁忌从事的劳动。③提供适合未成年工身体发育的生产工具等。④对未成年工定期进行健康检查。

## 第五节 劳动争议的处理

### 一、劳动争议的概念

劳动争议又称劳动纠纷,是指建立劳动关系的用人单位和劳动者之间因适用国家法律、法规和订立、履行、变更、终止劳动合同以及其他相关劳动关系问题而引起的纠纷。

根据2008年5月1日起施行的《中华人民共和国劳动争议调解仲裁法》第二条的规定,劳动争议的处理范围主要包括:因确认劳动关系发生的争议;因订立、履行、变更、解除和终止劳动合同发生的争议;因除名、辞退和辞职、离职发生的争议;因工作时间、休息休假、社会保险、福利、培训以及劳动保护发生的争议;因劳动报酬、工伤医疗费、经济补偿或者赔偿金等发生的争议;行政法律、法规规定的其他劳动争议。

根据《最高人民法院关于审理劳动争议案件适用法律问题的解释(一)》(2021年1月1日施行)第一条的规定,劳动者与用人单位之间发生的下列纠纷,属于劳动争议,当事人不服劳动争议仲裁机构作出的裁决,依法提起诉讼的,人民法院应予受理:劳动者与用人单位在履行劳动合同过程中发生的纠纷;劳动者与用人单位之间没有订立书面劳动合同,但已形成劳动关系后发生的纠纷;劳动者与用人单位因劳动关系是否已经解除或者终止,以及应否支付解除或者终止劳动关系经济补偿金发生的纠纷;劳动者与用人单位解除或者终止劳动关系后,请求用人单位返还其收取的劳动合同定金、保证金、抵押金、抵押物发生的纠纷,或者办理劳动者的人事档案、社会保险关系等移转手续发生的纠纷;劳动者以用人单位未为其办理社会保险手续,且社会保险经办机构不能补办导致其无法享受社会保险待遇为由,要求用人单位赔偿损失发生的纠纷;劳动者退休后,与尚未参加社会保险统筹的原用人单位因追索养老金、医疗费、工伤保险待遇和其他社会保险待遇而发生的纠纷;劳动者因为工伤、职业病,请求用人单位依法给予工伤保险待遇发生的纠纷;劳动者依据劳动合同法第八十五条规定,要求用人单位支付加付赔偿金发生的纠纷;因企业自主进行改制发生的纠纷。

下列情形不属于劳动争议处理的范围:劳动者请求社会保险经办机构发放社会保险金的纠纷;劳动者与用人单位因住房制度改革产生的公有住房转让纠纷;劳动者对劳动能力鉴定委员会的伤残等级鉴定结论或者对职业病诊断鉴定委员会的职业病诊断鉴定结论的异议纠纷;家庭或者个人与家政服务人员之间的纠纷;个体工匠与帮工、学徒之间的纠纷;农村承包经营户与受雇人之间的纠纷。

## 二、劳动争议的处理机构

### (一)劳动争议调解组织

#### 1. 企业劳动争议调解委员会

企业劳动争议调解委员会是负责调解本企业内部劳动争议的群众性组织,由职工代表和企业代表组成。职工代表由工会成员担任或者由全体职工推举产生,企业代表由企业负责人指定。企业劳动争议调解委员会主任由工会成员或者双方推举的人员担任。

#### 2. 依法设立的基层人民调解组织

基层人民调解组织,是指根据《人民调解委员会组织条例》规定而设立的人民调解委员会。人民调解委员会是村民委员会和居民委员会下设的调解民间争议的群众性组织,在基层人民政府和基层人民法院指导下开展劳动争议等的调解工作。

#### 3. 在乡镇、街道设立的具有劳动调解职能的组织

各地可以根据本地实际情况在乡镇、街道设立具有劳动调解职能的组织,对本辖区的

劳动纠纷进行调解,具有一定的区域性。

劳动争议调解组织的调解员应当由公道正派、联系群众、热心调解工作,并具有一定法律知识、政策水平和文化水平的成年公民担任。

### (二)劳动争议仲裁委员会

劳动争议仲裁委员会是处理劳动争议的专门机构,按照统筹规划、合理布局和适应实际需要的原则设立。省、自治区人民政府可以决定在市、县设立;直辖市人民政府可以决定在区、县设立。直辖市、设区的市也可以设立一个或者若干个劳动争议仲裁委员会。劳动争议仲裁委员会不按行政区划层层设立。县、市、市辖区人力资源和社会保障局设立的劳动争议仲裁委员会,负责本行政区域内的劳动争议。

劳动争议仲裁委员会由劳动保障行政部门代表、工会代表和企业代表组成。劳动争议仲裁委员会组成人员应当是单数。劳动争议仲裁委员会依法履行下列职责:聘任、解聘专职或者兼职仲裁员;受理劳动争议案件;讨论重大或者疑难的劳动争议案件;对仲裁活动进行监督。

劳动争议仲裁委员会下设办事机构,负责办理劳动争议仲裁委员会的日常工作。劳动争议仲裁委员会应当设仲裁员名册。仲裁员应当公道正派并符合下列条件之一:曾任审判员的;从事法律研究、教学工作并具有中级以上职称的;具有法律知识、从事人力资源管理或者工会等专业工作满五年的;律师执业满三年的。

### (三)人民法院

人民法院是国家的司法审判机关,担负着处理劳动争议的任务。劳动争议当事人对劳动争议仲裁委员会的裁决不服的,可以到有管辖权的人民法院起诉或者申请撤销裁决。劳动争议当事人在法定期限内不起诉或者申请撤销裁决又不履行劳动仲裁裁决的,另一方当事人可以申请人民法院强制执行。

## 三、劳动争议的解决方式与处理程序

我国《劳动法》规定:用人单位与劳动者发生劳动争议,当事人可以依法申请调解、仲裁、提起诉讼,也可以协商解决。根据这一规定,我国劳动争议的解决方式主要有和解、调解、仲裁和诉讼。其中和解、调解属于可经程序,仲裁和诉讼是处理劳动争议案件的必经程序。

### (一)和解

劳动争议发生后,当事人应当协商解决,协商一致后,双方可达成和解协议,但和解协议无法律强制力,靠双方当事人自觉履行。协商不是处理劳动争议的必经程序,当事人不愿协商或协商不成,可以向本单位劳动争议调解委员会申请调解或向劳动争议仲裁委员会申请仲裁。

### (二)调解

劳动争议调解是指劳动争议调解组织对用人单位和劳动者之间发生的劳动争议进行

的和解性咨询,推动双方互谅互让,达成协议,消除纠纷的一种活动。劳动争议调解有广义和狭义之分,广义的劳动争议调解包括劳动争议调解组织的调解、劳动争议仲裁委员会的调解和人民法院的调解。这里专指劳动争议调解组织包括企业劳动争议调解委员会、依法设立的基层人民调解组织、在乡镇、街道设立的具有劳动争议调解职能的组织的调解。

调解有两种结果:一是调解达成协议,这时要依法制作调解协议书。二是调解不成或调解达不成协议,这时要做好记录,并制作调解处理意见书,提出对争议的有关处理意见。根据我国《劳动争议调解仲裁法》第十四条、十五条、十六条的规定,调解协议书由双方当事人签名或者盖章,经调解员签名并加盖调解组织印章后生效,对双方当事人具有约束力,当事人应当履行。一方当事人在协议约定期限内不履行调解协议的,另一方当事人可以依法申请劳动仲裁。因支付拖欠劳动报酬、工伤医疗费、经济补偿或者赔偿金事项达成调解协议,用人单位在协议约定期限内不履行的,劳动者可以持调解协议书依法向人民法院申请支付令,人民法院应当依法发出支付令。

### (三)仲裁

劳动争议仲裁,是指劳动争议仲裁委员会依法对劳动争议当事人之间发生的劳动争议,以事实为依据、以法律为准绳进行处理并作出裁决的活动。劳动争议仲裁是处理劳动争议的基本程序,是劳动争议诉讼程序的前置程序。

劳动争议申请仲裁的时效期间为一年。仲裁时效期间从当事人知道或者应当知道其权利被侵害之日起计算。前款规定的仲裁时效,因当事人一方向对方当事人主张权利,或者向有关部门请求权利救济,或者对方当事人同意履行义务而中断。从中断时起,仲裁时效期间重新计算。因不可抗力或者有其他正当理由,当事人不能在仲裁时效期间申请仲裁的,仲裁时效中止。从中止时效的原因消除之日起,仲裁时效期间继续计算。劳动关系存续期间因拖欠劳动报酬发生争议的,劳动者申请仲裁不受仲裁时效期间的限制;但是,劳动关系终止的,应当自劳动关系终止之日起一年内提出。

劳动争议仲裁委员会收到仲裁申请之日起五日内,认为符合受理条件的,应当受理,并通知申请人;认为不符合受理条件的,应当书面通知申请人不予受理,并说明理由。对劳动争议仲裁委员会不予受理或者逾期未作出决定的,申请人可以就该劳动争议事项向人民法院提起诉讼。

裁庭在作出裁决前,应当先行调解。调解达成协议的,仲裁庭应当制作调解书。调解书应当写明仲裁请求和当事人协议的结果。调解书由仲裁员签名,加盖劳动争议仲裁委员会印章,送达双方当事人。调解书经双方当事人签收后,发生法律效力。调解不成或者调解书送达前,一方当事人反悔的,仲裁庭应当及时作出裁决。

《劳动争议调解仲裁法》第四十七条规定:"下列劳动争议,除本法另有规定的外,仲裁裁决为终局裁决,裁决书自作出之日起发生法律效力:追索劳动报酬、工伤医疗费、经济补偿或者赔偿金,不超过当地月最低工资标准十二个月金额的争议;因执行国家的劳动标准在工作时间、休息休假、社会保险等方面发生的争议。"第四十八条规定:"劳动者对本法第四十七条规定的仲裁裁决不服的,可以自收到仲裁裁决书之日起十五日内向人民法院提起诉讼。"

第四十九条规定:"用人单位有证据证明本法第四十七条规定的仲裁裁决有下列情形

之一,可以自收到仲裁裁决书之日起三十日内向劳动争议仲裁委员会所在地的中级人民法院申请撤销裁决:适用法律、行政法规确有错误的;劳动争议仲裁委员会无管辖权的;违反法定程序的;裁决所根据的证据是伪造的;对方当事人隐瞒了足以影响公正裁决的证据的;仲裁员在仲裁该案时有索贿受贿、徇私舞弊、枉法裁决行为的。人民法院经组成合议庭审查核实裁决有前款规定情形之一的,应当裁定撤销。仲裁裁决被人民法院裁定撤销的,当事人可以自收到裁定书之日起十五日内就该劳动争议事项向人民法院提起诉讼。"

当事人对发生法律效力的调解书、裁决书,应当依照规定的期限履行。一方当事人逾期不履行的,另一方当事人可以依照民事诉讼法的有关规定向人民法院申请执行。受理申请的人民法院应当依法执行。

### (四)诉讼

劳动争议诉讼,是指劳动争议当事人不服劳动争议仲裁委员会的仲裁裁决,在规定的期限内向有管辖权的人民法院提起诉讼,请求人民法院予以处理,人民法院依法对该劳动争议案件进行审理的活动。劳动争议诉讼是解决劳动争议的最后法律程序,人民法院审理劳动争议案件适用《中华人民共和国民事诉讼法》所规定的诉讼程序。

劳动争议当事人对劳动仲裁裁决不服的,可以自收到仲裁裁决书之日起十五日内向人民法院提起诉讼。人民法院收到起诉状或者口头起诉后应进行审查,如是否在规定的期限内起诉、是否属于一裁终局的情形等。认为符合起诉条件的,应当在七日内立案,并通知当事人;认为不符合起诉条件的,应当在七日内裁定不予受理;原告对裁定不服的,可以提起上诉。

人民法院判决前能够调解的,可以进行调解,调解不成的,应当及时判决。一审判决后,当事人不服的,可以向上一级人民法院上诉,上一级人民法院的判决是终审判决,自送达之日起发生法律效力,当事人必须履行。

## 复习思考题

1. 简述劳动关系的特点。
2. 简述《劳动法》的基本原则。
3. 简述劳动合同的概念和特征。
4. 劳动者单方解除劳动合同的情形有哪些?
5. 解除劳动合同的经济补偿有哪些情形?
6. 工资支付保障制度有哪些?
7. 未成年工的特殊劳动保护有哪些?
8. 劳动争议的解决方式有哪些?

## 案例分析题

1. 王某与某机械厂签订了为期3年的劳动合同,该合同书中规定了试用期为1年;在试用期内王某不得单方提出解除劳动合同;试用期满后,王某要求解除合同时,需提前30日通知厂方,并须征得厂方的同意,否则厂方不负责转移档案关系;在工作期间,因王某操作失误导致人身伤害的,机械厂概不负责;只要王某主动提出辞职,单位一概不予经济补偿。

请问:上述劳动合同中哪些内容违反了《劳动法》的规定?

2.甲公司与王某于2018年10月5日签订了一份为期2年的劳动合同。2018年11月2日王某到甲公司正式报到上班。其后公司发现王某不能胜任工作,提出解除与王某的合同,王某不同意,双方发生争议。2019年3月5日双方达成和解协议。2019年3月15日公司反悔,拒绝履行和解协议。2019年5月25日王某向劳动争议仲裁委员会提出申诉,劳动争议仲裁委员会以超过仲裁申请期限为由,作出不予受理的决定。试分析:

(1)甲公司与王某何时建立了劳动关系,请说明理由。

(2)公司能否解除与王某的劳动合同,请说明理由。

(3)王某能否向人民法院申请强制执行与公司达成的和解协议,为什么?

(4)若王某不服劳动争议仲裁委员会不予受理的决定,能否向人民法院提起诉讼?为什么?

# 参考文献

1. 徐学鹿.商法学,4版.北京:中国人民大学出版社,2015
2. 李胜沪.经济法,3版.北京:经济科学出版社,2014
3. 施天涛.商法学,4版.北京:.法律出版社,2016
4. 王新红,丁国民.商法.厦门:厦门大学出版社,2013
5. 范健,王建文.公司法,4版.北京:法律出版社,2015
6. 张士元.企业法,4版.北京:法律出版社,2015
7. 施天涛.公司法论,3版.北京:法律出版社,2016
8. 徐杰.经济法概论.北京:首都经济贸易大学出版社,2011
9. 王琳雯,李良雄.经济法实务.北京:人民邮电出版社,2011
10. 刘泽海.新编经济法教程.北京:清华大学出版社,2010
11. 李永军.企业破产法:理论与规范研究.北京:中国政法大学出版社,2013
12. 徐德风.企业破产法:论解散与功能比较的视野.北京:北京大学出版社,2015
13. 漆多俊.经济法学,3版.北京:高等教育出版社,2014
14. 张守文.经济法学,6版.北京:北京大学出版社,2015
15. 孙晋.现代经济法学.武汉:武汉大学出版社,2014
16. 王晓晔.反垄断法.北京:法律出版社,2010
17. 孟雁北.反垄断法.北京:北京大学出版社,2011
18. 周昀.反垄断法新论.北京:中国政法大学出版社,2011
19. 吴汉东.知识产权法.北京:法律出版社,2014
20. 郑友德.知识产权法.北京:高等教育出版社,2010
21. 董安生.票据法.北京:中国人民大学出版社,2009

22. 杨忠孝.票据法论.上海:立信会计出版社,2009

23. 谢石松.票据法.北京:中国人民大学出版社,2009

24. 徐孟州.票据法教学案例.北京:法律出版社,2006

25. 崔建远.合同法,6版.北京:法律出版社,2016.

26. 韩世远.合同法总论,3版.北京:法律出版社,2011

27. 林嘉.劳动法和社会保障法,4版.北京:中国人民大学出版社,2016

28. 关怀,林嘉.劳动法,4版.北京:中国人民大学出版社,2012

29. 黎建飞.劳动与社会保障法教程.北京:中国人民大学出版社,2013